HISTOIRE

DE LA VILLE ET DES SEIGNEURS

DE

CANCON

EN AGENAIS

DEPUIS LES TEMPS LES PLUS RECULÉS JUSQU'EN 1789

PAR

LUCIEN MASSIP

PHARMACIEN,

MEMBRE DE PLUSIEURS SOCIÉTÉS SAVANTES.

EN VENTE

A CANCON

CHEZ L'AUTEUR

A AGEN

CHEZ MM. MICHEL & MEDAN

Rue Pont de-Garonne, 16

1891

HISTOIRE

DE LA VILLE ET DES SEIGNEURS

DE

CANCON EN AGENAIS

HISTOIRE

DE LA VILLE ET DES SEIGNEURS

DE

CANCON

EN AGENAIS

DEPUIS LES TEMPS LES PLUS RECULÉS JUSQU'EN 1789

PAR

LUCIEN MASSIP

PHARMACIEN,

MEMBRE DE PLUSIEURS SOCIÉTÉS SAVANTES.

EN VENTE

A CANCON

CHEZ L'AUTEUR

A AGEN

CHEZ MM. MICHEL & MEDAN

Rue Pont de-Garonne, 16

1891

LA VILLE ET LES SEIGNEURS

D E

CANCON EN AGENAIS

AVANT-PROPOS

En allant d'Agen à Périgueux par la route nationale [1] on rencontre,
à 17 kilomètres au nord de Villeneuve-sur-Lot, un plateau très élevé
(213 mètres d'altitude), d'où se découvre tout à coup un immense
et magnifique paysage qui ondule en replis nombreux, sur plus de
dix lieues de largeur, jusqu'aux confins du Périgord et du Quercy.
L'œil se repose avec délice sur les frais bouquets d'arbres et les
riantes *bordes* surgissant, à perte de vue, des légères vapeurs blanches qui traînent dans les vallons. La colossale silhouette du château
de Biron se découpe au loin sur le ciel, dominant les sombres forêts qui, de ce côté, bordent l'horizon. On distingue sur la droite,
au delà de la ligne des quatre moulins à vent de Cailladelle, la masse
grouillante des maisons de Monflanquin, escaladant les pentes d'un
mamelon isolé dans la plaine, et plus près, le gentil castel d'Escandaillac. Enfin, on aperçoit à gauche, à quelques centaines de mètres
et comme placée en vedette, la petite ville de Cancon étalant ses
blanches habitations aux toitures d'un rouge brun sur le versant
d'un pech que couronnent les ruines de sa vieille forteresse. Des
terrasses superposées, soutenues par de vieilles murailles lépreu-
ses, qui supportent elles-mêmes vers le haut la casemate ébréchée
d'une grosse tour ronde du XVIe siècle percée de deux ou trois embrasures, voilà tout ce qu'il reste d'un formidable château qu'au dire

---

[1] Route nationale de Paris à Barèges, n° 21.

de la tradition fortifiaient quatorze tours, un boulevard, une barbacane (la ville) et des lices ; mais ce peu affecte la forme d'un de nos forts modernes et donne à l'ensemble l'aspect étrange et pittoresque d'une ville frontière.

Cancon se compose de deux parties distinctes séparées par la ligne des anciens fossés aujourd'hui transformés en ruelles : le *quartier bas* et le *quartier haut*. Le quartier bas est celui qui a le plus d'importance et d'étendue ; tout y est à peu près neuf, large, aéré, propre et coquet ; c'est la nouvelle ville. Dans le quartier haut, les maisons crevassées et branlantes ont été bâties en pierre et collondrages, d'une façon assez vulgaire, de la fin du xvi° siècle à celle du xviii°, sur l'emplacement de logis anciens, le long de rues étroites et rapides, sur les vieux remparts, à la diable, un peu partout, semble-t-il, au premier abord du moins ; car, en y regardant de plus près, on y retrouve quelque chose de l'ordonnance des villes ou *bastides* que le xiii° siècle vit s'élever dans le midi de la France, et parmi lesquelles on compte, dans l'Agenais seulement, centre et point de départ des fondations de ce genre, Villeneuve (1264), Castillonnès, Villeréal, Monflanquin (1259), St-Pastour , Castelnau et vingt à vingt-cinq autres. En effet, une place, où les plantains, les renouées et les chardons se donnent librement carrière, occupe le milieu de la ville ; sur cette place il y avait autrefois une halle ; du côté du levant à l'un des angles se trouve l'église dont un des murs, celui de l'est, faisait partie des remparts ; enfin, à l'exception des deux rues extérieures appelées rue *Basse* et rue *Mangane*, qui datent du xvii° siècle, toutes sont régulières et se coupent à angle droit.

Cancon est donc aussi une *ville* : elle remonte probablement à la fin du xiii° siècle. C'était, avant la Révolution et depuis un temps immémorial, le siège d'une importante juridiction seigneuriale comprise dans la sénéchaussée-généralité de Guienne, diocèse et élection d'Agen, parlement et intendance de Bordeaux ; c'est aujourd'hui un chef-lieu de canton du département de Lot-et-Garonne. Sa population agglomérée est de six à sept cents habitants, sa commune en compte quinze cents environ et le canton dont il est le chef-lieu huit mille répartis sur une superficie de 16.174 hectares et distribués dans dix communes ainsi placées par rang d'importance : Casseneuil, Cancon, Monbahus, Castelnau-de-Grattecambe, Baugas, Moulinet, Boudy, les Pailloles, Saint-Maurice et Monviel. Établi au point de croisement de la route nationale de Paris à Barèges et du grand chemin de communication de Libos à Marmande, il est à 18 kilomètres au nord de Villeneuve, à 12 kilomètres à l'ouest de Monflanquin et à 14 kilomètres au sud de Castillonnès.

Le sol de son territoire, jadis mal cultivé et peu productif, couvert de bois, de friches en très grand nombre, et de bas-fonds si marécageux que, jusques au siècle dernier, la fièvre paludéenne décimait la population, a été dans ces derniers temps défriché, — trop défriché même, — remué, irrigué, assaini ; et quoiqu'il y ait encore beaucoup à faire, d'ingrat qu'il était il est devenu assez fertile. Sans le phylloxéra qui en ravage les vignobles les habitants n'auraient pas trop à se plaindre, en dehors des intempéries des saisons. En outre des cultures ordinaires, blé, fourrages, maïs et menus grains, on y rencontre partout, alignées sur les pentes, de nombreuses et belles plantations de pruniers d'ente, les plus justement estimées de tout l'Agenais.

Tel est l'état actuel du château, de la ville et du territoire de Cancon dont je vais essayer d'écrire l'histoire aussi simplement que possible, car, je ne dois pas oublier que je m'adresse non seulement à des érudits, mais encore et surtout à l'ensemble de mes concitoyens.

Quand j'eus l'idée d'entreprendre ce labeur et d'utiliser ainsi les trop nombreux moments de loisir dont peut disposer un pharmacien de campagne, j'en fis part autour de moi aux quelques personnes que je crus aptes à m'aider dans mon entreprise. « Comment, vous voulez, firent-elles, écrire l'histoire de Cancon ? Mais Cancon n'a pas d'histoire (comme les peuples heureux sans doute !) Ne savez-vous pas qu'en 1793 on fit brûler les archives du château et aussi malheureusement celles de la maison commune, et qu'il n'en reste plus rien ? Plusieurs avant vous ont tenté d'accomplir la même tâche, M. le curé Gras entre autres ; et ils ne purent aboutir. Lisez plutôt le *Journal de la Paroisse*. » En effet, dans ce registre, que M. le curé de Cancon voulut bien mettre à ma disposition, je trouvai ces quelques mots que la main d'un prêtre estimé y a tracés :

« Nous avions désiré faire une Notice sur Cancon, mais il paraît que nul souvenir historique ne s'y rattache ; nous n'avons pu, du moins, en découvrir aucun. Du reste, en voyant Cancon on devine facilement ce qu'il a pu être ; il a dû exister tout entier dans son château. On sait que ce château a appartenu aux ducs de Roquelaure. Les pères des vieillards actuels (il écrivait cela en 1846) l'ont

vu habité. **Les ruines qui en restent appartiennent à M. de Beaumont. Des ruines de ce château a été bâti le château de Moulinet.**

« Avant la Révolution la cure de Cancon était après la cure d'Aiguillon la plus riche du diocèse. Un des seigneurs de Cancon avait
donné à la cure quatre domaines. Le revenu de deux de ces domaines appartenait au Curé, et le revenu des deux autres à un chapelain. Tous les jours de l'année et à perpétuité, une messe devait être
dite à l'intention du seigneur qui avait donné ces quatre domaines.
C'était le chapelain qui était chargé de dire cette messe.

« Cancon avait un curé, deux vicaires, deux clochers et trois clo-
ches. Au-dessus de l'escalier qui séparait les deux chapelles, il y
avait un clocher avec la cloche seigneuriale. La chapelle supérieure,
où est aujourd'hui l'autel de la Vierge, appartenait au seigneur; elle
était desservie par le chapelain. »

C'est tout ! Ce n'était pas encourageant. Néanmoins, avant d'en dé-
mordre, j'écrivis à la fois à plusieurs membres de la Société des Sciences, Lettres et Arts d'Agen, à M. l'Archiviste du département et à
Mme la Comtesse de Noailles, arrière petite-fille de M. le vicomte de
Beaumont, dernier seigneur de Cancon. Non seulement toutes ces
personnes voulurent bien me prodiguer leurs encouragements, mais
encore elles promirent de me donner et me donnèrent en effet, par
la suite, leur précieux concours. Mme la Comtesse de Noailles poussa
même la complaisance jusqu'à me livrer une volumineuse liasse
de titres authentiques, parchemins poudreux et papiers roussis plus
ou moins rongés des vers, ayant fait partie des archives du château
et sauvés par miracle de l'*auto-da fé* de 1793. De son côté, M. Tamizey de Larroque, membre correspondant de l'Institut, mettait à ma
disposition sa très riche bibliothèque, avec la grâce que tous connais-
sent et un parfait désintéressement. Je fis d'ailleurs procéder à des
recherches aux Archives nationales et aux archives départementales
de la Gironde, des Basses-Pyrénées, de la Haute-Garonne, etc. J'allai
en outre consulter celles du Lot-et-Garonne et celles de l'Evêché
d'Agen, que M. le grand-vicaire Hébrard me fit courtoisement ouvrir.

**Mon butin fut un peu léger, mais il m'offrait les éléments d'un pre-
mier travail provisoire, et je n'eus plus qu'à compléter mes notes
en fouillant dans les fonds de nos mairies et dans les actes de nos
vieilles familles, les reconnaissances féodales, contrats, livres de raison, qu'il me fut permis de soustraire à la poussière des greniers, de**

sauver de la dent des rats, ou de la balance des chiffonniers, et d'utiliser comme je voudrais.

La monographie que l'on va lire est le fruit de dix années de longues et patientes recherches. Si elle n'est pas aussi complète qu'on pourrait le désirer et que je l'aurais voulu moi-même, la faute en est seule imputable au regrettable évènement qui nous a privés de nos archives.

Avant de commencer mon récit la reconnaissance me fait un devoir de remercier les représentants actuels de nos vieilles familles :

MM. Bénaben, à Francoulon (Baugas),
Bernou, au Meynot (Cancon),
Bertrand, à Botis (Moulinet),
Bertrand, à Terreblanque (Cancon),
Bellanger, en ville,
Berthoumieu, à Boudy,
Bouyssy, à la Borde (Cancon),
Brunet, à la Serre (Cancon),
Couderc, maire de Cancon, à Caussade,
de Calbiac, en ville,
Camus, aux Bardes (Moulinet),
Courborieu, aux Peyrets (Cancon),
Couzié, à Bélair (Baugas),
de Croizac, à Saint-Pastour,

Mme veuve Déseune, née Dellerm, en ville,

MM. Floissac, aux Calpres (Cancon),
de Loze, au château de Belot (Cancon),

Mme veuve Martinaud, aux Faures (Cancon),

MM. Mensat, à Lamoutte (Cancon),
Meynot, aux Bernadoux (Cancon),
J. Mouysset, au château de St-Paul (Baugas),
Neuville, maire de Baugas, aux Bernis,

Mme de Pons, au château de Roquegauthier (Baugas).

MM. Pons, à Combeborlie (Baugas),
Seune, à Rigal (Cancon),
Simon, à Pastourie (Moulinet),
Teuly, à Soulaudre (Baugas),
Vergnes, à Maury (les Pailloles),
Vigoulette, à Ferrant (Cancon),

dont l'obligeance n'a eu d'égale que celle de MM. Bouyssy, maire de

Lougratte, conseiller d'arrondissement ; Combaud, curé de Cancon ; Menaud, juge de paix du canton ; le docteur Biau ; Bruguière , notaire ; Martinaud , propriétaire du château de Moulinet ; E. Garraud, au château de Saint-Paul ; Brassié , propriétaire à Lascrozes.

Je remercie surtout Mme la comtesse de Noailles, M. Tamizey de Larroque, M. le grand-vicaire Hébrard, M. Jules de Bourrousse de Laffore, de la main secourable qu'ils ont bien voulu me tendre.

Enfin je remercie tout particulièrement mon très honoré confrère M. Adolphe Magen, correspondant du Ministère de l'Instruction publique, et M. G. Tholin, le très obligeant archiviste du département, au profond savoir desquels j'ai dû souvent recourir et que j'ai trouvés constamment disposés à me venir en aide.

Lucien MASSIP.

PREMIÈRE PARTIE

I.

Aperçu géologique. Les âges et les peuples primitifs. Les Celtes ou Gaulois. L'oppidum ou le refuge de *Cant*.

Le territoire de Cancon [1] appartient à la période moyenne de l'époque tertiaire.

Le sommet plat de ses plus hautes collines variant de 150 à 220 mètres d'altitude est constitué un peu partout par un calcaire d'eau douce susceptible d'être débité en moellons, ou par des bancs peu étendus de silex meulier à cassure d'un blanc-laiteux, que l'on exploite à Cailladelle et à Soulandre pour le pavage des routes du pays.

Le sous-sol est formé tantôt par une argile compacte, tantôt par de profondes assises de sable blanc que séparent des lits et coulées d'un dépôt argilo-marneux, tantôt encore par une argile fluviatile qui sert à fabriquer la meilleure poterie et tuilerie de la contrée. On y trouve aussi un calcaire lacustre gris très dense, du grès molasse appelé *tuf*, de la terre à foulon et enfin quelques minces dépôts de sesquioxide de fer hydraté en grains (*limonite*, en patois *crotto dé crabo*).

La terre labourable est en général peu profonde. L'argile, le sable blanc, le calcaire y dominent. Bien ou mal combinés ils la rendent plus ou moins fertile, et quelquefois mauvaise.

Le deuxième déluge européen et la grande époque glaciaire, en creusant ses vallées, y ont transporté quelques traînées de cailloux

---

[1] Nous appelons *territoire de Cancon* toute la portion du département de Lot-et-Garonne qui fit anciennement partie de la juridiction de cette ville, c'est-à-dire la totalité des communes actuelles de Cancon et de Moulinet les trois quarts ou la moitié de celles de Baugas et de Boudy et un fragment de celles des Pailloles et de Lougratte. J'en donnerai plus loin les limites exactes.

roulés qui se voient de-ci de-là; l'une d'elles traverse les bois entre Chavier et Contillon, semblable au lit d'un fleuve desséché.

Si l'on en croit M. l'abbé Audierne. la contrée aurait été habitée dès les premiers temps antéhistoriques. Cet érudit a établi par des observations très judicieuses, dans son ouvrage, *l'Age de la Pierre en Périgord*, qu'à ces époques reculées le Sarladais fut peu à peu occupé par un peuple venu de proche en proche du Midi, par conséquent du Quercy et de l'Agenais. Il est bien possible que les gisements de silex. affleurant le sol sur nos hauts sommets du sud-est, y aient souvent attiré les hommes primitifs qui, on le sait, se servaient de cette pierre pour en fabriquer leurs armes et leurs outils, mais il me parait peu probable qu'ils y aient jamais fixé leur séjour puisqu'ils n'habitaient, pour leur sûreté personnelle, que le creux des rochers et le bord des lacs ou des rivières; toutes choses qui nous manquent à Cancon. Les silex taillés ou polis[1] qu'ont trouvés. toujours en très petit nombre, MM. E. Garraud, à la Cayre et à Saint-Paul-le-Vieux, Rouby et Dupont, à Peyrelède, (aujourd'hui Rudelle), Bouty à Lentignac. Bénaben à Francoulon, Brunet à Barrou, Lauricisque au Crubillé et à la Peyrebasse, Trubelle en divers endroits, Martinaud à Moulinet. à Valens et aux Bardes, le Dr Biau, à Mandet et l'auteur à Jeanmetge, nous font supposer qu'ils venaient parfois entreprendre de grandes chasses dans les forêts impénétrables dont notre territoire était alors couvert et que, leurs provisions de gibier et peut-être de silex faites, ils regagnaient les cavernes du Périgord ou les rivières du bas pays, comme font encore de nos jours les Peaux-Rouges en Amérique.

La race humaine autochtone de la France, de la Belgique et du nord de l'Europe avait la taille petite, la face carrée, les cheveux noirs et la tête ronde (brachycéphale). Certains croient que les Lapons et les Finnois seraient les derniers représentants de ce peuple refoulé vers le pôle par les invasions multiples et successives des Ibères et des races asiatiques.

Les Ibères, race aborigène de l'Espagne, sont probablement ces

---

[1] Ce sont pour la plupart des haches et marteaux de différentes grandeurs en silex gris foncé ou d'un blanc jaunâtre. Ces derniers pourraient bien sortir d'un atelier du pays.

hommes dont **M.** l'abbé Audierne a signalé la marche ascen-
dante, dans nos contrées, du midi vers le nord. Ils vinrent peu après
les périodes diluviennes. Les Basques Escualdunac en descendent purs,
dit-on, de tout mélange. Puis, commencèrent, en un courant inin-
terrompu du nord vers le midi les grandes migrations de la race
aryenne, par l'arrivée du peuple à dolmens, que suivirent en foule
les Celtes ou Galls (habitants des forêts), et enfin vers l'an 587 avant
Jésus-Christ, les Kymris en plus petit nombre. De la fusion de ces
peuples divers sortirent les Gaulois, nos premiers pères historiques.
Cette période d'invasion dura près de 5,000 ans ; elle comprend :
l'Age de la pierre polie, l'Age du bronze et le Premier Age du fer.

Au peuple à dolmens et aux Celtes de l'Age de la pierre polie, nous
devons les premiers *cairn*, gigantesques *tumuli*, monticules énormes de pierres et de terre faits par la main des hommes, sous lesquels ils ensevelissaient les dépouilles mortelles de leurs chefs.
Nous leur devons surtout ces monuments énigmatiques : *peulvans,
cromlechs, dolmens,* que l'on rencontre dans tout l'ouest et le centre
de la France, particulièrement sur les hauts plateaux arides [1].

Dans notre patois on appelle ces monuments *peyro lébado, caillaou, tres peyros,* selon la forme qu'ils affectent. Il y avait un peul-
van à Peyrclède (contraction de *peyrelévade?*) sur les confins de la
commune de Boudy : de nombreux silex polis ont été ramassés tout
autour. Il y avait un dolmen paraît-il à moitié chemin de Cancon à
Monbahus, sur un sommet de 148 mètres d'altitude ; son emplacement
porte encore le nom de *las tres peyros.* Une pierre levée se voyait
au Caillaou il n'y a pas encore bien longtemps : c'était un grand bloc
de silex dont les intempéries des saisons avaient effrité et arrondi les
angles au point de le faire ressembler à un gigantesque caillou ; du
moins on ne peut s'expliquer autrement la présence d'un caillou de
cette taille en un lieu semblable et si loin de toute rivière. Nous aurons à en mentionner d'autres.

A l'Age de bronze les Ibères ont complètement disparu de ce côté-
ci de la Garonne ; les Celtes les ont refoulés au delà de ce fleuve ;
quelques-uns de ceux-ci les ont suivis même et se sont mêlés avec

---

[1] Quelques-uns croient que c'étaient des tombeaux de chefs ou de guerriers renommés et cette opinion tend à s'accréditer. Quoi qu'il en soit, ces
pierres étaient des objets de vénération et même d'adoration pour les
Gaulois.

eux pour former les Celtibères ou Aquitains. A cette époque on n'ensevelissait plus les morts : on les brûlait. Certains croient pouvoir affirmer que l'ustion est propre à l'Age du bronze et que l'inhumation recommença avec l'Age du fer.

Les cendriers que l'on trouve enfouis dans certains tumuli, les tombes en forme de silos dont nous aurons à reparler et les puits funéraires semblables à celui que le sieur Casse a découvert près de l'église d'Aiguevive, datent peut-être de ces temps reculés. J'ai dans ma petite collection d'objets antiques un bracelet en bronze, très simple, recouvert d'une épaisse patine verte à reflets vitreux, qui parait remonter à la même époque. Il a été recueilli par le sieur Brunet au Barrou.

Si les peuplades primitives, la plupart troglodytes, n'ont fait que passer à Cancon, il n'en a pas été de même, semble-t-il, des Celtes, Galls ou Gaulois ; ceux-ci s'y sont établis.

M. Tholin, toujours si prudent, dans les *Notes sur les stations, oppidum, camps et refuges du Lot-et-Garonne* qu'il écrivit après avoir parcouru le département dans tous les sens, dit que « les plateaux de Montrastruc, de Monbahus, de *Cancon*, de Monflanquin, de Monclar, de Penne, de Tournon, de Puymirol, étaient certainement des stations à l'époque antéhistorique, peut-être des oppidum durant la dernière période Gauloise » ; il ajoute : « Dans toutes ces localités on a trouvé, sur les sommets ou aux environs, des silex taillés et des haches polies » Ces silex sont une première preuve de l'établissement des Celtes sur le plateau de Cancon. Des remarques que nous avons faites sur la situation stratégique de ce plateau, sur la signification d s noms de lieu qui l'entourent et sur les sépultures qu'on a trouvées aux environs, remarques que nous allons produire, tendent encore à démontrer, plus victorieusement, croyons-nous, qu'à l'arrivée des Romains dans les Gaules, il était occupé depuis de nombreux siècles ; que c'était une place forte gauloise (*oppidum*) ou tout au moins un camp retranché, un *refuge*.

Au nord du confluent de la Lède et du Lot s'étend un massif de collines de 150 à 220 mètres d'altitude dont une des lignes de faite, la Sède, formée d'une suite de petits plateaux entrecoupés de cols élevés, commence à Cailladelle et Castelnau et va finir vers Pinel et Hauterive, après s'être brisée à angle aigu sur le côté sud de Cancon. La forte éminence aux flancs de laquelle est bâtie notre ville, se détache de cet angle, s'avance vers le nord-ouest, s'isole en laissant

derrière elle une vaste tranchée de 5 à 600 mètres, prend la forme
d'un immense navire renversé, s'élève en raidissant ses pentes jusqu'à une altitude de 199 mètres, de manière à découvrir toute la contrée d'alentour sur une étendue considérable, et départage les eaux
du pays entre le Lot, par des affluents de la Lède, et la Garonne,
par le Tolzat dont le principal bras commence près de là. Le plateau
qui la couronne peut avoir de 40 à 45 mètres de large sur 165 mètres
de long, y compris la Butte des Moulins, c'est-à-dire dans ses plus
grandes largeur et longueur. Ainsi placé à cheval sur les deux larges
vallées du Tolzat et de la Gardone, qu'il surveille de très haut, bien
en vue des *stations* probables de Tombebœuf (alt. 160 m.), de
Tourtrès (177 m.), de Monbahus (188 m.) de Monclar (197 m.), de
Montastruc (190 m.), de Monflanquin, etc., à proximité de plusieurs
sources dont une, celle de Conchou, coule très peu de son sommet,
ce plateau, dis-je, devait être aux temps antiques, non seulement un
excellent point stratégique, mais encore une assiette de choix pour
l'établissement d'une place forte. Il est indubitable que les Gaulois
ne négligèrent pas de l'occuper et qu'à l'aide de quelques rocs arra-
chés au coteau même, ils eurent vite fait de s'y retrancher.

« Les noms de lieu, a dit M. J. Quicherat, se sont formés à la
longue et au hasard des circonstances, depuis le jour que le territoire commença d'être habité ; ils ont pour auteurs tous les peuples
qui sont venus s'établir dans notre pays, toutes les races de conquérants ou d'esclaves dont est issue la population actuelle. Les éléments
indiquèrent dans l'origine la configuration ou la nature du sol, les
espèces qui vivaient dessus; — les besoins de la vie errante n'allaient
pas au delà ; — plus tard, ce fut la destination que les lieux reçurent
des hommes, ou bien encore ce fut la mémoire d'anciens évènements
qu'ils consacrèrent, ou même le nom des personnages par qui les
centres de population furent ici créés, là transformés. De sorte que,
dans le dictionnaire topographique d'une contrée, les renseignements abondent pour la géographie physique, pour la statistique ancienne, enfin pour l'histoire [1]. »

---

[1] La formation et la signification des noms de lieu en France ont été
étudiées d'une façon remarquable par des philologues distingués qui en
ont fait une science nouvelle des plus curieuses, indispensable aujourd'hui
pour les travaux et les recherches ethnographiques et historiques. C'est dans
leurs savants ouvrages ; c'est dans les traités de linguistique ou d'étymolo-

L'orthographe latine la plus employée et la plus autorisée de Cancon, au moyen âge, est *Cantcor* et *Cancurrio*. La première syllabe de ces mots évoque le *Kant* des armoricains qui veut dire coin, encoignure, l'angle d'une colline qui s'avance entre deux vallées ou entre deux cours d'eau; *cant* en vieux français, *canthus* en latin barbare, *canto* en italien, en espagnol, en portugais ont la même signification (Houzé, p. 105.) *Cant* fut sans doute le premier nom du mont sur lequel s'étagent les maisons de notre petite ville L'ensemble du plateau de Nicole au confluent du Lot et de la Garonne, dont la position géographique a quelque rapport avec celle de Cancon, s'appelait autrefois *Cande* ou *Cangio*; l'analogie des trois noms Cant. Cande et Cangio est frappante [1]. Nous verrons que c'est en ajoutant un suffixe à Cant que l'on a fait Cantcor.

Au sud de Cancon, tout au bas de la colline, une source qui est sans contredit la plus abondante du pays et où on a établi aujourd'hui un lavoir public, s'appelle *Péchargouillet* qu'il faut détailler ainsi *Pech-ar-gouillet : ar* (le, la) article armoricain, *gouillet* du celtique *gauille* (prononcer *gaouille*) usité généralement pour indiquer une source dans les prés, les deux avec le préfixe *pech*, montagne, ont donné Péchargouillet qui, en effet, est une source qui sort du massif du Deffès et coule dans les prés [2].

Au nord, une ancienne propriété seigneuriale aujourd'hui couverte en partie de maisons et comprise dans la ville, s'appelle *Matras*; le

---

gie de M. J. Quicherat, directeur de l'Ecole des Chartes (*De la formation française des noms de lieu*); de M. Pictet (*Les origines indo-européennes ou les aryas primitifs. Essai de paléontologie linguistique*); de M. H. Cocheris, inspecteur général de l'Instruction publique (*Origine et formation des noms de lieux*); de M. A. Brachet (*Dict. étymologiq. de la langue française*), du savant et spirituel M. A. Houzé, (*Etude sur la format. des noms de lieux en France*); de M. le vicomte de Gourgues (*Noms anciens des lieux du départ. de la Dordogne*), etc. que nous avons puisé et contrôlé *toutes* les observations étymologiques appliquées à notre pays qui se trouveront plus loin dans notre récit. On comprendra que nous n'ayons pas voulu nous risquer seul sur un terrain aussi glissant et aussi périlleux.

[1] *Notes sur les opp. camps et ref. du L.-et-G.*, par M. THOLIN, p. 114 et *Documents inédits relatifs à l'hist. de l'Agenais*, X, par M. TAMIZEY DE LARROQUE.

[2] Voir les noms de lieux sur les cartes de CASSINI, de BELLEYME, n° 36 (*Guyenne*), des PONTS ET CHAUSSÉES (1874) et de l'ETAT-MAJOR, *feuille 193*.

matras (Com. César, I, 26) était une arme de jet, flèche ou javelot, particulière aux Gaulois.

Les collines des environs, sauf de rares exceptions, selon leur plus ou moins grande élévation, ont reçu les noms celtiqu\`s de *Pech*, *Pé*, *Pouvet* et *Pouchou*, de *Tuque* ou *Touque*, *Tuquet* ou *Touquette* ; ces derniers sont dérivés de *pouch* ou *puch* qui prononcés durement et en changeant leur première lettre sont devenus *tuq*, et *touq*, (de Gourgues) Aujourd'hui ces express'ons sont tombées en désuétude : on dit en patois *termé*.

Quatre de nos petits ruisseaux possèdent dans leur nom soit le radical *bonn*, équivalent celtique de ruisselet. filet d'eau. (Houzé, page **112**). soit la racine *ona* qui chez les Celtes signifiait fontaine : Divona, *celtica lingua fons addite Divis*, a dit Ausone. Ce sont : la *Narbonne* et la *Gardonne* qui se jettent dans le Tolzat et la Lède, la *Séone* et la *Midone* qui coulent vers Casseneuil. Le Tolzat lui-même qui est le ruisseau collecteur de toutes les eaux de notre plus grande vallée, semble avoir tiré son nom des mots primitifs *tolz* (masse) et *ave* (eau en marche en sanscrit), à moins que ce soit de *tolz* (masse) et de *acq* qui vient du latin *aqua*, dont le radical est toujours *ave*. On disait *Tolzacq* au xiiie siècle.

En armoricain *ad-bera*, couler vers, afflux, désigne l'endroit précis ou un cours d'eau se jette dans un autre de plus grande importance, (Houzé, p I03) : Le confluent du *Cluzélou* et de la *Gardonne* a conservé le nom de *Laubère*, (*Lavvera* en 1469).

Enfin le gaëlique *caill* et le celtique *gal*, qui signifient forêt, nous ont donné les formes : *Caillac*, *le Cailla*, *Caillaux* (lieux couverts de bois) et leurs congénères *Cailladelle*, *Cailladière*, *Gallebesse*, *Gallots*, etc... Aujourd'hui on dit *bos*, du bas-latin *boscus*.

Il est probable que ces noms, dont la plupart possèdent encore leur forme archaïque, nous ont été laissés par les Gaulois, peut-être antérieurement à l'ère chrétienne.

Les sépultures sont évidemment les traces les plus certaines que nous ont laissé de leur passage ou de leur séjour dans notre pays les peuples anté-historiques. En outre du *tumulus* de Lamoutte, (du bas-latin *mota*, petite élévation du sol),—que tout le monde connaît à Cancon, et auprès duquel le sieur Delsol a rencontré quelques poteries antiques et de nombreuses lampes funéraires à quatre becs, — en outre de ce tumulus qui, probablement appartient aux temps celtiques, le même propriétaire a découvert, dans le même lieu, certaines sépultures fort difficiles à classer, mais également très anciennes. Elles semblent antérieures à la conquête romaine et peut-être remontent-elles jusqu'à l'Age du bronze Qu'on se figure une cinquantaine de trous creusés en rond dans le tuf et affectant la forme de silos ou plutôt de chaudrons dont les bords iraient en se resserrant jusqu'à l'orifice. Ils avaient vers la base une largeur de un mètre à un mètre cinquante centimètres et à l'ouverture de soixante à quatre-vingts centimètres, avec un peu plus d'un mètre de haut; ils contenaient des cendres et de la terre. Il a été trouvé des cavités en tout semblables aux précédentes, par M. Tholin, en ma présence, dans un talus éboulé des remparts de Cancon; par le sieur Bouty à Lentignac; (c'est auprès de celles-ci que ce dernier a recueilli les haches en silex dont nous avons déjà parlé); par M. Fargues, à Sénéselle ; par le sieur Lagrange, charron, dans le roc de Boudy ; par le sieur Brivoizac à Roudet près Jean-Metge et par le sieur Casse, à Aiguevive. Quelques-unes de ces tombes, à Boudy, étaient recouvertes d'une pierre plate ; on y voyait mêlés aux cendres des débris d'ossements et de poteries grossières qui se brisaient au toucher ; d'autres, à Roudet et à Sénéselle étaient creusées sous des couches de pierres, de terre et de squelettes d'hommes et de chevaux jetés dans tous les sens.

M. Tholin dit (*Stations et Refuges*, p. 37 et 38.) que ces fosses qu'il propose d'appeler « silos funéraires » se rencontrent en grand nombre dans le département. Casseneuil en possédait une vingtaine dans le champ de Saint-Joseph. Il croit avec M. Dombrowski, conservateur du Musée d'Agen, que ce sont des sépultures gauloises.

II.

Conquête romaine. La *via* d'Agen à Périgueux. Sulpice Sévère. *Primuliacum.*

Quand les Romains vinrent dans nos contrées les Gaulois qu'ils y trouvèrent s'appelaient *Nitiobriges.*

Les Nitiobriges occupaient à l'extrémité de la Celtique, sur la rive droite de la Garonne, tout le territoire dont les limites étaient. à ce que l'on croit, celles que prit plus tard et qu'à conservées à peu près, depuis, le diocèse d'Agen. Strabon et Ptolémée leur donnaient pour capitale une agglomération de huttes sauvages, entourée de murs qu'ils appellent *Aginum.*

Dans l'épaisseur de leurs immenses forêts les Nitiobriges pratiquaient la religion druidique importée dans la Gaule par les Kymris, et vivaient surtout de chasse et de pêche, comme les peuples primitifs. Ils se lançaient parfois dans des pérégrinations lointaines d'où ils revenaient chargés de butin et traînant après eux de nombreux esclaves qu'ils employaient aux travaux des champs dans les vallées de la Garonne et du Lot, autour des bourgades où se faisait un peu de commerce. Ils furent conquis et asservis par les Romains, avec le reste de la Gaule, après la prise du Vercingétorix et la chute d'Alésia et d'Uxellodunum (51 ans av. J.-Ch.).

Cette conquête modifia profondément la constitution civile et politique des anciens peuples d'Aquitaine. Les Romains imposèrent aux vaincus, avec toute la dureté tyrannique qui leur était propre, leurs lois, leurs mœurs, leurs usages.

Des Prêteurs, des Préfets ou des Présidents créés par eux, gouvernèrent les différentes parties de la province et eurent pour les seconder des officiers de justice et d'épée, civils et militaires, qui firent respecter leur autorité. Les empereurs donnèrent par la suite, en bénéfice à ceux de ces derniers dont ils voulurent récompenser les services, une partie des terres enlevées aux Gaulois.

Tout l'ancien pays des Nitiobriges, la nouvelle *Civitas Agennensium*, se couvrit bientôt, un peu partout, dans les plaines, aux flancs des coteaux et dans les hautes terres au bord des sources, de nombreux centres d'exploitation agricole autour desquels se développèrent rapidement le commerce, l'industrie et les arts, favorisés en cela par la construction de ces admirables voies dont la solidité était si grande que l'action du temps et les efforts des riverains n'ont pu complètement les détruire.

Ces voies étaient en même temps, étaient surtout, devrions-nous dire, des routes stratégiques le long desquelles s'échelonnaient des camps retranchés (*castra*) [1], destinés à prévenir et à réprimer au besoin toute idée de révolte du peuple asservi.

---

[1] Les Romains appelaient *Castrum*, ou *Castellum* (diminutif de *Castrum*) un fort, une forteresse, et *castra* (pluriel de *Castrum*) un camp fortifié dont la forme générale était carrée et la position entière entourée d'un fossé (*fossa*) et d'un retranchement en dedans de ce fossé dont le haut était défendu par une forte enceinte de palissade (*vallum*).

Une de ces routes nous intéresse particulièrement: c'est celle qui partant d'*Aginnum* allait aboutir par deux stations, *Excisum* (Eysses près Villeneuve-sur-Lot) et *Trajectus*, au bord de la Dordogne, à *Vesunna* (Périgueux), d'où elle se continuait sur *Médiolanum* (Saintes) d'un côté, et de l'autre sur *Argentomagus* (Argenton, en Berry) [1]. Elle arrivait par les bois de Soubiroux (commune de Villeneuve), entrait dans le canton de Cancon au bois du Renard, à l'extrémité de la commune de Castelnau, montait à la Boulbène (213 m. d'altitude), passait à Lanauze, à Lamère, à Cailladelle (199 m. d'alt.) et descendait vers la Gardonne à partir de Roumagne (le village de la route) [2]. De là, elle longeait la frontière du canton de Monflanquin pour se continuer vers le nord par Bourgade, *Laubère* où il en reste quelques vestiges, Taradel, le Maynard (142 m. d'alt.) et *César* Elle entrait dans le canton de Castillonnès « par Montaut et Bournel, traversait la commune de Ferransac... et se dirigeait sur Issigeac, en passant entre les communes de Cavarc et Saint-Quentin, où elle est assez bien conservée dans les bois de Canterane, sous le nom de la *Caussade* (la chaussée) [3]. »

A Las Condènes, à 1500 mètres environ du Renard, entre l'écart de Tilloles et le château de Calcat, il s'en trouve un beau tronçon qui a conservé son ancienne largeur en certains endroits ; on l'appelle encore de nos jours, jusque dans les actes des notaires, le *chemin de César*.

A Lanauze, près de Cailladelle, on voit aussi un long tronçon de son *agger* (chaussée); les *crepidines* (trottoirs) ont complètement disparu ; bien que rétréci sur quelques points, on comprend que dans sa largeur primitive il pouvait donner passage à trois chars marchant de front.

Notre honoré confrère et ami, M. O. Bouyssy, dit dans son excellent ouvrage que la tour en brique qui se dressait autrefois sur la colline de Quercy (canton de Castillonnès), et dont les restes sont encore visibles, était une tour porte-signaux comme celles qui existent

---

[1] Alex. Bertrand. *Les voies romaines en Gaule.*

[2] Roumagne (*Rotmag, Rotomagus, i*) de *roto, rot, rut*, qui signifie en vieil armoricain, gué, passage, chemin et du gaëlique *mag* qui répondait au latin *mansio* et à nos mots français, lieu, village, grosse ferme, (Houzé, pp. 89 et 92.)

[3] O. Bouyssy : *Notice hist. sur la ville de Castillonnès*, p. 7.

encore près d'Aiguillon et de Buzet ; il ajoute qu'elle correspondait vers le sud avec une autre tour placée dans la commune de Boudy (canton de Cancon). »

Si l'on en croit la tradition un embranchement de la voie romaine qui nous occupe partait de Laubère, dont le nom primitif l'*Adbera* signifie en Armoricain aussi bien un confluent de rivière que la rencontre de deux routes, et allait vers *Eluso, Elusio* ou *Elusone* (aujourd'hui Lauzun) en passant par Boudy, *Périllac,* la Mandigue, la Serre, Saint-Maurice et Ségalas. C'est ce chemin que, d'après certains écrivains, suivait aux IVe et Ve siècles, Sulpice Sévère, le célèbre auteur d'un Abrégé de l'histoire sainte, *Sacræ historiæ a mundi exordio ad sua usque tempora deductæ,* lorsqu'il se rendait d'Aginnum, sa ville natale, à Elusone sa patrie d'adoption [1].

Sulpice Sévère, surnommé le Salluste chrétien, qualifié saint par quelques-uns, est né à Agen d'une illustre famille gallo-romaine originaire d'Eluso ou peut-être d'Agen même. Il fit d'excellentes études de littérature latine et de droit romain et se fixa à Eluso, où son éloquence lui valut une haute réputation. Son épouse étant morte jeune, il s'éloigna des luttes judiciaires, distribua aux pauvres une partie de ses biens, donna le reste à l'église en s'en réservant l'usufruit, et se retira vers l'an 392 dans sa villa de *Primuliacum,* près d'Eluso. Là il mena une vie d'anachorète, enseveli pour ainsi dire dans l'étude et la prière.

Vers 396, il y fit élever en souvenir de Clair, son ami, une basilique qui bientôt fut trop petite par suite de la grande affluence de fidèles qu'elle attira. Il en fit bâtir une seconde et plaça un baptistère entre les deux. « C'est ici, dit M. l'abbé Barrère, que le diocèse d'Agen trouve les premiers monuments dont l'archéologie puisse s'honorer [2]. »

---

[1] Ce chemin existe encore très modifié dans sa structure et peut-être aussi dans son parcours ; au Moyen-âge il se continuait de Laubère à Monflanquin. Il est considéré comme le plus ancien de la contrée ; il a survécu à la voie romaine que les habitants du pays s'efforcèrent de détruire et de faire disparaître quand au lieu de leur porter comme jadis la fortune et le bien-être ils la virent servir d'abord aux invasions des hordes barbares, puis de passage aux routiers pillards et assassins.

[2] *Histoire religieuse et monumentale du dioc. d'Agen,* par M. l'abbé Barrère.

Le baptistère fut orné de peintures diverses et d'inscriptions dont quelques-unes, en vers latins, exaltaient les nombreuses vertus de saint Martin et de saint Paulin de Nole, amis chers à Sulpice, et les donnaient en exemple à la foule des fidèles qui venaient prier dans ce lieu bénit. Une autre glorifiait saint Clair auquel la basilique était consacrée et indiquait « que le corps de ce saint, selon la coutume de la primitive Eglise, reposait sous l'autel du sacrifice qui lui servait de tombeau. »

Il fut en outre déposé dans le baptistère, dont un solitaire était chargé de faire le service, une parcelle de la vraie croix, précieux don de saint Paulin [1].

La position précise de Primuliacum et même celle d'Eluso ont été très discutées Quelques-uns, M. l'abbé A. Capot entr'autres, ont placé ces deux lieux en Languedoc, mais les éditeurs du *Gallia Christiana*, Scaliger, Sirmond, Lalande, Hornius et Rosweyde ont prouvé, semble-t-il, suffisamment qu'il fallait les chercher dans notre département : pour ces derniers il est certain que Lauzun est l'antique Eluso. Ils ajoutent que Primuliacum n'était pas loin d'Eluso, mais ils n'en indiquent pas la position exacte. M. l'abbé Barrère est allé plus loin : il croit fermement que l'ancienne Primuliacum était non loin de Périllac, près de Cancon. Dans un voyage qu'il fit autour des paroisses de l'Agenais, avant d'écrire son ouvrage, il voulut suivre l'ancien chemin de Lauzun à Laubère comme Sévère l'avait pu faire autrefois Arrivé à Périllac il se fit conduire sur l'emplacement de l'église depuis longtemps détruite, où les fiévreux de la contrée étaient allés pendant des siècles demander la guérison de leur mal. Pendant plusieurs jours, en compagnie du curé de Cancon, il parcourut les alentours, puis descendit jusqu'à *Bouygue* et au *Barrou* où on lui montra les substructions de plusieurs établissements gallo-romains et quelques objets antiques. Il a résumé ses recherches dans quelques pages trop longues à citer, et a conclu que « le Périllac de nos jours est le Primuliac des temps anciens et l'une des habitations de Sulpice Sévère. »

Ses déductions nous paraissent assez péremptoires. Tel a été aussi l'avis de M. Adolphe Magen : « M. l'abbé Barrère, » écrit-il dans les

---

[1] *Histoire religieuse et monumentale du dioc. d'Agen*, par M. l'abbé Barrère.

Essais historiques et critiques d'Argenton sur l'Agenais. par J. Labrunie, qu'il a commentés et annotés, « s'est appliqué avec une ardeur louable et que le succès a récompensée, à démêler le vrai dans les arguments contradictoires qu'à fait naître l'interprétation géographique du nom d'*Elusio.* Avec les frères Sainte-Marthe, avec Scaliger, avec Hornius, avec Sirmond, Lalande et Rosweyd, il reconnaît Lauzun dans Elusio. Dans l'humble hameau de Périllac, près Cancon, dont nos archives ecclésiastiques mentionnent l'église depuis longtemps détruite, il croit aussi reconnaître, — et nous partageons cette opinion qui lui appartient en propre, — cette résidence de Primuliac où Sévère éleva à la mémoire de Clair, son ami, deux basiliques ornées de peintures. Un tube doré contenant un fragment de la vraie croix, hommage de Paulin de Nole à Sévère, son ami, paraît se retrouver, un peu modifié, il est vrai, dans sa forme primitive, au presbytère de Lauzun, consacrant par un nouveau témoignage les droits de cette petite ville à réclamer, comme sien, le plus élégant, sans contredit, des écrivains du IV° siècle[1]. »

L'opinion de ces deux savants, n'a pu convaincre M. O. Bouyssy. Il se refuse à voir dans notre Périllac le Primuliacum de Sulpice Sévère et croit l'avoir trouvé à Montauriol, dans le canton de Castillonnès, où il a fait quelques découvertes archéologiques, fait ordinaire dans nos contrées.

« A Montauriol, dit-il, p. p. 8 et 9 de sa Notice sur Castillonnès, abondent les débris anciens, les briques à rebords, les fragments d'urnes, les pierres en petit appareil. Les sépultures gallo-romaines se montrent autour du château de Chambon, antique prieuré que le riche et célèbre monastère de Sainte-Croix de Bordeaux possédait avant le XII° siècle. Auprès du prieuré s'élevait une église placée sous l'invocation de saint Jean-Baptiste. Elle avait probablement pris la place du baptistère décoré par Sulpice du portrait de son ami Paulin. »

« A trois cents mètres environ du bourg existe encore une habitation qui porte le nom de Prissignac, et non loin de laquelle on trouva au siècle dernier une magnifique table d'autel. Ce fait, qui nous a été certifié par des personnes dignes de foi, nous paraît concluant en faveur de notre opinion, et nous réclamons pour notre pays

---

[1] *Recueil de la Soc. d'Agric. Sc. et Arts d'Agen,* tome VIII, p. 131.

la gloire d'avoir vu s'élever l'oratoire qui entendit les prières des premiers chrétiens. »

M. O. Bouyssy (nous le prions de nous pardonner les critiques que nous sommes obligé de lui adresser), ajoute, sans information suffisante, qu'à Périllac, dans le canton de Cancon, on n'a retrouvé aucun débris antique, pas la moindre trace d'une habitation gallo-romaine ou de tout autre édifice et que ce lieu ne peut invoquer d'autre preuve à l'appui du dire de M. l'abbé Barrère qu'une certaine similitude de nom avec Primuliac.

Ce serait, il est vrai, tout-à-fait insuffisant s'il n'y avait en plus la position de Périllac d'abord à la même distance de Lauzun que Primuliacum paraît avoir été, et puis sur le chemin qui devait relier autrefois Eluso, en ligne droite et le plus directement possible, à la grande voie d'Aginnum à Vesunna; ce le serait encore si l'on n'avait pas trouvé aussi et si l'on ne trouvait pas encore à Périllac, ce qu'ignore M. Bouyssy, ou tout près de ce lieu, quantité de ces débris antiques qui lui suffisent à prouver que Prissignac ou Priscignac, c'est-à-dire la villa du gallo-roman *Priscinus*[1], est bien le Primuliacum de Sévère.

Pour en finir avec ce sujet de controverse dont le dernier mot, croyons-nous, est qu'il faut chercher Primuliacum à Périllac et non ailleurs (si du moins l'on admet que Lauzun est l'Eluso, l'Elusio ou l'Elusone des anciens,) nous allons prouver qu'il y avait, à l'époque gallo romane, à quelques centaines de mètres au-dessous de Périllac, une riche villa et une bourgade dont la création fut due sans doute au voisinage de la villa ou mieux de l'oratoire du Sulpice Sévère.

Un peu au-dessous de Périllac, en allant vers Cancon à travers champs par Bouygue, on rencontre à main gauche un petit plateau de plusieurs hectares de superficie dont le sol gras et fertile va, en pente douce, rejoindre à l'est et au sud un frais petit vallon que traverse en courant vers Boudy le *Gouttil* de *Loupiel* (l'égouttoir du cheveu). Une ancienne tradition très répandue et très vraie dans le

---

[1] On sait que les Romains donnaient une signification géographique aux noms de personnes en remplaçant le suffixe ordinaire de ce nom par le suffixe ethnique *iacum* ou *acum* dont la racine *ac* avait été empruntée par eux aux Celtes. Ex.: *Priscinus* = *Priscin-iacum, Sabinus* = *Sabin-iacum, Paulinus* = *Pauli-acum* ou *Paulin-iacum.*

fond, nous le verrons par la suite, veut qu'aux temps anciens existât sur ce plateau, une petite ville qui, en s'étendant peu à peu vers Peyressan, Caussade et au delà, a donné naissance à Cancon.

En effet, entre Bouygue et le Barrou, sur une surface de douze cartonnats environ (près de deux hectares), dont deux appartiennent au sieur Claverie, six au sieur Brunet et quatre au sieur Sauvaud, le terrain est encombré de débris de poteries antiques, de tuiles à rebords, de pierres et de ciments de toute espèce, et bien qu'il soit cultivé depuis longtemps, on y rencontre partout, à une profondeur qui varie de 0 ^{m} 60 ^{c} à 2 ^{m} 00, des fondations de murailles en pierre et ciment dont la plupart portent des traces d'incendie.

Mais le fait le plus digne d'attention consiste dans la découverte au Barrou des restes bien caractérisés d'une importante villa. Les substructions qui en ont été mises à jour et arrachées dans ces dernières années, étaient placées à cheval sur les propriétés des sieurs Brunet et Sauvaud. Bâties de pierres réunies à l'aide d'un ciment très dur, elles entouraient en carré un grand espace au milieu duquel il y a un puits dont la source est si abondante en un certain moment qu'on a tout lieu de la croire alimentée par des conduits souterrains existant sans doute encore. Le sieur Brunet a nettoyé ce puits jusqu'à une assez grande profondeur et l'a trouvé comblé de tuiles à rebords et de tuiles demi-cylindriques plus ou moins brisées, de grandes et épaisses briques cassées qui paraissent provenir de la chute de la margelle, de tessons de poteries fines et autres débris perdus dans une certaine quantité de cendres, de platras et de pierres enfumées. Au milieu des ruines, les sieurs Brunet et Sauvaud ont découvert une foule d'objets curieux, dont beaucoup ont été vendus ou dispersés avant d'avoir éveillé notre attention. Du reste les fouilles ne sont pas terminées, et il s'en faut de beaucoup qu'elles aient jamais été faites sérieusement ; menées avec méthode par un homme compétent, elles mettraient sûrement à jour des antiquités très précieuses à divers points de vue, dont le musée d'Agen, entre autres, pourrait bénéficier, je crois, à peu de frais.

Je puis citer, les ayant vus, des débris de plats divers (*catinum, patina, boletar*, etc.), d'amphores (*amphora, cadus, seria*), de coupes à boire (*poculum, calix, scyphus*) et d'ustensiles de cuisine, tous en terre cuite très fine, le plus souvent peints en noir, ou en gris, ou en bleu, ou en rouge. Quelques-uns ont gardé la couleur naturelle de la terre qui est tantôt d'un beau jaune orangé, tantôt d'un jaune mastic ;

Des vases plus précieux également en terre cuite, mais très brisés, par conséquent d'un usage difficile à établir, de forme élégante, semble-t-il, à pâte extrêmement fine et légère, ornés de frises (palmettes, oves, astragales, etc.) délicatement modelées dans le genre des poteries de Samos et d'Arezzo, peints en rouge ocracé. Sur l'un d'eux se développe en haut relief un sujet allégorique d'une finesse d'exécution admirable ;

Une clochette (*tintinabulum*) cupuliforme, dans le genre de celles qui, attachées par un large ruban, servaient à orner le poitrail des chevaux ; un fragment d'une plus grande ;

Des poids de métier à tisser vertical, en terre cuite grossière, de diverses grandeurs, ayant la forme de coins à fendre le bois, percés d'un trou dans le haut ;

Un *as* frappé à Nîmes et quelques autres monnaies ou médailles latines ;

Un morceau de marbre blanc ;

Une pierre fine taillée en amande ;

Un pied de statuette en bronze chaussé d'un *calceolus* ;

Un pavé de chambre (*pavimentum*) formé de morceaux de briques, de pierres et de cailloux de diverses couleurs, cassés menu, choisis et jetés sur un lit de fort ciment ; le tout paraissant avoir été battu et uni simplement avec une demoiselle (*pavicula*). Ce *pavimentum* était encadré d'une bande dont la couleur est plus foncée que le milieu ;

Deux boucles en bronze (*fibulæ*) à ardillon bifurqué en fer ; l'une de ceinturon, grande et large, l'autre beaucoup plus petite ;

Deux statuettes en terre de pipe ou en stuc dont on n'a pu conserver que les têtes ; l'une d'elles représente le dieu Mercure et l'autre un sanglier.

Deux petites fibules, en cuivre doré, d'un très joli dessin.

Enfin beaucoup de menus objets en fer, bronze, verre, dont il est impossible d'indiquer la provenance et l'emploi avec quelque certitude.

L'étude archéologique de ces antiquités, la richesse de quelques-unes comparée à la simplicité des autres, l'ensemble et la disposition des substructions qui ont été découvertes à différentes époques entre Bouygue et Barrou, nous permettent non seulement d'affirmer qu'il y avait là une bourgade gallo-romaine dont la partie basse, celle qui avoisine les prairies, était occupée par une riche villa aux vastes proportions, mais encore que cette résidence se composait, sans doute comme la plupart de ses pareilles, d'une cour intérieure (*cors*, *cohors*) de forme carrée au milieu de laquelle se trouvait un puits aux eaux abondantes, tandis que tout autour se rangeaient : sur le devant, la maison du maître (*domus*) ; sur les côtés et au fond, la grange (*horreum*), les hangars, les magasins (*cryptæ*), les caves (*cellæ*) où les esclaves trouvaient leur logement et enfin les écuries et les étables pour les animaux domestiques (*turba cortis*).

En attribuant à la même époque tous les vestiges de constructions anciennes entourées de tuiles à rebords que l'on rencontre dans la campagne de Cancon, nous commettrions une grave erreur, car il paraît certain que, pendant la période barbare qui suivit, les seigneurs et les riches colons se sont encore servi, dans le Midi, de ce genre de tuiles pour couvrir leurs maisons et que, par conséquent, elles ne constituent pas une preuve suffisante en faveur d'une origine gallo-romaine. Aussi est-ce sans tenir compte plus qu'il ne faut de la présence de ces tuiles que nous croyons pouvoir avancer que, en outre de l'établissement agricole dont nous venons de parler, il en existait plusieurs autres au v° siècle sur le territoire de Cancon. Les principaux étaient situés :

Au Penhaut ou Thouens (commune de Moulinet) où le sieur Bertrand, propriétaire à Botis, a rencontré un épais fragment de marbre, des débris de poteries fines caractéristiques, des tuiles à rebords, etc.;

A Francoulon (commune de Baugas), où le sieur Mercadier a découvert un mur bâti en pierre et ciment à la romaine, des tuiles à rebords et de gros morceaux d'un *pavimentum* très simple composé de briques cassées menu et noyées dans un ciment blanc très-dur[1].

---

[1] On trouve de grandes plaques de ce genre de *pavimentum* à Aiguevive (commune de Saint-Pastour), à 100 mètres au-dessus de l'église et à *Lestrugue* (commune de Baugas). Il paraît avoir servi de lit au pavé de la chaussée d'une route secondaire, car on ne rencontre près de là aucune trace bien caractérisée d'habitations antiques, tandis qu'au contraire, nous avons remarqué, non sans étonnement, que Lestrugue (aliàs l'Estrugue (*Strata*, voie principale, chemin pavé), Francoulon et Aiguevive sont sur une ligne droite qui partirait de Montaut, où il y avait croit-on, un camp romain, et irait aboutir à Casseneuil qui est le port de rivière le plus rapproché de la première de ces deux localités.

Le sieur Bénaben, beau-frère du précédent, a trouvé au même endroit *plusieurs haches en silex* et des débris antiques divers ;

Aux Jouanoux (commune de Baugas), non loin du petit cours d'eau dénommé le Rège (de l'ancien mot *arrcc* ou *rec,* ruisseau), où à défaut d'autres objets le sieur Joubes a trouvé, en quantité, des tuiles à rebords d'un travail si soigné que nous avons cru pouvoir les faire remonter à l'occupation romaine ;

A Fléchou (commune de Boudy), où, si l'on en croit une tradition, il y avait un village appelé *Pétril.* Ce village était assis sur le sommet d'un coteau non loin de la voie romaine. Sur son emplacement le soc de la charrue heurte souvent des fondations bàties en pierre et ciment. Au milieu d'une quantité de petits débris de tuiles à rebords et de poteries fines on a rencontré, m'a-t-on assuré, de menus objets en bronze, en fer et même en argent, tels que médailles, anneaux, fibules, etc. **M.** Tholin pense qu'en ce lieu il y a eu plus tard une *motte féodale.* L'église de Saint-Sulpice de Caillac se voit près de là.

Les Romains ont-ils utilisé l'oppidum ou le refuge de *Cant* pour leur conquète ? Cette place fut-elle occupée par eux pendant les quatre premiers siècles de l'ère chrétienne ? Voilà deux questions que nous nous sommes posées souvent et auxquelles il nous est impossible de répondre avec quelque certitude. L'on n'a rien découvert au milieu des décombres et des moeilons que l'on extrait continuellement du rocher et des ruines du château qui puisse le faire supposer. Cependant, les noms de *Caussade* (la chaussée) et de *Peyressan* (l'empierrée, champ pavé) que portent deux lieux qui se trouvent placés en droite ligne entre le Barrou et Cancon, indiquent l'existence d'une route pavée et nous permettent de supposer, mais de supposer seulement, que le plateau de Cancon fut tout au moins, pour les Romains, un poste d'observation qu'une solide chaussée reliait à la bourgade voisine et peut-être même à la grande voie.

III.

Au commencement du ve siècle nos contrées jouissaient depuis plusieurs siècles d'une assez grande tranquillité. La civilisation romaine avait peu à peu pénétré partout. L'agriculture, l'industrie et le commerce avaient porté la fortune publique au plus haut degré de prospérité lorsque, vers 407, une invasion de hordes barbares bien plus considérable que celles qui avaient précédé déjà, s'annonça comme imminente. En effet, les Vandales se dirigeaient en masse vers l'Aquitaine. Tous ceux qui purent réaliser leur avoir s'empressèrent de le faire et se réfugièrent dans les villes; les autres attendirent le fléau, anxieux et désespérés. Sulpice Sévère fut du nombre des premiers; il abandonna Primuliacum et se retira à Marseille, où il mourut en 420.

Il serait difficile de se faire une idée de l'impression de terreur que dut causer l'aspect des Vandales accourus des bords de la mer Baltique, à peines vêtus de peaux de bêtes, la longue chevelure au vent, la tête couverte d'un casque orné d'ailes d'oiseaux de proie, de cornes d'aurochs ou d'une hure de sanglier, mêlant leurs sauvages clameurs aux sons aigus de la corne, buvant dans les crânes humains, traînant à leur suite, sur d'informes chariots, au milieu de toute sorte de dépouilles, des femmes et des enfants aussi sauvages qu'eux mêmes, marchant par bandes immenses à travers ces belles routes que nous avons vu les Romains édifier, et la torche d'une main, la hache ou la massue de l'autre, incendiant les moissons et les villes, amenant en esclavage les hommes les plus robustes et les femmes les plus belles, massacrant le reste, ne laissant enfin rien debout derrière eux.

C'est à ces barbares qu'il faut attribuer la destruction de l'oratoire de la villa et du village de Primuliacum, puisque les objets que l'on découvre dans leurs ruines sont des dernières années de l'occupation romaine et que les substructions et les décombres qui s'y trouvent portent des traces d'incendie. C'est alors, probablement encore, que le solitaire, gardien de l'oratoire et des reliques que Sévère y avait déposées, fuyant jusqu'à Lauzun, apporta dans cette ville le fragment de la vraie croix qui depuis y est resté.

Les Vandales passèrent se dirigeant sur l'Espagne et l'Afrique. Après eux vinrent, en 412, les Wisigoths originaires de la Germanie. Ceux-ci s'arrêtèrent dans la seconde Aquitaine dont l'Agenais faisait partie depuis Valentinien Ier : L'empereur Honorius leur avait donné ce territoire.

Un siècle plus tard les Francs ou Saliens les y supplantèrent après les avoir battus à la célèbre bataille de Vouillé, près de Poitiers. Ces derniers conquirent rapidement tout le pays compris entre la Loire et les Pyrénées et le réunirent à la couronne de France : tel fut le nouveau nom de la Gaule. Puis commença une longue période de plusieurs siècles que les historiens ont appelée « temps barbares » durant laquelle la législation, les mœurs et les coutumes anciennes étant déformées ou réformées, les lettres, les sciences et les arts suivirent dans sa décadence la civilisation romaine.

Les guerres barbares que se firent les descendants de Clovis et plus tard ceux de Charlemagne, l'irruption des Sarrasins dans le midi de la France et enfin les invasions des Normands vinrent successivement aggraver ce triste état de chose en favorisant l'établissement de la féodalité, dur régime, dont notre pays de Cancon à beaucoup souffert et n'a pu se débarasser complètement qu'à la Révolution de 1789.

Après s'être répandus en Aquitaine et y avoir supplanté les Romains, les Wisigoths conservant les institutions qu'ils y trouvaient établies [1], s'étaient accommodés instinctivement et peu à peu à l'état social des vaincus. La langue dominante avait été la langue romaine; les clercs, du reste, étaient romains. La loi wisigothe n'avait donné aucun avantage aux Wisigoths sur leurs prédécesseurs. Ces derniers avaient continué de vivre sous leur loi propre, et leur ancienne noblesse s'était même conservée. Les guerriers de l'invasion avaient jusqu'à un certain point respecté le droit des vaincus, car ayant fait trois parts des terres, ils en avaient retenu deux pour eux et laissé la troisième aux nobles gaulois ou romains, anciens possesseurs des *bénéfices*. Venus plus tard, les Francs ou Saliens maintinrent aussi un ordre de choses qui leur semblait conforme à leurs usages et à leurs mœurs. Ainsi s'explique sommairement la transition, passablement tourmentée, qui rattache l'organisation de la société antique à celle de la société moderne.

Les terres que les Francs enlevèrent aux Wisigoths, a dit **M.** de Barrau [2], furent partagées entre les conquérants, selon leur rang ou leurs dignités militaires et prirent le titre générique d'*alleux*, terres libres ou terres saliques (*terræ salicæ*). Les nouveaux propriétaires ne furent soumis à aucune autre charge qu'au service militaire, obligation inhérente à la conquête.

---

[1] *Histoire générale de Languedoc*, tome VIII, p. 127 et *Doc. hist. et généal. sur les familles de Rouergue*, par M. de Barrau, tome I, page 4.

[2] *Documents sur les familles de Rouergue*, tome I, pp. 5 et suivantes.

Parmi ces terres libres une grande portion avait été assignée au roi, chef guerrier, pour l'exercice de sa munificence et le maintien de sa dignité ; désignées sous le nom de *terres du fisc* elles formaient la source la plus régulière des revenus du prince et l'objet de sa sollicitude. Souvent les rois les distribuaient à leurs courtisans armés, à leurs *leudes*[1], à titre de récompense *viagère*, et ces terres prenaient alors le nom de bénéfices[2]. Elles soumettaient leurs possesseurs à des devoirs plus étroits de fidélité et de services envers le souverain.

D'un autre côté les habitants de la province, soit anciens, soit nouveaux, furent divisés en *nobles*, en libres ou *colons* et en *serfs*. Il n'était permis de posséder de terres qu'aux seules personnes nobles ou libres qui les faisaient valoir par leurs serfs dont la condition était alors à peu près celle des esclaves.

Des temps ténébreux qui suivirent l'immigration dés peuplades germaniques il ne nous reste aucun document. Aucune chronique, aucun titre ecclésiastique ou laïc ne nous parle de Cancon, mais des preuves matérielles, c'est-à-dire les découvertes archéologiques et les étymologies de certains noms de lieu nous apprennent pertinemment, à défaut de témoignages écrits, que le territoire de Cancon n'a pas cessé d'être habité pendant les temps dits barbares, ce que nous allons tâcher de démontrer. Hâtons-nous toutefois de dire que lors de la conquête franque les Wisigoths, vaincus, furent réduits en servitude ou émigrèrent. Quelques-uns, en petit nombre, et réfugièrent dans les forêts et les terres abandonnées[3]. Un fort parti de ces derniers dut s'établir aux *Allemans* et aux *Bardes*, dans les bois qui couvraient alors et qui ont si longtemps couvert ce coin de notre territoire.

---

[1] Les leudes étaient sous la première race ce que furent les vassaux ou seigneurs sous les rois suivants.

[2] Nous avons vu que les bénéfices militaires avaient été institués par les Romains avant la conquête des Francs. Ces derniers en maintinrent seulement l'usage.

[3] Ces malheureux furent regardés longtemps comme des parias, partout où ils se trouvèrent d'abord en trop petit nombre pour se faire respecter. On les appelait Cagots, c'est-à-dire *chiens de Goths, chiens goths*, en terme de mépris.

Les hommes blonds n'y sont pas rares. Autour du hameau des Allemands, nous trouvons quelques-autres noms d'origine bien germanique, les Bardes notamment dont l'ancien nom roman, *las Vardas* ou *Wardas*, correspondant au mot tudesque, *warta*, qui a le sens de protection de garde et de surveillance [1], indique que lieu était une réunion de *manses*, un centre d'exploitation rurale, fortifié, selon l'usage du temps, à l'aide d'un fossé, d'une haie vive ou d'une rangée de pieux. C'était probablement la capitale du petit pays goth ; c'est aujourd'hui un village, centre réel de la commune de Moulinet, puisqu'elle en possède la mairie, l'école et l'église paroissiale.

Nous y trouvons encore un ruisseau qui porte le nom gothique de *Salamber* et aussi un lieu dit, la Capelle de Gabaldot, dont l'ancien nom, *Garbaldo*, est composé des mots tudesques *wari* et *bald* signifiant, l'un, guerre, et l'autre, joyeux, c'est-à-dire, joyeux au combat ou heureux à la guerre, d'où *Garbaldus* en bas-latin et Gervais en français [2]. Autrefois et encore au siècle dernier, il y avait une petite chapelle en ce lieu ; elle était très ancienne et devait son nom à saint Gervais, auquel elle était dédiée, ou peut-être à un seigneur du nom de Garbald, qui l'avait fait élever là en souvenir d'un événement mémorable et l'avait placée sous l'invocation de son saint patron.

Nous devons faire observer qu'en effet, les Goths des Bardes, avant d'être englobés dans la baronnie de Cancon, étaient sous la dépendance de seigneurs à eux, qui avaient leur château-fort perché sur une *motte*, à trois ou quatre cents mètres de la Capelle, à Valens appelé encore *Castellas* (nom significatif), près de Mandet, en un lieu qui commande la vallée de Moulinet [3].

IV.

Les manses. — Le curtis de Cant. — Le Barrou.

Dans les pays dont le sol était cultivé, au moins en partie, les terres possédées en franc-alleu ou détenues en bénéfice se composaient d'un ou plusieurs manses, sorte de domaine ou de ferme qui, depuis

---

[1] Cocheris, *loc. cit.*, p. 114.

[2] Voir Houzé, *loc cit.* pp. 84 et 85.

[3] Ces seigneurs avaient noms Valens. Au xiiie siècle ils passèrent à la seigneurie de Casseneuil, on ne sait trop comment ; mais leurs premiers

les premiers temps de la monarchie jusqu'à la fin de la deuxième race environ, furent la principale base de la propriété rurale[1].

Nous trouvons la trace d'un manse seigneurial dans le nom de lieu, la *Dome*, abréviatif de *mansus dominicus*. Les terres qui portent ce nom s'étendent sur les pentes du nord-ouest de la colline même de Cancon ; elles sont fertiles pour la plupart et livrées en partie à la

---

nés prirent toujours le titre de *donzel des Bardes*, ainsi qu'il résulte d'un acte du 19 janvier 1390 passé à Casseneuil par devant M⁰ Arnauld Dupuy (*Arnaldo de Podio*) et communiqué par M. Martinaud. A cette époque ils n'avaient plus la seigneurie des Bardes, qui était passée aux Seigneurs de Cancon. Il ne reste du château de Valens que le nom, un chapiteau de colonne gothique que possède M. Martinaud, propriétaire du château de Moulinet, et sur son emplacement des pierres en grand nombre, qui sont un perpétuel obstacle à la culture.

[1] A Cancon, le mot manse n'est remplacé dans les actes de notaires qu'à partir du xvi⁰ siècle seulement par le mot *borde*. Borde vient du bas latin *borda* tiré lui-même du gothique *bourd*, du haut allemand *bort* ou du gaélique *bord*, qui ont tous la même signification que le latin *mansus*.

Le Manse, dit Cocheris, en latin *mansus*, *mansum* et quelquefois même *mensa*, en langue vulgaire *mas*, *meix* ou *mex* était dès le cinquième siècle le principal élément de la propriété rurale. C'était sous les Mérovingiens et les Carlovingiens une ferme ou une habitation rurale à laquelle était attachée une certaine quantité de terre déterminée et en principe invariable.

Cette quantité de terre bien que déterminée en principe pouvait varier d'un pays à l'autre. Elle était représentée le plus ordinairement par douze *bonniers*, c'est-à-dire douze fois cent vingt-huit ares trente-trois centiares (*Recueil de la Société d'Agriculture, Sciences et Arts d'Agen*, p. 125, t. VIII, 1ʳᵉ partie, Ad. Magen).

Il y avait les *manses seigneuriaux* et les *manses tributaires*.

Le manse seigneurial, *mansus dominicus*, *chef-manse*, administré par le propriétaire, ou par le concessionnaire jouissant des mêmes droits, avait une maison appelée *casa*.

L'on appelait les manses tributaires *mansi censiles*, c'est-à-dire manses tenues à cens, par un colon ou un serf ; on les subdivisait en *mansi ingénuiles*, *lidiles*, ou *serviles*, suivant la nature des redevances et des services dont ils étaient grevés.

Ces derniers manses ont du former la plus grande partie des lieux dits le Mas, le Mayne, le Meix, etc., que l'on rencontre à chaque instant dans toute la France.

Chaque manse tributaire avait une habitation appellée *cella*, ou *sella*, avec

culture maraîchère ; encore au siècle dernier, elles étaient comprises dans les dépendances du château. Il y a eu d'autres manses seigneuriaux aux Courtaux, à Soulaudre, à Fléchou, etc. Nous y reviendrons.

Il y a eu des manses ecclésiastiques auprès de la plupart de nos églises entr'autres de celles de *Lentignac*, de *Loupinac*, de *Milhac*, de *Saint-Paul-le-Vieux* et d'*Aiguevive*, où se retrouvent des tuiles à rebords.

Deux manses, tributaires de celui de la Dome, probablement, se voyaient l'un à la Mandigue (*mansus lidilis*, par apocope *Manlide*) et l'autre à Massés (*mansus censilis*, par apocope *Mancens* [1]). L'église de Saint-Pierre de Périllac et le Barrou se trouvaient placés entre ces deux manses, presque à les toucher. Toutes ces localités sont à deux ou trois kilomètres de Cancon.

Les noms de le *Mayne*, le *Maynard*, le *Grand-Mayne* (près de Saint-Paul-le-Jeune), le *Mayne-de-la-belle*, etc. nous révèlent l'em-

---

des écuries, granges et autres dépendances nécessaires aux travaux des champs.

En outre des manses précédents il y avait encore les *manses ecclésiastiques*, bien distincts des autres, qui, selon Ducange, étaient « cette portion de terre qu'on avait coutume d'attribuer en dotation, avec quelques hommes de condition servile, soit à l'église elle-même, soit au prêtre appelé à la desservir et qui était exempte de charges. »

[1] La plupart des apocopes sont venues par l'ignorance des scribes du bas moyen-âge, qui, ayant à copier ou à traduire d'anciennes chartes, non-seulement les copiaient ou les traduisaient quelquefois très-mal, dénaturaient le sens des noms de lieu, mais encore, ne tenaient pas souvent assez compte dans ces noms des abréviations de leurs devanciers. C'est ainsi qu'ayant lu *Man. lid.* pour *Mansus lidilis* et *Man. cens.* pour *Mansus censilis* l'un d'eux a copié *Manlide* et *Mancens* dont nous avons fait par corruption du langage *Mandigue* et *Massès*.

Il en a été de même pour *Mons supérior* qui désignait autrefois le mont le plus élevé du massif en arrière du Deffès : Les clercs du moyen-âge en ont fait successivement *Monssuper* (XIIIe siècle) et *Monsenpey* (Reconnaissance écrite en langue vulgaire du XVe siècle) ; il porte encore ce nom, tandis qu'à côté le même nom, *Mons supérior*, a fait en passant dans le langage seulement *Mounspérioux*, *Mounsérioux* (acte du XVIe siècle) *Mounseyroux* (XVIIe siècle) et *Mousseyroux* de nos jours.

placement de plusieurs de ces derniers[1]. Il a dû y en avoir beaucoup d'autres encore, surtout là où se rencontrent de nombreux débris de briques à rebords, comme à la Penelle, à Mousseyroux, à Mauriange, à Lhoste, à la Cayre de Soulanure à Galage, à Malaret, au Roussel et sur bien des points des vallées du Tolzat et de la Gardonne.

Les Wisigoths n'avaient pas eu de peine à maintenir dans l'obéissance les très-pacifiques populations gallo-romaines; aussi les *castella, castra, clausuræ* et autres forteresses romaines étaient-elles devenues presque inutiles. Sous les Francs il ne put en être ainsi. Pendant les guerres fratricides que se firent d'abord les fils de Clovis, puis les fils de Clotaire, beaucoup de ces anciens postes de défense ou d'observation furent réoccupés. Cancon, placé sur les confins du diocèse d'Agen[2], fut un de ceux-ci. Les rois de France ou les ducs d'Aquitaine y établirent sans doute, un de leurs leudes, à qui ils donnèrent tout autour un certain nombre de mauses en alleu ou en bénéfice. Sur l'antique plateau de Cant, attenant aux cultures du Manse de la Dome, tout-à-fait à la pointe rocheuse du nord-ouest de manière à dominer de plus haut et de plus loin tout le pays d'alentour, le leude installa sa cour (*cors, curtis,* ou *currius*[3]) qu'il fortifia d'un fossé, d'une haie, de palissades de pieux ou peut-être d'un mur. De là il pouvait embrasser d'un coup d'œil la frontière du Périgord sur une grande étendue et surveiller la route romaine d'Agen à Périgueux sur un parcours de près de dix kilomètres, des buttes de Cailladelle à Saint-Eutrope.

---

[1] Le mot *mayne* semble formé de l'union de l'ancien mot gaulois *mag* et du nouveau *mansus* qui tous les deux avaient la même signification ou à peu près.

[2] Les limites du diocèse d'Agen s'arrêtaient alors, suppose-t-on, à la rivière de Dropt (16 kilom. de Cancon). Quelques-uns croient qu'elle ne dépassait pas Lougratte (6 kilom. de Cancon).

[3] Je puis me tromper sur l'époque exacte de la fondation de ce *curtis*, mais il est certain que celui-ci remonte très-haut dans les temps barbares. Les briques à rebords que l'on retrouve dans les fondations et sous le sol de la cour du château ne doivent nous laisser aucun doute à cet égard.

Les clercs de cette époque désignèrent cette résidence du chef à la manière des Celtes et des Romains, par une inversion propre aux langues de ces peuples ils ajoutèrent le mot *cors* dont ils firent un suffixe au nom de *Cant* qu'avait déjà reçu le plateau et il en résulta le nom nouveau de *Cantcors* qui signifia, en même temps que le fort, la demeure du chef de Cant, le cours de l'angle ou de la pointe[1]. Cantcors est devenu successivement *Cantcor* (en 1324) *Caccurrio*[2] (en 1340, sceau d'un seigneur de Cancon) *Cancurrio* et *Cancunio* (en 1384) et enfin *Cancone* et *Cancon*.

Le mot *curtis*, dit Cocheris, a quelquefois eu la signification de *mansus*, quelquefois le sens plus restreint d'habitation sans terre et d'autres fois le sens plus étendu de village.

Le curtis est un dérivé du *cors* ou *cohors* latin. « Ce fut, dit Max Muller, sur les collines du Latium que le mot cohors ou cors fut employé d'abord dans le sens de claie, de parc, enclos pour les bestiaux. » Après avoir eu cette signification, cors, cortis devint *curtis* et s'appliqua, comme l'allemand *hof*, aux fermes et aux châteaux bâtis par les colons romains dans les provinces de l'Empire. Ces fermes devinrent des noyaux de villages et de villes[3].

S'il en était ainsi, Cancon aurait une origine encore plus ancienne que nous n'osions le penser, mais M. J. Quicherat[4] nous dit et M Cocheris, lui-même, a soin de nous faire observer que l'expression cors, curtis a été en grande faveur *pendant tout le moyen-âge* dans le sens que nous lui donnons ci-dessus et sous des formes nouvelles telles que : *currius, curia, curris, cort, court, cour, coux, con*, etc.

On s'accorde aujourd'hui à admettre que sous les mérovingiens, et sous les carlovingiens, les demeures seigneuriales franques se composaient d'un bâtiment principal bas et à un seul étage qu'habitait le maître. Ce bâtiment, le plus souvent fort simple, comportait ou supportait un poste d'observation, *solarium*, ou belvédère, qui est devenu plus tard le *donjon*. Il était entouré ou précédé d'une cour d'hon-

---

[1] Le châtau de l'*Angle* dans le Bas-Quercy, près Luzech, doit son nom bien significatif à une situation semblable à celle du nôtre.

[2] *Ca* ou *cat* et *cac* devant un *c* viennent d'un mot latin, *catus*, qui veut dire aussi, aigu, pointe.

[3] H. Cocheris : *Origine et formation des noms de lieu*, pp. 94 et 95.

[4] J. Quicherat : *Formation franc. des anc. noms de lieu*, p. 55.

neur où s'ouvraient les logements de la famille, des intimes, des officiers, etc. Un peu plus loin et plus bas, quand le terrain était en pente comme à Cancon, s'étendait la basse-cour (*curticula infra*) qui contenait des gîtes pour les gens de service, les écuries, les chenils, les étables et les granges. A proximité il y avait quelques petites habitations, misérables huttes pour la plupart, dans lesquelles s'exerçaient les divers métiers nécessaires à l'existence journalière. Tout cela, habitations nobles et serviles, granges, était bâti en bois et en torchis comme on le fait encore parfois dans nos campagnes. On couvrait les toits à l'aide de tuiles de bois (*baucæ*) ou simplement avec des planches sur lesquelles on jettait de la bruyère ou de la paille retenues sur les pentes par de grosses pierres; cependant dans le Midi on s'est servi de briques à rebords pour cet usage jusqu'aux VIIIe et IXe siècles.

Sous les Francs, ou peut-être sous les Wisigoths[1], la bourgade de Périllac avait été reconstruite à peu près sur les ruines de l'ancienne. Cette fois ce dut être une simple agglomération de cabanes et de huttes en bois et torchis retranchée derrière un fossé palissadé. Par la suite, elle perdit le nom de Périllac, que conserva l'église et on lui donna le nom de *Barrou*, que son emplacement porte encore, du mot bas-latin *barrum*, *barræ* (bourg, village retranché) qui nous a donné les Bar du nord-est et les Barres du centre de la France (Cocheris, p. 118).

V.

Origine de nos églises. — Sépultures du haut moyen-âge. — *La Sala* de Lamoutte.

M. de Gourgues, étudiant les influences religieuses qui ont présidé à l'érection de quelques églises primitives dans le Périgord, dit que

----

[1] Je dis, *peut-être sous les Wisigoths*, voici pourquoi: le sieur Brunet a découvert au Barrou plusieurs haches en silex poli qui paraissent avoir appartenu à des hommes primitifs; une d'elles est brisée et a une forme carrée peu commune dans nos contrées. Chose étrange, ces haches ont été trouvées non pas sous les ruines gallo-romaines, mais au contraire dans la couche de terre qui les recouvre, quoique assez profondément enfouies. ne pourrait-on pas en conclure que ce sont les Wisigoths, ces guerriers barbares aux mœurs primitives, qui les ont abandonnées là, dans le village qu'ils avaient fait revivre, pour les remplacer dans leurs mains par des armes en fer ?

selon toute apparence les croyances antiques de la Gaule avaient encore toute leur force à l'apparition de la foi chrétienne [1].

« En effet, le nom de la *pierre* emblème de croyances, objet de ļa vénération populaire chez les Celtes, se trouve en Périgord sous le nom de *la Peyre*, dans la majesté de son nom seul, puis avec les nombreuses variétés de *Peyre levade*, *Peyre longue*, *Peyre brune*, etc. *Marque*, *Penots*, etc.

« Or dans la proximité des lieux ainsi dénommés un autre lieu porte le nom d'un saint. Cet étrange voisinage étant souvent répété, il est impossible qu'il n'y en ait pas une raison profonde.

« On sait... que la foi nouvelle a pris racine dans l'esprit des peuples par la douceur, sanctifiant sans détruire les objets de la vénération publique, amenant les hommes, par une diversion sainte, plutôt à mettre en oubli leurs habitudes qu'à les rompre brusquement.

« Ces noms d'origine contraire ne seraient-ils pas les vestiges de l'œuvre accomplie par les premiers missionnaires ? Ils élevaient près des hautes pierres quelqu'oratoire sous l'invocation d'un saint vénéré ; le peuple n'était pas détourné de la route de l'antique superstition, mais il y trouvait une croix, il s'y agenouillait et devenait ainsi chrétien [2]. »

Ce que M. le vicomte de Gourgues dit en parlant du Périgord peut s'appliquer à notre région qui a eu avec ce pays tant d'affinités et de rapports. Voici quelques exemples de ces étranges voisinages de la croix et de pierres druidiques que nous avons relevés sur le petit territoire de Cancon seulement :

En face de Saint Martin de Bangas, de l'autre côté de la Maure, nous trouvons, la *Peyre haute* (126 m. d'altitude) et la *Peyre basse* ;

Près de Saint Vincent de Loupinac, le *Caillaou*, dont nous avons déjà parlé ;

[1] La religion gauloise ne disparut complètement de nos contrées qu'au viie siècle.

[2] Vicomte de Gourgues : Noms anciens de lieux du département de la Dordogne, pp. 27 et 28.

Non loin de *Saint Blaise de Boudy*, vers le nord, Peyrelède, et plus près, *las tres peyros* de Malaret[1] ;

Au-dessus de Saint Paul-le-Vieux (cette église était consacrée à N.-D. de l'Assomption), sur des points culminants, tout au bord des hauts plateaux qui barrent la vallée de Cancon du côté sud et se se voit de très loin en Périgord, *la Penelle* (213 m. d'alt.) et *Peyresmortes*[2] (219 m.).

Sans sortir du canton nous pourrions multiplier ces exemples, mais ce serait dépasser les limites que nous nous sommes tracées.

Sept de nos églises : Saint-Pierre de Périllac, Notre-Dame de Millac (*Miliacum* en latin), Saint Férréol de Lentignac ou Lentillac (*Lentiniacum*), Saint-Vincent de Loupinac ou Loupignac (*Lupiniacum*), Saint-Paul-le-Vieux, Saint-Martin de Baugas et Saint-Blaise de Boudy, les unes élevées sur des manses ecclésiastiques, les autres en face ou à côté de monuments druidiques, seraient donc très anciennes.

Nous avons assez parlé de la première, nous n'y reviendrons pas. Les noms des trois suivantes possèdent la finale *ac* qui en atteste la haute ancienneté. La sixième, Baugas, s'est appelée à l'origine *Baugia*, les huttes, ou mieux *Bauca*, cabane couverte en planches, et peut-être Faugas, les hêtres, dérivé de *Fagetum* ou *Faiacus*, dont on aurait fait Vaugas (ancienne orthographe du mot) et Baugas, d'après la loi de permutation qui consacre la singulière aptitude des lettres labiales P, B, V, F à se remplacer l'une ou l'autre. Nous avons un *Faugas* dans la commune de Saint-Pastour, au bord de la Midone et un diminutif de ce nom dans *Faugereaux* (commune de Monbahus). La septième est Saint-Blaise de Boudy, (*S. Blasius Bodii* ou *de Bodiis*). Les clercs du xiii° siècle et d'autres après eux jusqu'à la fin du xv° siècle, ont transformé son nom latin en celui de *Sanctus* ou *Beatus Blasius Montibus*, Saint-Blaise des Monts, sans remarquer que Bodiis s'écrit avec un B et non avec un P, et que le

---

[1] Minutes de M. Lamartigne, 1761 f° 44, déposées en l'étude de M° Bruguière, notaire à Cancon et Actes de la famille de Calbiac.

[2] Plusieurs de ces pierres ont servi de limite ou de point de rencontre extrême aux juridictions seigneuriales pendant le moyen-âge.

mot *bodium* est l'opposé de *podium* : celui-ci servait à désigner un puy, une élévation naturelle du sol, et celui-là, au contraire, prévenait que dans le voisinage il y avait des terrains bas et humides. En effet, tous les vallons qui s'étendent autour de Boudy sont encore de nos jours humides et parfois marécageux. Les principaux d'entr'eux sont traversés par le *Cluzelou*, ruisseau dont le radical *cluzel*, lieu bas et marécageux, est bien significatif. Un autre petit ruisseau, qui coule près de là et dont le cours est à peu près parallèle à celui du Cluzélou, s'appelle le *Boudirou*. Tandis que dans les titres ecclésiastiques le mot *Bodii* ou *Bodiis* se transformait en *Montibus*, dans les actes des notaires il faisait *Bodino* et dans le langage il conservait toute sa forme archaïque, *Bodii*, *Boudy*.

Les autres églises du territoire de Cancon, quoique également très anciennes, paraissent postérieures aux précédentes, car autour d'elles il n'a été, que je sache, relevé aucun débris de tuiles à rebords; leur première édification est due semble-t-il, à des influences diverses que nous allons indiquer, non sans avoir fait observer que les formes architecturales sous lesquelles elles se présentent aujourd'hui à nous, exception faite pour celle d'Aiguevive qui est du xie siècle, ne sont pas antérieures au xiiie et que, pourtant, à cette époque, elles existaient déjà depuis longtemps. Une bulle du pape Lucius III du xiie siècle en cite plusieurs [1].

C'est à une agglomération humaine que doivent leur existence Saint-Martial de Cancon et Saint Jean-Baptiste des Bardes. C'est à côté d'une cella servile ou monastique qu'a été édifiée celle de Saint Pierre-de-Sénézelle (aliàs *Senesella*). C'est à la place d'un de ces ermitages, dont la cloche, tintant plusieurs heures par jour, ramenait dans le droit chemin le voyageur égaré et l'appelait en un asile sûr, que se sont élevées les églises de Saint Etienne de Monibal, aufois *Monjival* [2], le vallon du moine ; de Saint-Jean d'Aiguevive, des-

---

[1] **Pouillé de Jean de Valier**, publié par M. J. de Bourrousse de Laffore dans le *Recueil des travaux de la Société d'Agriculture, Science et Arts d'Agen*, 1re série, tome VII, p. 86 et *Bulle du pape Lucius* en date d'avril 1184 (Evêché, H 17) publiée par M. l'abbé Barrère dans son *Histoire religieuse et monumentale du diocèse d'Agen*.

[2] Nous avons relevé dans une pièce du xviie siècle un *extrait* d'acte ancien écrit en latin où le mot Monibal est traduit par *Montisvalle* qui veut dire, le vallon de la montagne. Il est à croire que c'est une erreur de copiste que nous avons partagée nous-même quelque temps. Tandis que de Moniival ou Monjival, on a fait d'abord *Monyval*, puis *Monival* ou *Monibal*.

servie encore au xiiie siècle par un solitaire, et probablement aussi les trois dernières : Sainte-Foy de Roquadet, aliàs *Rocha doech* (cartulaire de Cadouin), la fontaine du rocher ; Saint-Paul-le-Jeune, autrefois Saint-Paul et Saint Avit (xiiie siecle) ; Saint-Sulpice de Caillac ou des Bois, dans le voisinage de Fléchou.

Dès les premiers temps du christianisme l'usage s'établit de placer des cimetières près des églises Ces cimetières ont donné à Cancon à peu près tous les types de sépulture du haut moyen-âge. Nous allons les citer par rang d'ancienneté.

On a trouvé des tombes creusées en forme d'auge dans un bloc de calcaire jaune de Condat ou de Monsempron, avec un long couvercle monolithe également et tectiforme à Périllac et dans une vigne située à *Rebeyre*, à moitié chemin de Saint-Paul-le-Vieux à Saint Paul-le-Jeune¹ ; des tombes construites en pierres plates disposées avec soin, de manière à imiter celles du premier type, audessus de l'ancien cimetière de Cancon : (c'est le père Danet qui fit cette découverte il y a de cela une vingtaine d'années); des tombes bâties en briques ou en pierres et ciment avec une petite place réservée au sommet pour la tête du mort , à Baugas. à Aiguevive, à Monviel , à Lugagnac , à Casseneuil etc. , ce sont les plus com-

---

¹ M. Tholin dans son intéressante *Notice sur les sépultures chrétiennes de l'Agenais au moyen-age,* dit que ce genre d'inhumation a été très employé en Agenais dans les *temps barbares* et que leur présence en un lieu désigne l'emplacement d'une ancienne basilique ou d'un oratoire. Nous n'avons pu trouver trace d'église ou de tout autre construction dans les vignes de *Rebeyre,* que nous avons suivies avec soin en compagnie de M. Albéric Joubes, leur propriétaire en partie. Le nom de ce lieu serait cependant très ancien et signifierait d'après Cocheris, de Gourgues et autres, terrain cultivé au bord d'une rivière ou d'un ruisseau, ou simplement, vallon cultivé. Serions nous en présence de tombes gallo-romaines ? Nous hésitons à le croire. Quoiqu'il en soit les sarcophages monolithes étaient communs par ici, de même qu'à Casseneuil, au *Pennayrat*, à Montaut-le-Vieux, non loin de l'église, à Monflanquin, etc. A Cancon ils sont devenus très rares par suite desrecherches dont ils étaient l'objet jadis de la part des paysans qui s'en servaient en guise d'abreuvoir. Des vieillards ont affirmé en avoir vu plusieurs dans leurs jeunes années. Un de ces cercueils, en calcaire fin, offrait des sculptures sur ses parois ; il était aux *Guitards* et appartenait à la famille Dellerm : celui-ci remontait sûrement à l'époque gallo-romaine.

munes ; des tombes creusées dans le tuf présentant les contours de
la forme humaine de manière à ce que le cadavre y fut enchassé, à
Monviel et à *Lamoutte,* près de Cancon et à Casseneuil, à Saint-
Pastour, etc.

De ces tombes on n'a extrait que des ossements humains tombant
en poussière et quelques débris de vases grossiers. Dans toutes ou
à peu près, absence complète d'armes ou d'ornements. Néanmoins
dans une du dernier type, à *Lamoutte,* il a été recueilli un lourd fer
de hache; le tranchant de ce fer qui appartient à M. Em. Garraud est
de sept centimètres à peine de large; de forme allongée et un peu
courbe. Dans quatre du même type, à Monviel, on a trouvé des épées
et des éperons très rouillés. Nous parlions de Lamoutte: dans cette
localité, comme au Barrou, abondent les restes d'une époque un
peu moins antique et d'un tout autre caractère. Au Barrou pas de
sépultures, beaucoup de constructions en pierres et des débris dé-
notant une civilisation avancée; à Lamoutte aucune trace de bâtisse,
mais d'abondantes poteries, aussi bien fines que grossières ; plusieurs
belles lampes funéraires à quatre becs, des tuiles à rebords, quelques armes en fer du haut moyen-âge, et trois sortes de sépultures
que nous allons rappeler : un tumulus, près duquel se voit encore
un grand tronçon du fossé qui en a fait le tour et défendu l'approche ; des silos funéraires et des tombes dans lesquelles les cadavres ont été incrustés en plein tuf. Il n'y a jamais eu d'église à Lamoutte que nous sachions ; la tradition, le pouillé de J. de Valier,
les archives de l'Evêché étant muets à ce sujet. Alors que faut-il croire, sinon qu'un noble franc y avait établi sa principale demeure aux
temps barbares et que celui-ci qui était sans doute le chef militaire de Cancon, n'aurait habité son *curtis*, dont l'accès était
très difficile et le séjour pénible à pareille hauteur, qu'en temps
de guerre, et aurait fait sa résidence habituelle à Lamoutte où il avait
une *sala*[1] avec chapelle à l'instar des rois de France, qui possédaient
des villas par douzaine dans la province. Il ne reste pas trace de
cette maison d'apparat , ni de l'oratoire qui l'accompagnait, sans

---

[1] *Sala,* du tudesque *Sal,* habitation d'apparat du propriétaire barbare,
du noble frank. Il n'a plus aujourd'hui que le sens restreint de la pièce
principale qui compose un palais : la salle des gardes, etc. (Cocheris,
p. 119 et J. Quicherat. pp. 55 et 56).

doute ; les constructions en étaient de bois, par conséquent appelées à disparaître en peu de temps comme toutes celles de ce genre. Ceci paraîtra d'autant moins improbable que Lamoutte se trouve très agréablement située dans un terrain fécond, peu accidenté, à six ou sept cents mètres de Cancon et qu'elle n'était séparée alors de ce dernier que par l'étendue seule des dépendances du *mansus dominicus* ou chef-manse de la Dome.

Il y a eu à la même époque sur le territoire de Cancon d'autres habitations nobles qui, pour n'être pas aussi importantes que celle de Lamoutte, n'en sont pas moins dignes d'être signalées puisque quelques-unes sont devenues par la suite de petits centres de population, hameaux ou villages. Une d'elles était peut-être aux Courtaux (commune de Bangas) dont le nom est suffisamment explicatif ; une autre était à Soulaudre (quelquefois Soulaure), dont un *Solarium* surmontait sans doute le principal bâtiment. Nous avons dit déjà qu'en haut de Fléchou (commune de Boudy), il était à croire qu'une habitation seigneuriale avait remplacé l'ancienne villa gallo-romaine. Le nom de Salle, près de Boudy, nous porterait encore à croire qu'en ce lieu il y avait un établissement semblable. Enfin tout près de nous, au sud de Cancon et au-dessus de la Tuilerie haute, se dresse un mamelon qu'ont coupé, d'un côté, la route nationale et des levées de terre, d'un autre, et dont la tranche laisse voir deux ou trois lits de cendres et de charbons d'une assez grande étendue d'où l'on a extrait sous nos yeux des morceaux de grandes briques de foyer à demi calcinées, des débris de poteries grossières non vernies faites à la main (des VIIIe, IX ou Xe siècles) sans doute, telles que bidons, aiguières, cruches à *becs bridés*, quelques crânes et autres ossements humains très friables, etc. On n'y rencontre aucune espèce de constructions en pierres. Il est bien possible que là encore se trouvait une habitation franque, dans le genre de celles dont nous venons de parler, laquelle aurait été incendiée et reconstruite en diverses fois.

VI.

Invasion des Sarrasins. — Organisation administrative sous Charlemagne.
Les *seniores* ou seigneurs. — Les Normands. — Les *caches*.

Plus de deux siècles s'étaient écoulés depuis l'arrivée des Francs dans nos contrées lorsque les Maures ou Sarrasins, venus d'Afrique par l'Espagne, après avoir parcouru la Narbonnaise et la Septimanie, où ils voulaient se fixer, se jetèrent sur l'Aquitaine pour la piller sous la conduite de l'émir Abdul-Rhaman. En 732, le gros de leur armée, marchant vers le nord, traversa l'Agenais en suivant surtout les anciennes voies romaines. Ces barbares ravagèrent et brûlèrent sur leur passage tout ce qu'ils purent atteindre, les églises en particulier. Agen, Eysses, Périgueux, Saintes furent détruits de fond en comble : Eysses ne se releva jamais. Vaincus, sous Poitiers, par Charles-Martel, ils revinrent sur leurs pas, sillonnant de nouveau, en tous sens, notre région où ils ne laissèrent que des ruines fumantes et des cadavres violés ou décapités [1].

A côté du massif de collines d'où sourd la Maure, au nord et en avant du château de Roquegauthier, s'étend un haut plateau de 212 mètres d'altitude (Roquegauthier en a 213), en grande partie couvert de vignes dans lesquelles on rencontre quantité de débris de briques à rebords. Ce lieu porte le nom de *Mauriange,* mot qui se compose du radical *Maurus, i,* Maure, et de la terminaison *ange.* Cette terminaison est très ancienne ; elle provient d'après M. J. Quicherat du suffixe germanique *ingen* qui donne aux racines auxquelles il est joint un sens d'habitation, de « présence en un lieu ». Des Maures se seraient donc arrêtés à Mauriange, soit qu'ils y aient été battus dans un combat de peu d'importance puisqu'il n'en reste pas trace, soit qu'ils y aient établi un poste d'observation, soit encore que quelques-uns d'entr'eux s'y soient établis à demeure.

C'est en 771 que commença le glorieux règne de Charlemagne. Un des principaux actes de ce grand prince fut de donner à l'administration publique une marche régulière et une forte organisation. Il adopta pour grandes divisions politiques les divisions ecclésiastiques par diocèse, basées elles-mêmes sur les anciennes nationalités gauloises, releva les dignités de duc, de comte, de vicaire, de centenier,

---

[1] Près de l'église de Baugas, non loin du ruisseau de *Maure,* des ouvriers que M. de Pons, propriétaire au Pastre, occupait à un transport de terre, trouvèrent, rangés côte à côte, dix à douze squelettes dont la grande friabilité accusait la vétusté probable. Ils remarquèrent, chose étrange, qu'aucun de ces squelettes n'avait de tête. Un peu plus haut, vers le milieu de la rangée funèbre, ils découvrirent avec horreur, dans un large trou, les dix ou douze têtes dont l'absence les avait tant intrigués un moment avant. Ce fait, qui m'avait été raconté par un témoin digne de foi, m'a été confirmé depuis en tous points par M. de Pons lui-même.

créées par les Romains, maintenues après eux par les Wisigoths et les Francs et en détermina les attributions nouvelles. Il établit, dit M. de Barrau, dans la plupart des villes du midi des comtes et gouverneurs pour administrer en son nom et il y en eut autant que de diocèses. Chaque comte avait dans l'étendue de son comté le commandement des troupes, l'intendance des finances du prince et l'administration de la justice qu'il rendait ou par lui même ou par des officiers qui lui étaient subordonnés.

Les comtes étaient choisis parmi les hommes les plus distingués de l'Etat. Ils étaient obligés de tenir leurs plaids (*placitum*) ou audiences publiques dans le lieu destiné à cet usage, et ils connaissaient également de toutes les affaires civiles et criminelles dans toute l'étendue de leur comté. Ils avaient pour assesseurs dans leurs audiences des ministres ou juges inférieurs qu'on appelait *juniores*, pour les distinguer de ceux qui étaient revêtus des principales dignités et qu'on nommait *seniores*, d'où le terme français de *seigneur*, qui s'est étendu peu à peu aux uns et aux autres, a pris son origine. Ces ministres subalternes des comtes étaient les *vicaires, vicarii*, lieutenants (d'où on a formé par la suite le nom de *viguier*) et les *centeniers*, chaque comté étant divisé en *vigueries* ou *vicairies*, et celles-ci en *centuries* ou *centaines*[1]. Il y avait des terres attachées à ces grandes et petites magistratures.

L'évêque[2], les abbés (chefs de monastères) et les seigneurs qu'on nommait *vassi dominici* (vassaux du roi) étaient obligés de se trouver dans chaque diocèse ou comté aux plaids ou assemblées du comte, et d'aider celui-ci dans l'administration de la justice. Les vassaux du roi étaient, en outre, assujettis à veiller à la garde des frontières et au service militaire, en même temps que les hommes libres, Francs, Romains et Gaulois qui servaient sous le comte et étaient menés par lui et les vicaires, ses officiers.

« Le roi, les ecclésiastiques et les seigneurs », dit Montesquieu, « levaient des tributs réglés, chacun sur les serfs de ses domaines,

---

[1] Ces divisions avaient été déjà constituées vers 595 par Clotaire II.

[2] L'influence du clergé, qui avait commencé à se manifester dès le début, dans l'ordre civil et politique, allait sans cesse en grandissant et ne s'arrêta plus durant tout le moyen-âge.

et ces tributs étaient appelés *census,* d'où vient le mot cens. Ce cens était uniquement levé sur les serfs. Les hommes libres avaient la propriété de leurs terres sans d'autres charges que le service militaire. »

C'est de cette forte organisation détournée de son but par suite de la faiblesse de Louis le Débonnaire [1], des divisions qui se produisirent entre ses enfants et des irruptions des Normands que devait naître la féodalité.

Les Normands venus des côtes de la Norwège et du Danemarck, envahirent à plusieurs reprises le nord et l'ouest de la France pendant près de quatre-vingts ans et surtout l'Aquitaine en 833, en 848 et en 854. Ils remontaient les fleuves et les rivières dans de légers esquifs, attaquaient et détruisaient les villes et les bourgades qu'ils traversaient, puis débarquaient dans un endroit propice d'où ils partaient pour des incursions dans l'intérieur, à la suite desquelles ils

---

[1] Quelques auteurs placent à tort à *Casseneuil,* petite ville située à douze kilomètres au sud de Cancon, une célèbre *villa* de Charlemagne où est né Louis-le-Débonnaire. En effet, M. Ad. Magen [1] et après lui M. Th. de Pichard [2] ont prouvé qu'il fallait chercher cette villa à Casseuil au confluent du Dropt et de la Garonne et, quoiqu'il en coûte à la gloire de notre canton dont Casseneuil est la plus forte commune, nous devons avouer que les inductions de ces deux écrivains distingués, tirées de dissertations très serrées, nous paraissent absolument sans réplique.

Casseneuil, dont le nom signifie, lieu où abondent les chênes (Houzé, p. 11 et Cocheris, p. 35), n'en est pas moins une localité des plus anciennes. Elle remonte à une époque où il n'y avait dans toute la contrée, en fait de villes, qu'elle, Eysses, Monsempron et Montaut. Les nombreuses sépultures de toutes les époques qu'on y rencontre le prouvent surabondamment, en dehors de son admirable position au confluent de la Lède et du Lot, aux abords d'une plaine riche et féconde que son château de *Penneyrat* (pech élevé) commande naturellement.

---

[1] Appendice aux essais d'Argenton sur l'Agenais.

[2] Réfutation d'un passage de l'*Histoire complète de Bordeaux, par M. l'abbé O'Reilly.* On trouvera cet ouvrage et celui de M. Ad. Magen dans le Recueil des travaux de la *Soc. d'Agric. Sc. et Arts d'Agen,* t. VIII, 1re partie, page 155 et tome I, 1re partie, p. 132 et suiv. (1860).

revenaient chargés de butin et après avoir, comme les Sarrassins avaient fait avant eux, couvert le sol de ruines et de sang. Jamais dévastation ne fut plus terrible. Le traité que conclut avec eux Charles-le-Simple en 912, n'affranchit pas même le territoire de leurs courses.

L'Agenais eut particulièrement à souffrir de leurs déprédations en 848. Cette année-là ils vinrent par le Lot jusques bien au-dessus d'Eysses. Ils pillèrent cette ville qui cherchait à se relever des ruines qu'y avaient amoncelées les Maures, incendièrent Monsempron et ravagèrent tout le pays environnant. A leur approche nos ancêtres éperdus s'enfuyaient dans les lieux inaccessibles ou déserts et, pour échapper à leurs coups, se réduisaient à vivre dans les cavernes, comme aux temps préhistoriques, ou dans des trous qu'ils faisaient sous terre au fond des vallons reculés, au milieu des bois et des broussailles. Les champs dépeuplés et sans culture se couvrirent d'herbes sauvages et de forêts ; la désolation était partout.

De cette triste époque sans doute datent beaucoup de ces salles souterraines, appelées du nom significatif de « caches, » que l'on rencontre souvent dans le sous-sol aux alentours de Cancon et dans tout le pays du reste, car elles paraissent particulières à notre région [1].

Les principales sont ou étaient aux Bardes, près de l'église ; à Baugas, près de l'église et à Aiguevive en avant de l'église. On en a découvert d'autres sous la grange de Malaret, non loin de l'église de Boudy ; à Jeanmetge, près de Cancon ; à Saint-Paul le-Vieux au-dessus de Cadot ; à la Tuquette (commune de Baugas) au nord de la maison de la veuve Mauron, et à trois cents mètres de là, à la Rebèle (*alias* Rebeyre) dans la vigne du sieur Pascalis, et aussi à la Fumade et au Pastre, près de Baugas ; à Saint-Pastour, près de l'église Saint-Roch ; au Pechlong (commune de Castelnau) ; à Vigoulette, non loin de l'ancienne église de Mazérat ; à Casseneuil, au-dessous de Penneyrat ; à Balayre (commune de Boudy) ; à Castelnau, près du bourg, etc.

---

[1] M. O. Bouyssy en a signalé plusieurs dans le canton de Castillonnès. Près de l'église de Saint-Martin (commune de Ferrensac) nous avons eu la bonne fortune d'en visiter une qui se compose de neuf salles très remarquables et parfaitement conservées grâce aux soins intelligents qu'y apporte M. Lagrange de Besse, leur obligeant propriétaire.

Toutes ces caches ont été creusées dans le tuf à l'aide d'un instrument, en fer semble-t-il, pic ou piochon. Elles se composent en général de plusieurs petites salles communiquant entr'elles par des couloirs étroits dont les montants à l'entrée et à la sortie, portent la trace de gonds et de verroux qui y assujettissaient une fermeture particulière. Elles débouchent au dehors par un et quelquefois deux passages qui partent tantôt d'une paroi, tantôt du milieu de la voûte de l'une d'elles. Dans un coin de la plus grande, se trouve d'habitude une cheminée dont la fumée montait par un tuyau très étroit et se perdait prudemment dans les broussailles de l'extérieur. D'autres fois on ne voit nulle trace de foyer, ce qui ferait supposer qu'on ne se réfugiait dans les caches que la nuit, ou bien qu'on y apportait des aliments tout préparés, ou enfin qu'on y allumait du feu très rarement. La plupart des voûtes, taillées quelquefois avec soin, sont en arc de mitre ; d'autres sont presque plates ou en ceintre surbaissé. Il y a souvent un puits.

La cache de Jeanmetge dont les voûtes se sont en partie effondrées, est située à quelques mètres de la maison du sieur Claverie, très bas, au bord d'une prairie dont le sol a dû s'exhausser depuis l'existance de la grotte souterraine d'au moins un mètre et demi. On y pénétrait par un corridor étroit qui revenait deux fois sur lui-même, c'est-à-dire que la seconde partie du boyau n'était séparée de la première que par une muraille de tuf de soixante centimètres.

Pour entrer dans celle du Pastre, il fallait franchir en rampant un passage étroit et tortueux, qui aboutissait à trois salles assez spacieuses placées à la suite l'une de l'autre.

La cache d'Aiguevive a un long et assez large couloir avec une chausse-trappe vers le fond. Il y reste une série de trois chambres carrées d'environ quatre mètres de côté ; elles sont voûtées en arc de mitre et communiquent entr'elles par les passages habituels. Il y avait un puits, dit-on.

Dans celle de Lafumade, aujourd'hui fermée et envahie par les eaux, il y avait un couloir long d'une soixantaine de pas. Quelques salles en étaient rondes comme à la Rebéle. On y a rencontré, comme dans celle d'Aiguevive, des tessons de poterie grossière du IXe au Xe siècle.

Quelques-uns font remonter les caches à l'établissement du christianisme dans la Gaule sans fournir d'explications à l'appui de leur dire. D'autres les attribuent à l'homme des cavernes. Il est possible que plusieurs d'entr'elles sont très anciennes, notamment celles qui ont les voûtes plates ; mais nous croyons que le plus grand nombre, surtout celles dont les voûtes sont en forme de mitre, ne remontent pas au delà du ixe siècle et qu'elles ont spécialement servi à mettre les indigènes à l'abri des coups des Normands. En effet, on voudra bien reconnaître avec nous que les ouvriers de ces caches avaient une entente de l'attaque et de la défense, une certaine habileté dans l'art de construire et surtout une connaissance de l'emploi de la porte, du gond et du verrou, qu'il me paraît impossible d'attribuer à l'homme primitif ; d'un autre côté il est à remarquer que la plupart de ces grottes souterraines sont creusées à quelques dizaines de mètres à peine de nos vieilles églises, qu'il y a là, — on ne saurait en disconvenir, — une intention qu'on ne saisit pas bien mais qui, naturellement et dans tous les cas, n'aurait pu se produire antérieurement à la fondation de celles-ci.

VII.

Etablissement de la féodalité. — Cancon et Montaut réunis sous l'autorité du même seigneur.

Les alarmes continuelles que causaient à Charles-le-Chauve les incursions des Normands [1] le portèrent à s'assurer la fidélité des gouverneurs des provinces. C'est dans ce but que dans une assemblée, qu'il tint à Quiercy en 877 il leur accorda officiellement l'hérédité de leurs charges et dignités ; ce fut aussi dans l'espoir, sans doute, que, celles-ci leur appartenant, ils sauraient mieux les défendre.

Il est vrai que déjà les ducs et les comtes s'étaient accoutumés à regarder l'autorité dont ils étaient investis par le prince comme leur

---

[1] Voir BARRAU : *Documents histor. et généal. sur les familles du Rouergue,* p 10 et suiv.

étant propre. Le capitulaire de Charles ne fit, dit-on, que les confir-
mer dans leurs usurpations.

Leur exemple avait été suivi par la plupart de ceux qui s'étaient
trouvé revêtus de magistratures moins considérables ou de bénéfices
militaires, et le besoin qu'ils crurent avoir, par la suite, les uns des
autres pour se soutenir dans leurs nouvelles possessions fut l'origine, à ce que croient la plupart des légistes, des fiefs et arrière-
fiefs [1], c'est-à-dire de cette convention par laquelle celui qui ne s'é-
tait approprié qu'un bourg.une ville, une petite portion du territoire
faisait serment à celui qui possédait toute une province de le reconnaître pour son seigneur. et de défendre sa personne et ses biens, à
condition que, de son côté, celui-ci le protègerait et ne lui dénierait
justice en aucun cas.

Cette grande transformation de la société politique commença sous
Louis-le-Bègue, successeur de Charles-le-Chauve en 877, et ne finit
guère que sous le règne du roi Robert vers l'an mille. Elle ne s'opéra que lentement à travers tous les déchirements que produisirent
les résistances individuelles. le choc des forces contraires et une
anarchie telle que les possesseurs de châteaux devinrent bientôt un
fléau presque aussi funeste pour le pauvre peuple que l'avaient été
les pirates normands.

« Celui qui pouvait élever une tour, dit M. de Barrau, et la défendre devenait noble et en quelque sorte souverain. La volonté faisait loi dans tout le territoire contigu. Il forçait à l'hommage le
malheureux possesseur de terres libres établi près de son territoire
Souvent, pour s'agrandir, il cherchait querelle aux seigneurs ses
plus proches voisins. D'autres fois, du haut de sa forteresse, il
fondait sur tout ce qui paraissait dans la plaine ou la vallée, ran-
çonnait les voyageurs, pillait les marchands, enlevait les femmes. »

Rien n'était respecté. Le clergé lui-même fut spolié malgré les
plaintes amères des évêques, abbés et clercs ; les dîmes, les églises
lui furent arrachées, en sorte qu'au commencement du XIe siècle les
seigneurs se trouvaient possesseurs de la plus grande partie des biens
des ecclésiastiques. Heureusement pour ceux-ci qu'en l'an 1000

---

[1] Le mot fief, *feudum*, dérive du latin *fœdus*, alliance (*Glossaire de Du-
Cange*).

une fausse interprétation d'un passage obscur de l'Apocalypse fit croire à l'approche de la fin du monde. Il en résulta un retour au sentiment religieux qui persista pendant plusieurs siècles pour diverses raisons qu'il est inutile d'étudier ici et ces biens furent rendus à leur destination primitive.

C'est ce qui explique les innombrables donations ou restitutions d'églises, de dîmes, de bénéfices en faveur du clergé, dont les chartes des xie, xiie et xiiie siècles sont remplies.

Enfin une même révolution se produisit pour les personnes et le xe siècle vit l'apogée du double système de servage de l'homme et de la propriété. Au plus fort était la toute puissance. Il n'y eut plus de terres et d'hommes libres. Les alleus et les municipes disparurent presque tous.

« Au commencement de la troisième race, dit Montesquieu, *tous les laboureurs* et presque tous les habitants des villes se trouvèrent serfs, et on ne trouve guère à cette époque qu'un *seigneur* et des *serfs*. »

Il est aussi malaisé de fournir quelques renseignements sur Cancon et sur ses seigneurs pendant la période de la formation des fiefs et de l'établissement du pouvoir féodal qu'il est difficile d'en donner sur les leudes, centeniers ou autres qui doivent avoir précédé. La terre ou le fief de Cancon était-il un alleu, était-il au contraire un bénéfice pendant les temps barbares ? Nous l'ignorons. Certains indices et une tradition très accréditée encore au siècle dernier, nous permettent de croire qu'il a été, aux xie et xiie siècles au moins, sous la dépendance des barons de Montaut, soit que ceux-ci l'eussent conquis, soit qu'il leur fut advenu par les femmes.

Ce fait n'a rien d'extraordinaire en lui-même après ce que nous savons de la formation des fiefs. Les barons de Montaut étaient alors de beaucoup les plus puissants de la contrée ; leurs biens étaient immenses. L'un d'eux prit part à la première croisade avec les barons de Fumel, de Pujols et la plupart des seigneurs de l'Agenais ; un autre, Raymond, fit sa soumission à Simon de Montfort devant Penne en 1214. Leur château, situé à dix kilomètres de Cancon environ, en passant par Millac, était bâti, semble-t-il, sur l'emplacement d'un ancien camp romain. C'était peut-être le plus fort du pays, tant à cause de son assiette que par l'épaisseur de ses murailles. La bourgade qui s'étend non loin de là s'appelle Montaut-le-Vieux et est en effet très ancienne ; elle a dû être dès les premiers temps du christianisme le chef-lieu d'une « région » ou tout au moins d'un « vic » ecclésiastique, et peut-être civil, puisqu'elle était encore en 1317 (Pouillé de J. de Valier) le siège d'un des trois archidiaconés du diocèse d'Agen et le plus vieux des trois. A cette époque, tandis que la voie romaine qui passe tout auprès, la mettait en communication avec Agen et Périgueux, un chemin la reliait à la ville et au port de Casseneuil, sur le Lot, à travers notre territoire. Ce chemin était jalonné par les églises ou les ermitages de Boudy, de Saint-Paul le-Vieux, de Monibal et d'Aiguevive ; il passait à 2 ou 3 kilomètres de Cancon.

Enfin, dernier indice de l'ancienne réunion des fiefs de Cancon et de Montaut, les deux principales mesures agraires de jadis, « la sexterée » et le « quartonat » étaient absolument les mêmes dans les deux terres et y portaient le même nom, tandis que celles des juridictions voisines en différaient complètement. Ceci nous est facile à prouver.

Le « pied de roi » carré ($0^m{}^2, 105495$) était autrefois en France l'unité de mesure de surface ; à peu près partout 160 de ces pieds carrés valaient ce qu'on appelait l' « escat », mesure qui était en usage dans toute notre région. Le quartonat se composait d'un plus ou moins grand nombre d' « escats », ou de deux « pugnérées », ou encore de huit « picotinats » ou « boisselats ». Il fallait toujours quatre quartonats pour faire une « émine » et huit quartonats ou deux émines pour faire une « quarterée » qu'ailleurs, en particulier à Cancon et à Montaut, on appelait « sexterée. »

Le quartonat valait à Agen, Larroque, le Temple-sur-Lot, Prayssas, Puymirol, Port-Sainte-Marie, etc., 54 escats ou 9 ares 1147 ;

A Beauville 60 escats ;

A Castillonnès, 62 escats environ ou 10 ares 4325 ;

A Fumel 65 escats ou 10 ares 93 ;

A Lauzun, Monbahus, Montignac, Puydauphin 68 escats et demi ou 11 ares 55 ;

A Casseneuil, Castelmoron, Sainte-Livrade, Villeneuve, partie de Tonneins, Montastruc et Tombebœuf, 72 escats ou 12 ares 15 ;

A Monflanquin, Penne, Villeréal, etc., 12 ares 19 ;

A Boudy, 12 ares 27 ;

A Moulinet, 12 ares 76 ;

A Saint-Pastour, Caubel, partie de Baugas et Castelnau-de-Grattecambe, 80 escats ou 13 ares 50 ;

A Monclar, 84 escats ou 14 ares 17 [1] ;

Et enfin à Cancon et à Montaut 84 escats et quart ou 14 ares 220726.

Ainsi donc non seulement Cancon et Montaut avaient les mêmes mesures de superficie, mais encore ces mesures leur étaient tout-à-fait particulières et leur quartonat était le plus grand de l'Agenais, au moins de ce côté-ci de la Garonne.

Nous en avons fini avec les études préliminaires de notre histoire locale. Nous allons laisser le domaine vague des probabilités pour aborder celui des faits basés sur des documents écrits et authentiques.

On vient de voir comment et à la suite de quelles circonstances malheureuses s'établit peu à peu en France la féodalité, sous le joug de laquelle nos pères sont restés courbés pendant plus de huit cents ans. A une situation nouvelle il fallait des lois nouvelles : on créa le Droit féodal.

Je vais essayer d'étudier ce droit appliqué au fief de Cancon aussi simplement que possible et d'une façon très sommaire. En raison des difficultés que présente ce sujet, je prie les légistes de me pardonner les inexactitudes légères, j'ose l'espérer, que je pourrais être amené à commettre.

[1] Ces mesures, sauf celles de Cancon et de Montaut, m'ont été communiquées par M. Brassié, arpenteur-géomètre à Lascrozes ; je lui en laisse toute la responsabilité.

DEUXIEME PARTIE

I.

Les fiefs et les seigneurs.

En droit féodal on distinguait plusieurs sortes de fiefs :

Les *fiefs de la couronne*, propriété particulière du roi, reste des anciennes terres du fisc.

Le *fief dominant*, dont relevait un autre fief moins important. Il n'était dominant que par rapport au fief qui relevait de lui et il pouvait être *servant* à l'égard d'un autre. On l'appelait *plein-fief* quand il était possédé en franc-alleu, c'est-à-dire quand il ne relevait d'aucun autre que du roi. Son seigneur était dit *féodal*. Les droits et devoirs féodaux lui étaient dus par son *vassal* le seigneur du fief servant ou arrière-fief.

Le *fief-servant* ou *arrière-fief*. Celui-ci relevait d'un fief qui pouvait lui-même relever d'un autre. Son possesseur était dit alors le vassal du seigneur dominant qui était son *suzerain*.

Enfin, on appelait *fief de dignité* celui, quel qu'il fût du reste, auquel était attachée une dignité. C'étaient les *duchés*, les *comtés*, les *baronnies*, etc.

Cancon était à la Révolution un fief de dignité, ses seigneurs prenaient la qualité de barons, un plein-fief et aussi un fief-dominant puisque les arrière-fiefs de Roquegauthier et de la Louverie (aujourd'hui Louberie) relevaient de lui.

Les devoirs de tout possesseur de fief envers le roi ou envers son seigneur dominant étaient la *foi* ou serment de fidélité qui entraînait le service militaire, et l'*hommage* qui se renouvelait à chaque mutation tant du seigneur que du vassal. Dans les premiers temps on environnait cette cérémonie d'une pompe solennelle. Tête nue, sans gants, sans éperons et sans épée, le feudataire se présentait devant son seigneur, fléchissait le genoux, et, les mains placées dans ses mains, sur le livre des saints Evangiles, se reconnaissait son homme, lui promettait fidélité et assistance envers et contre tous. Le suzerain donnait l'accolade et le traité était conclu.

La concession d'un fief n'était point gratuite. Le vassal devait toujours à son seigneur, indépendamment de la foi et de l'hommage, une redevance qui constatait le droit de souveraineté de celui-ci, un *aveu et denombrement* de tous les droits, revenus, terres et hommes qu'il tenait de lui et aussi quelques droits exigibles seulement en certaines circonstances tels que le *quint*, le *requint*, le *relief* ou *rachat*, la *chevauchée*, *l'albergue*, etc.

Quand un seigneur avait satisfait à ses devoirs et tant qu'il ne se montrait pas *félon*, c'est-à-dire qu'il observait les droits de son suzerain, il pouvait se considérer légalement et régulièrement propriétaire de son fief et il était libre à son tour d'exercer des droits sur ses vassaux, sur ses serfs ou tenanciers et dans ses terres.

Les seigneurs de Cancon firent directement hommage aux rois de France à partir du moment où ceux-ci devinrent comtes d'Agenais. Dans les titres qui en font foi, ils fournissent le dénombrement de leurs terres et s'engagent à remplir fidèlement tous leurs devoirs de bons et loyaux vassaux, mais il n'y est pas question de la redevance qu'ils devaient fournir. Au contraire, les seigneurs de Roquegauthier et les curés de Cancon, seigneurs de Louberie, en faisant hommage à leur suzerain, lui donnaient en même temps, à titre de redevance, les premiers un fer de lance et les derniers une paire de gants blancs.

II.

Les tenures serviles et les tenanciers. — Les droits seigneuriaux.

Après l'affranchissement des serfs, les *tenures* dites *serviles* par opposition aux *tenures* dites *féodales* qui étaient les fiefs nobles en général, furent la base de la division des terres. Les tenanciers en avaient le bénéfice sous l'obligation de payer le *cens* et autres devoirs au seigneur mais la propriété en restait à celui-ci.

Le *cens* (du latin *census*), *rente, censive*, se payait annuellement par différents apports de produits agricoles et d'argent faits en temps opportun et dans un lieu désigné ; il donnait au seigneur diverses prérogatives et établissait la seigneurie *directe*.

La concession d'une tenure servile se faisait de seigneur à tenancier en un acte notarié qu'on appelait *reconnaissance féodale* parce qu'en effet le tenancier y reconnaissait et confessait tenir en fief tel bien mouvant de la directe de son seigneur, sous tels et tels devoirs qu'il promettait et s'obligeait de payer. Le fonds cédé en ces circonstances, mais non donné, étant transmissible de père en fils dans des conditions que nous ferons connaître, la reconnaissance était aussi une espèce de bail emphytéotique ; de là le nom d'*emphytéotes* que l'on donnait souvent aux tenanciers. Toutes les reconnaissances étaient renouvelables à chaque changement de seigneur et de tenancier. Il en était fait aux frais de ce dernier, deux copies : une pour le seigneur, l'autre pour l'emphytéote. Les minutes en étaient recueillies dans un registre spécial appelé le *Papier Terrier*. Ce registre était conservé aux archives de la seigneurie et devait être représenté en cas de contestation. La *lième* était un extrait du papier terrier.

Ainsi donc l'hommage liait le vassal au suzerain et la reconnaissance liait le tenancier au seigneur, mais non la gratitude, — qu'on nous pardonne ce jeu de mots, — car il arrivait très souvent que les seigneurs ne se considéraient pas comme liés envers leurs tenanciers malgré les engagements pris et qu'ils ne se faisaient pas faute d'augmenter les quotités de la rente en s'y prenant plus ou moins habilement. Quelquefois les emphytéotes se laissaient faire, d'autres fois ils se rebiffaient et de longs procès s'en suivaient. Tels de ceux-ci ont duré plusieurs siècles [1].

Avant l'an 1500, le taux de la rente pour les redevances principales était fixé par les *fors et coutumes* de Cancon à 30 sols tournois [2]

---

[1] Voir à ce sujet l'excellent ouvrage de M. G. Tholin : *Ville libre et barons.*

[2] « Des observations concordantes faites par M. Ed. Forestié, pour le Montalbanais et, sur d'autres points, par MM. Viollet-le-Duc et Al. Monteils, fixent à vingt centimes de notre monnaie le pouvoir du denier tournois dans le milieu du XIV° siècle. » (*Ville libre et Barons*, p. 247). Puis la valeur

et à **30** quartons[1] de froment par cent sexterées de terre concédées, à une paire de poules et à une journée de manœuvre par feu. L'argent était exigible à la Noël, le froment à la saint Michel porté dans les greniers du seigneur, les poules et les manœuvres quand le seigneur les demandait.

A partir du commencement du xvie siècle, les tenures furent possédées à des conditions fort inégales et souvent compliquées basées sur leur nature et leur étendue, sur le nombre et l'importance des feux et des bâtiments d'exploitation tels que granges, étables, fournières, etc , sur le nombre et l'espèce des animaux élevés pour la bouche ou employés aux travaux des champs, etc. Nous ne voulons pas entreprendre de débrouiller ce chaos ; qu'il nous suffise de dire que dès lors la *moyenne* de la rente fut portée à 4 picotins de froment, 4 picotins d'avoine et un sol tournois par sexterée, sexterée et mesure de Cancon. Les poules, chapons et manœuvres tombèrent dans la catégorie des censives variables selon l'importance du feu, du fonds, du cheptel, de l'élevage, etc. A la campagne le maximum de ces dernières redevances ne dépassait pas une poule ou un chapon et une manœuvre par feu, plus une poule et une manœuvre par chaque douze sexterées de terre sans feu. En ville et dans les faubourgs le possesseur d'une maison à demi importante ou d'une grange avec étable et cour payait deux, trois et quatre chapons plus sept sols tournois de rente environ [2]. Ces chiffres ne sont qu'une moyenne

---

extrinsèque des monnaies diminuant sans cesse, le denier tournois ne valut plus au xviie siècle qu'un de nos sous actuels. Il fallait douze de ces deniers pour faire un sol tournois, de même qu'il fallait vingt sols pour faire une livre tournoise. La livre (le franc d'aujourd'hui) était en argent. Le sol le denier et l'*obole* ou *maille* (1/2 denier) étaient en cuivre.

[1] Il fallait 8 *picotins* ou 2 *pugnères* pour faire un *quarton*, 6 quartons pour faire une *barrique* et 2 barriques pour faire une *pipe*. La barrique contenait 2 hectolitres 20 litres (mesure métrique). Le *sac* valait quatre quartons.

[2] A Montaut la moyenne de la rente était, aux champs, d'un quarton de froment, un quarton d'avoine et un sol tournois par sexterée, même sexterée et même mesure que celles de Cancon (transaction du 22 avril 1537). Elle était de 4 picotins de froment, 4 picotins d'avoine, un sol tournois par sexterée à Casseneuil, mesures du lieu ; de 4 picotins de froment, deux picotins d'avoine, seize deniers, un 10me de poule, un 10me de manœuvre par sexterée à Montastruc, mesures du lieu ; et de 2 picotins de froment, 2 picotins d'avoine, 6 deniers par sexterée, une poule et une manœuvre par dix sexterées à Moulinet, mesures du lieu (anciennes mesures de Valens).

avons-nous dit, car le fief était divisé d'après la qualité du fonds et la nature des cultures en une foule de petits cantons appelés *tenghs* ou *ténements* dont beaucoup servaient une rente différente. Quelques-uns payaient double et triple même que certains autres. Plusieurs, dans la paroisse de Périllac, fournissaient du seigle au lieu de froment, d'autres plus de chapons que de poules, etc.

Alors même que nous aurions des données suffisantes, le prix des denrées ayant été toujours extrêmement variable, il est fort difficile d'établir exactement la valeur du cens que les tenanciers de Cancon payaient à leur seigneur, mais il est possible de s'en faire une idée : La rente des paroisses de Saint-Paul-le-Vieux. Lentignac, Baugas (partie) et Loupignac (partie) était en 1607 de 24 pipes. 14 quartons, 4 picotins, etc. blé froment ; de 0 pipe. 6 quartons, 2 picotins, etc. seigle ; de quantité non connue d'avoine ; de 46 livres 7 deniers, demi obole d'argent ; d'environ 32 chapons, de 219 poules et de 161 journées de manœuvre équivalant ensemble au revenu de 16,500 livres à 5 pour 100, c'est-à-dire à 825 livres ; or, les autres paroisses réunies devaient donner un peu plus de quatre fois autant et le tout pouvait valoir 4,000 livres , (40 à 50,000 francs d'aujourd'hui).

Les censives de 1500, bien plus onéreuses que les précédentes, furent consenties d'un commun accord et solennellement jurées par noble Jean de Verdun, alors seigneur de Cancon, et les habitants de ses terres. Nous verrons plus tard dans quelles circonstances[1].

Il était fort juste que les détenteurs des grasses terres de la vallée du Tolzat payassent une rente plus élevée que ceux qui cultivaient celles des plateaux calcaires. Aussi se dégage-t-il de la convention de 1500 une certaine équité, mais quels larges passages ne laissait-elle pas à l'arbitraire dans le prélèvement des censives variables ! Nos malheureux ancêtres ne tardèrent pas à s'en apercevoir ; néan-

---

[1] Cette aggravation des anciennes charges ne fut pas particulière au fief de Cancon. Elle se produisit vers la même époque dans une foule de seigneuries de l'Agenais, notamment tout près d'ici à Montastruc et à Montaut, pour des causes que M. G. Tholin a étudiées dans *Ville libre et barons*. Nous recommandons la lecture de cet ouvrage à toute personne vraiment désireuse de connaître la condition des tenanciers en Agenais sous l'ancien régime.

moins, au lieu d'entrer en lutte avec leurs seigneurs, soit qu'ils fussent trop pauvres pour l'entreprendre soit qu'ils sussent d'avance qu'ils obtiendraient difficilement gain de cause, ils se contentèrent des quelques petits avantages et libertés que ceux-ci voulurent bien leur octroyer et supportèrent le joug avec patience. Il ne fallut rien moins que les années calamiteuses du XVIIIᵉ siècle et la proclamation des *Droits de l'homme* (4 août 1789) pour les réveiller de leur torpeur et les pousser à la révolte.

En outre de la rente, les seigneurs avaient encore beaucoup de droits qui leur constituaient à divers titres une autre branche de revenus. C'étaient :

Les *lods ès ventes*. — On appelait ainsi les droits que percevait le seigneur censier toutes les fois que les tenures changeaient de mains. Ils s'acquittaient ici par le paiement du dixième de la somme versée quand il y avait vente ou échange. Alors le seigneur renonçait à la *prélation*, c'est-à-dire au droit qu'il avait de retenir la chose vendue ou échangée « pour en faire à son plaisir et volonté » moyennant le remboursement du prix à l'acquéreur.

L'*acapte* ou *relief*. — Ce droit était dû soit après la mort du seigneur, soit après la mort du tenancier. Il était fixé à Cancon dans l'un et l'autre cas au doublement de la rente *quant à l'argent seulement*. Avant 1500, il était de 15 sols tournois par chaque 100 sexterées de fonds.

Les *corvées*. — C'étaient des journées de manœuvre supplémentaires que la plupart des seigneurs étaient en droit d'exiger. Le concours d'un char attelé était obligatoire pour le corvéable dans certaines circonstances.

La *banalité*. — On entendait par banalité le droit qu'avait le seigneur d'obliger les habitants à se servir de son moulin, de son four, de son pressoir et de son foulon. Le seigneur de Cancon ne possédait aucun des moulins à vent où à eau, des fours, des pressoirs à vin ou à huile (*truels*) et des foulons (*battants*) propres à *habiller* les serges et draps de la seigneurie si ce n'est ceux du château même ; ils appartenaient à des tenanciers, en vertu d'engagements que nous aurons à faire connaître, sous la charge des redevances *ordinaires* portées dans les reconnaissances et d'une redevance spéciale perçue directement sur la farine, le son, le pain, l'huile, les draps et les serges sortant de ces établissements.

Cancon était un pays de blé. Les moulins n'étaient pas rares sur son territoire. Voici les lieux où ils se *voyaient*, car il n'en reste plus qu'un seul, aux Trois-Moulins.

Moulins à vent : Deux au château, placés à la suite l'un de l'autre du côté du sud ; un à la Mandigue ; un aux Perriès ; un à Dheure ; trois aux Trois-Moulins ; un à Roquegauthier ; un à Soulaudre ; un à Boudy ; un à Monsouci.

Moulins à eau : Deux sur le Tolzat (à Moulinet et à Laboul ou *Lavoulpte*) ; quatre sur le Rège (au Roc, près Saint-Paul-le-Vieux, aux Peyroux, au Moulin du Cocu et à Rabine) ; trois sur l'Aygueroux (à Rabanel, au Peyrou et à la Moulière) ; un sur la Séone (à la Moulinate, sous Francoulon) et un sur le ruisseau des Guitards (à Lamoutte basse). Ce dernier était un des moins importants ; son tenancier ne pouvait moudre qu'une partie de l'année ; il payait néanmoins une rente de 12 quartons de froment (trois sacs) 12 sols tournois et deux chapons (reconnaissance d'Ant. Laparre, 1603).

Le péage, le tonlieu, le droit de leude et *de mesurage*. — Le péage et le tonlieu se prélevaient en certains lieux déterminés sur les routes et au bord des rivières, particulièrement à l'entrée des bourgs et des villes sur les personnes et les marchandises de passage. Un autre droit, corollaire des précédents, se payait pour les places où on étalait sur le marché et sur le champs de foire. Le droit de leude et de mesurage était dû sur toutes les choses vendues, mesurées ou pesées au marché et en foire. Ces droits se percevaient rigoureusement à Cancon, le péage en avant de la Porte-fausse au lieu dit *la Barrière*, le tonlieu dans les rues de la ville et sur les places, le droit de leude et de mesurage au *poids du seigneur* sous la halle.

C'étaient enfin les droits de *quête*, d'*emprunt*, de *don*, de *gîte*, etc., etc., dus dans certaines seigneuries seulement.

III.

Les propriétés privées du seigneur.

Le baron de Cancon avait l'entière propriété de la halle, des boucheries, de trois grands domaines (la Dome, la Barrouille, le Deffès) et d'une trentaine de quartonats de prés, indépendants de ces domaines, situés au-dessous de Lamoutte, reste des anciennes terres de la *sala* de ce lieu ; c'est-à-dire que ces biens n'étaient pas donnés à bail *à fief*.

La halle était sise sur la place de l'église. Dans les salles du haut, on recueillait les grains des redevances. C'est là, dans la *recette*, qu'étaient ces instruments de servitude si abhorrés des tenanciers : le crible, dans lequel on repassait, et le carton gradué en cuivre, dans lequel on mesurait tous les grains ; ceux-ci devant être « bons, purs, nets, marchands et nouveaux, mesure dudit Cancon », aux termes même des reconnaissances. Le bas était occupé, les dimanches, les jours de marché et de foire par les étaux des bouchers et par des *tables* de marchands divers qui étaient donnés à bail *à ferme* par le seigneur.

Le domaine de la Dome étendait ses dépendances, terres labourables, vignes, prairies et bois taillis, tout autour de la ville, particulièrement du côté de la Dome, de Matras, de la Charbonnière et des Bibignès. Il s'y semait annuellement de 30 à 32 sacs de froment. Son cheptel se composait en 1672 de cinq bœufs, un taureau, deux vaches, un troupeau de brebis et un troupeau de porcs. Les bâtiments d'exploitation étaient situés sur l'emplacement qu'occupe aujourd'hui la maison Maumont, derrière la nouvelle halle. La grange était une vaste et solide construction à étables voûtées, précédée d'un hangar. Elle était en contre-bas et faisait face à la Grand'Route dont elle était séparée par un étang qui se creusait à la place des jardins de MM. Lafaurie et Bruguière, au lieu dit la *Sablière*. L'étable des brebis et une deuxième grange étaient plus haut, à Matras.

Le domaine de la Barrouille (alias *la Barrouillerie*) près du Tolzat était d'une importance tout aussi grande que le précédent. Il fut cédé en 1713 au seigneur de Moulinet lors de la formation de cette seigneurie.

Le domaine du Deffès [1] se composait en 1672 d'un vignoble de 60 à 70 quartonats d'étendue, et de quelques terres labourables mais surtout de bois et de friches où Antoine Vigoulette, fermier, faisait paître un nombreux troupeau de brebis et de porcs.

Ces biens étaient donnés, pour faire valoir, à des fermiers ou à des métayers.

---

[1] De *Devesum*, bois de defends, forêt dans laquelle il était défendu à tous de couper du bois, de faire paître les animaux, etc.

IV.

Les justices seigneuriales et les droits qui en dérivaient·

A tous les droits, redevances et revenus ci-dessus détaillés, venaient s'ajouter encore pour le seigneur dominant les droits de justice et enfin quelquefois des dîmes qu'il avait pu arracher au clergé (*dîmes inféodées*).

La possession de certains fiefs entraînait le droit pour le possesseur d'y rendre la justice : « C'était un principe fondamental, dit Montesquieu, que ceux qui étaient sous la puissance militaire de quelqu'un, étaient aussi sous sa juridiction civile. »

La justice des seigneurs se divisait en justice haute, moyenne et basse, ou mère, mixte et impère ce qui est la même chose.

Les droits de la basse justice consistaient à connaître des causes civiles jusqu'à trois livres. Ceux de la moyenne à connaître de toutes les causes civiles sans distinction et des criminelles lorsque l'amende n'excédait pas soixante sols.

Le seigneur haut justicier. connaissait seul des crimes qui entraînaient peine de mort naturelle, peine afflictive ou infamante. C'était à lui que les biens confisqués étaient adjugés, ainsi que les amendes qu'il infligeait, les épaves, c'est-à-dire les choses meubles égarées, et partie des trésors trouvés ; il succédait aux bâtards en certains cas et à ceux qui ne laissaient aucun héritier testamentaire ; il avait la propriété des rivières non navigables. le droit prohibitif de chasse, etc. Celui qui avait la haute justice dans un lieu pouvait seul et à l'exclusion de tous autres se qualifier seigneur de ce lieu.

Les seigneurs hauts justiciers avaient encore seuls la prérogative de placer leur banc dans le lieu le plus honorable de l'église. et à leur mort on leur devait une marque de deuil empreinte à l'extérieur sur les murs de l'édifice pour honorer leur mémoire. Cette marque était une bande noire qui suivait tout autour ; on l'appelait *litre*.

Les seigneurs de Cancon étaient hauts justiciers et en avaient tous les avantages, tous les droits et toutes les prérogatives. Leur banc était placé dans le chœur de l'église, à droite, du côté de l'épître, et leur tombeau sous les marches de l'autel. Leur juridiction s'éten-

dait sur toutes les paroisses de la baronnie y compris les arrière-
fiefs. La *salle de justice,* dans laquelle ils rendraient leurs arrêts et
recevaient les hommages des vassaux, était la principale du château;
le siège seigneurial, recouvert d'un dais et surélevé de quelques
marches, en occupait le milieu. Au château se trouvaient aussi les
prisons dont une souterraine « cavait douze pieds de profondeur
dedans terre » : elle était sous une tour d'angle « au coing des greniers devers le jardin », mais on ne sait pas le lieu sinistre où s'élevaient les *fourches patibulaires,* gibet à plusieurs potences où l'on
pendait les criminels condamnés à mort.

Il y avait des oubliettes au château de Cancon dit une vieille légende, mais comme en général, il faut se méfier beaucoup de ce
genre de tradition, nous ne savons jusqu'à quel point on peut ajouter
foi à la nôtre. Le fait est que les sieurs Marmier et Gary ont trouvé
vers le milieu du terre-plein qu'occupaient les bâtiments principaux
du château, un trou rond de huit pieds de diamètre environ, dont
ls n'ont pu découvrir le fond ; il était comblé depuis longtemps par
des couches régulièrement superposées de terre et de moellons.

De bonne heure le seigneur de Cancon dut confier le soin de rendre la justice en son nom à une cour dont il ne fit plus partie et où il
était seulement représenté. Au xv⁰ siècle et depuis jusqu'à la Révolution il y a eu ici une *cour ordinaire* ou *subalterne,* ainsi nommée
par rapport aux *cours extraordinaires* ou *souveraines,* les Parlements royaux, qui connaissaient en dernier ressort et par appel, des
jugements des premières ; elle était composée d'un juge, d'un lieutenant de juge, d'un procureur juridictionnel et d'un procureur postulant ou substitut. Le procureur et le substitut remplissaient les
fonctions de ministère public. La cour était assistée d'un greffier et
servie par un sergent ou huissier. Le procureur juridictionnel était
nommé d'*office* par le seigneur dont il était en outre le « procureur
général et spécial dans la baronnie pour et au nom dudit seigneur
recevoir les lods ès ventes de fonds, en concéder le droit de prélation, donner à fief nouveau les vacants avec ou sans droit d'entrée
sous le cens, rente et devoirs seigneuriaux fixés dans le papier terrier, et, en cas que les tenanciers ne pairaient pas exactement la
rente, les faire déguerpir et faire ordonner que leurs biens soient
unis à la directité dudit seigneur et ensuite les donner à d'autres
comme les susdits vacants, forcer jusqu'à arrêt définitif ceux qui
abandonneraient leurs biens d'en payer les arrérages de rente, rece-

voir le prix des baux à ferme de ses domaines, etc., révoquer le garde-chasse, en nommer un autre s'il y a lieu, etc. » Pour récompenser « ledit procureur de ses peines et bons services » le seigneur l'autorisait à chasser sur ses terres. On le voit, le procureur d'office était un personnage important, le représentant direct du seigneur dans l'administration de la seigneurie comme le juge l'était au point de vue judiciaire.

V.

Les lois et les coutumes. — La jurade et les consuls.

Au moyen-âge Cancon avait des coutumes. Des titres très anciens, antérieurs pour la plupart au xvi° siècle : extraits du Terrier, actes de jurade, actes notariés, etc. nous parlent des « fors et coutumes » de Cancon. Elles remontaient sans doute à l'origine de la ville, c'est-à-dire à la fin du xiii° siècle; elles durent tomber en désuétude lors des guerres effroyables qui ensanglantèrent notre pays au xv° siècle. De ces coutumes il ne subsista après cette époque, comme à peu près partout ailleurs du reste, qu'un semblant d'organisation communale et quelques immunités qui furent insérées, après transaction, dans le contrat synallagmatique de 1500. En effet une requête présentée en 1699 par les habitants de Cancon à l'intendant de la généralité de Guienne nous dit : « La communauté n'a aucuns *privilèges*, ne tire aucuns revenus des mesurages, boucheries, places de la halle, ny les péages ; c'est le seigneur du lieu qui jouit le tout. » La transaction de 1500 a été brûlée en 1793, mais de patientes recherches nous permettent, sinon de la reconstituer entièrement, du moins d'en indiquer les dispositions générales. C'était un espèce de *modus vivendi* établi entre le seigneur et ses tenanciers, car il s'étendait à tous les habitants de la seigneurie ; c'était aussi une série de règlements d'administration, de police et de défense de la ville. Les habitants de la ville et de la *terre* de Cancon y reconnaissaient tous les droits légaux et autres que la nature et l'importance du fief conféraient à leur seigneur ou à ses successeurs à perpétuité, promettaient de relever les murs du château et les remparts de la ville qui venaient d'être detruits, d'entretenir les *défenses* et la solidité de ces remparts, le pavé et la propreté des rues et des fossés, de faire le guet et la garde de la ville de nuit et de jour à leur dépens et en temps opportun, enfin de fournir quelques hommes à la garnison du château dont les frais d'entretien et de défense devaient incomber au seigneur seul.

Le seigneur, de son côté, accordait à ses tenanciers le droit d'avoir une jurade à laquelle devaient être confiées l'administration de la ville et la police urbaine et rurale, plus quelques immunités que nous connaissons trop peu pour en parler comme il conviendrait, et renonçait à la *banalité,* laissant toute liberté aux habitants d'avoir moulins, fours, pressoirs et foulons à la condition d'en payer le cens et autres redevances spéciales et ordinaires; mais il se réservait le monopole des boucheries et tous ses autres droits féodaux et seigneuriaux, en particulier le cens ou rente, la basse, moyenne et haute justice, l'acapte, la prélation, la corvée ordinaire, les péages, le tonlieu, la leude, le mesurage, etc., qui furent alors taxés à nouveau comme nous l'avons dit plus haut.

La jurade se composait, à Cancon, de quatre consuls et de vingt à vingt-quatre jurats. Les premiers étaient élus par les seconds en assemblée générale et à l'issue d'une messe du Saint-Esprit, le dimanche qui suivait la fête de la Toussaint ; il y en avait un par quartier, la seigneurie étant divisée en quatre quartiers. Les consuls de l'année courante nommaient ceux de l'année qui allait suivre, chacun le leur, après avoir fait serment de faire une bonne élection. Les nouveaux élus juraient aussitôt de remplir leurs fonctions avec zèle et fidélité et recevaient les comptes apurés et mis à jour de leurs prédécesseurs. Leur élection n'était pas libre ; ils ne pouvaient être nommés que « sous le bon plaisir du seigneur », c'est-à-dire qu'ils devaient être agréés par celui-ci. Arrivés au terme de leur exercice, dans les temps difficiles, ou quand il s'agissait de terminer une affaire importante, ils pouvaient être maintenus dans leur charge par décision supérieure. Le nom et l'institution des consuls se sont perpétués jusqu'en 1789, sauf une interruption de quelques années au xviii° siècle, vers 1768, pendant lesquelles il y eut à Cancon des *échevins.*

La jurade présidée par le juge seigneurial entouré des quatre consuls, *chaperon en tête* et sans armes, assistés du lieutenant du procureur d'office et d'un secrétaire avait seule le droit de décider une imposition communale, d'entamer un procès, en un mot d'engager la communauté toute entière. Les consuls étaient le pouvoir exécutif de cette assemblée qui leur confiait en outre l'administration et la police de la ville et des paroisses, enfin la garde des biens; il leur était adjoint pour cela un secrétaire et un valet de ville qui était en même temps garde-champêtre. Ils devaient assister aux offices du culte avec exactitude. Un banc spécial leur était assigné dans l'église en avant, près de la Sainte-Table. Ils faisaient fermer les cabarets, défendaient les jeux pendant les offices les dimanches et jours de fête. Ils obligeaient le peuple à observer très rigoureusement l'abstinence aux jours prescrits par l'Eglise et pendant le carême durant tout lequel il était alors défendu de manger de la viande [1].

Ils veillaient à la propreté des rues et des fossés dont les habitants avaient la charge, à la bonne qualité du pain, de la viande et autres denrées alimentaires chez les boulangers, les bouchers, les épiciers, etc , etc. Ils controlaient les poids et les mesures ; réprimaient le désordre, l'insubordination, le blasphème, le scandale, les injures, les voies de fait, la débauche, les jeux de hasard, le travail pendant le dimanche et les jours fériés, etc., et verbalisaient contre les délinquants. Ils banissaient les lépreux et défendaient l'entrée de la ville aux étrangers pestiférés ou soupçonnés tels, aux bohémiens, aux vagabonds, aux routiers, aux femmes de mauvaise vie; du reste, même en temps ordinaire les portes de la ville ne s'ouvraient qu'à certaines heures de la journée ou sur la volonté expresse du premier consul. En temps de guerre, celui-ci avait seul le droit de commander et de donner des ordres aux gardes et à la milice communale en l'absence de tout mandataire du seigneur ; il devait s'assurer en outre du bon état des remparts et les faire réparer ou rétablir, s'il y avait lieu, toujours avec les fonds de la communauté et à l'aide de corvées.

Les consuls avaient la charge spéciale de faire réparer, entretenir et aligner tous les chemins de la seigneurie. Ils s'acquittaient fort mal de ce devoir. Dans tout le moyen-âge et jusqu'à la Révolution il n'y eut que de très mauvais chemins à Cancon ; les notaires d'alors les décoraient néanmoins pompeusement, dans les actes publics, du titre de « grands chemins royaux, » tandis que M. Lafont du Cujula les appelait tous lui, encore en 1806, dans sa *Statistique du département de Lot-et-Garonne*, « des chemins de traverse absolument impraticables ».

---

[1] A Agen, dit M. G. Tholin, un seul boucher avait le droit de vendre de la viande pendant le carême et seulement aux malades. Les consuls faisaient même des visites domicilières toutes les fois qu'ils le croyaient utile pour s'assurer si le pot-au-feu ne contenait pas quelques victuailles. (Rec. des trav. de la Soc. tome V, p 7 et suivantes).

Les consuls avaient droit de surveillance à l'école mais le *régent* était nommé par la jurade.

Ils veillaient à l'acquittement des droits seigneriaux et au bon ordre sous la halle, sur le *foirail*, dans les rues de la ville, partout en somme où il y avait lieu et où se faisait un commerce quelconque. Ils verbalisaient contre les récalcitrants, mais le juge seigneurial avait seul le droit de prononcer des amendes pour infraction aux taxes, aux réglements et dans toutes les circonstances. La plupart de ces amendes étant perçues au bénéfice du seigneur, très peu allaient à la communauté qui tirait cependant de là et des tailles ou collectes imposées par la jurade ses ressources particulières [1].

VI.

La taille.

Nous avons étudié les droits, revenus et privilèges des seigneurs. Nous avons parlé des quelques avantages et libertés qu'avaient pu conquérir sur leurs maîtres les tenanciers de Cancon, mais nous sommes bien loin d'avoir épuisé le chapitre des charges de ceux-ci, car avant de servir la rente et autres redevances au seigneur les malheureux vilains avaient d'abord à payer *les dîmes au clergé* et surtout les lourds impôts royaux dont la taille était le principal et le plus ancien.

Pour donner une idée de ce que pouvait coûter autrefois l'impôt principal, c'est-à-dire la *taille*, la *capitation* et le *dixième* ou *vingtième*, voici un sommaire des rôles des impositions royales à Cancon sous le règne de Louis XV, en 1725.

Le territoire de la juridiction de Cancon avait alors une superficie d'environ 4.200 sexterées. De ce nombre 3.243 sexterées seulement étaient sujettes à l'impôt; le reste, c'est-à-dire un peu moins de 1.000 sexterées, se composait des biens nobles ou des terres déclarées sans valeur (fonds abandonnés, vacants). Les **3.243** sexterées

---

[1] Ces tailles ou collectes dites *communales* s'imposaient toutes les fois que le besoin s'en faisait sentir, à raison de un deux ou trois sols la livre, c'est-à-dire en raison de la fortune de chacun.

reconnues *fonds taillables* furent frappées, déduction faite d'une petite remise accordée cette année-là à la juridiction pour cause de mauvaises récoltes. d'une taille de 3 livres, 2 sols par sexterée, ci.. 10.053 liv. 3 sols.

La capitation[1] donna..... .... 2.409 »

Le dixième[2] produisit, à raison de 18 sols par

    sexterée 2.918 7

Total payé par les **458** contribuables de la juri-

diction......... .... 15.380 liv. 10 sols.

En somme l'impôt principal était annuellement à Cancon au commencement du xviiie siècle d'environ 4 livres 15 sols par sexterée (8 quartonats) de terre donnant un produit quelconque et de si peu dimportance qu'il fût. Or cette quotité était énorme si nous considérons qu'elle portait les impositions (taille, capitation et dixième seulement) d'une tenure de 120 à 140 quartonnats d'étendue (17 à 20 hectares) à 430 francs environ de notre monnaie. puisqu'une livre d'alors valait six fois autant qu'un franc d'aujourd'hui[3]. Nous n'inventons rien, nous avançons des chiffres dont nous pouvons faire la preuve. On ne saurait non plus nous accuser d'exagération : l'année que nous avons pris pour type est une année moyenne. En effet, un extrait des Rôles que nous avons trouvé dans les papiers de la famille Dellerm, nous apprend qu'en 1763, Raymond Dellerm, sieur du Bousquet. tenancier de la terre des Guitards contenant près de 240 quartonnats dont 218 ou 31 hectares de biens fonds, bons. assez bons et médiocres, fut coté pour la taille... 111 liv. 5 sols 2 deniers.

pour la capitation........ .... 10 6 9

pour le vingtième................. . 36 1 11

       Total............... 157 liv. 13 sols 10 deniers.

En admettant que la valeur extrinsèque de l'argent eût diminué depuis 1725 et qu'une livre ne valût plus que 5 francs de notre monnaie on devra reconnaître avec nous qu'en 1763, ce malheureux te-

---

[1] C'est aujourd'hui la contribution personnelle et mobilière.

[2] Le *dixième* frappait les biens fonds et s'élevait aux dixième de leur valeur. Il fut établi pour la première fois en 1710 et supprimé en 1749. On le remplaça par le *vingtième*,

[3] A la fin du xviie siècle, le blé valait 3 livres le sac et le vin 4 livres la barrique, prix moyen. (Bail à ferme de dîmes, années 1690, 1696 et 1702).

nancier payait plus de 780 francs d'impôt principal, sans compter les corvées royales (prestations), l'ustensile, le fourrage, les milices, les contributions indirectes, telles que la gabelle, les droits sur les vins, etc., les contributions municipales, la rente, les droits seigneuriaux, la dîme, etc. C'était écrasant dans toute la force du terme et on se demande ce que pouvait bien manger le menu peuple, de quels aliments il devait se repaître, de quelles guenilles se couvrir, dans quels misérables taudis il abritait sa lamentable existence, après avoir ainsi donné à peu près tous ses grains et tout son argent monnayé.

VII.

La Dîme.

La dîme, ou mieux les dîmes (contraction du mot latin *decima*, dixièmes), étaient des prélèvements d'un dixième sur les récoltes et autres produits agricoles et industriels, destinés à subvenir aux besoins des membres du clergé régulier ou séculier. Elles furent d'abord volontaires et ne devinrent obligatoires que du jour ou Charlemagne les prescrivit à tous ses sujets.

Bien que régulièrement ce tribut dût être d'un dixième, dans nos paroisses, à la suite de réclamations énergiques de la part des tributaires aux XVIIe et XVIIIe siècles, et de la misère du temps, les dîmes devinrent souvent des onzièmes, des douzièmes et quelque fois même des vingtièmes ; elle gardèrent néanmoins leur ancien nom.

A Cancon, depuis le commencement du XVe siècle, semble-t-il, elles étaient *ecclésiastiques*, c'est-à-dire qu'elles appartenaient en entier au clergé et que le seigneur n'y avait aucune part [1]. Le blé, le seigle, la méture, l'avoine, dits les *gros grains*, *grains de grosse dîme* ; les fèves, les pois, les gesses, etc. dits les *menus grains* ou de *menue dîmes* ; les raisins, le chanvre, le lin, les produits des potagers, dits les *dîmes vertes*, enfin les agneaux, les cochons de laits, etc., dits

---

[1] Les dîmes *inféodées* au contraire appartenaient au seigneur en totalité ou en partie.

quelquefois les *prémices* en faisaient l'objet. Les grains étaient pris en gerbe dans les champs, pendant la moisson, ou sur l'aire ; les raisins en comporte dans les vignes, au moment des vendanges ; les agneaux et les cochons de lait dans les étables, à leur naissance.

A la fin du XVIIᵉ siècle, le bénéfice ou cure de Cancon, archiprêtré de Monclar, était un des plus riches du diocèse d'Agen, depuis près de 200 ans. Il comprenait les deux églises de Cancon (matrice) et de Périllac (annexe) avec, chacune, un cimetière et un service régulier fourni à la première par le curé même, aidé le plus souvent d'un vicaire, et à la seconde par un autre vicaire, dit de Périllac. La dime de ces églises équivalait à un revenu annuel de 2.200 [1] livres (Cancon 1800, Périllac, 600), que le curé touchait seul ; elle prenait un dixième des gros grains et à discrétion des raisins, menus grains, dimes vertes, etc., c'est-à-dire que tous les ans le taux des menues dîmes devait être établi, après entente, entre le recteur et les paroissiens. Vers 1680, les tributaires s'étant refusés obstinément à se laisser dîmer dans ces conditions, il fut arrêté de part et d'autre, après plusieurs années de contestations et de chicane, que le taux de la dime serait dorénavant d'un 18ᵐᵉ, pour les raisins, d'un 12ᵐᵉ pour les autres dîmes vertes, chanvre, lin, etc. ; de 2 picotins pour les menus grains, par chaque onze à douze sacs de froment qui se sèmeraient à Périllac, et de 3 picotins par chaque onze à douze sacs de froment qui se sèmeraient à Cancon ; pour les cochons, d'un sur deux ventrées de truie ; pour les agneaux, d'un sur douze de ces animaux, avec réserve que, si les douze agneaux ne naissaient pas dans le troupeau, il serait pris un sol par tête de ceux qu'il y aurait.

Ces dimes prélevées en temps opportun étaient réunies dans les étables, la grange et le chai que le décimateur possédait au lieu dit la Boulangère, près Cancon, quand celui-ci ne les avait pas, au préalable, affermées à une tierce personne qui, par un contrat de ferme se chargeait de les lever à ses risques et périls pour un prix déterminé d'avance et sauf la réserve des *quatre cas.*

En outre de la dime, qui bien souvent donnait jusqu'à 100 pipes de froment et 100 barriques de vin, le curé avait un casuel (messes, obits, cadeaux de baptème, de mariage, etc.) ; il possédait, à Cancon, le presbytère qu'il habitait, et à Périllac, le presbytère et un

---

[1] 15 à 16.000 francs d'aujourd'hui.

gleysage de cinq quartonats ; il avait droit enfin à la plus grosse part d'une somme de 4 à 600 livres, revenu d'une chapellenie fondée en 1523 dans l'église de Cancon par le seigneur Jean III de Verdun.

Le bénéfice ne payait pas moins de 500 livres de décimes en 1740, et néanmoins c'était encore le plus riches du diocèse après celui d'Aguillon. Aussi était-il très recherché et ne le donnait-on qu'aux prêtres les plus gradués en théologie ou les mieux recommandés et les plus appuyés. Il était de plein droit de la collation de l'évêque diocésain.

A la même époque la dîme était loin de produire autant dans les autres paroisses de la seigneurie. Voici ce qu'elle donnait dans les principales d'entr'elles :

A Baugas (400 communiants) elle valait 1200 livres ; elle prenait un 11me des gros grains et à discrétion des raisins, menus grains, etc. Après transaction survenue entre le recteur et ses paroissiens, vers 1730, elle fut d'un 20me pour les raisins, d'un 12me pour les autres dîmes vertes et comme à Cancon pour les cochons et les agneaux ; quant aux menus grains, il en fut perçu dorénavent **2** picotins par paire de bœufs ou de vaches, et un seul par paire de *bourriques* employées aux labours : les paroissiens qui n'avaient pas d'attelage payèrent en proportion de leur revenu.

A Sénéselle qui était matrice, et à Monibal, annexe (300 communiants), elle valait 600 livres. Mêmes dîmes qu'à Cancon anciennement.

Aux Bardes (280 communiants), elle valait 400 livres environ ; elle prenait un 12me des gros grains, un 17me des menus grains, dîmes vertes, etc. En 1749, une transaction la réglementa comme à Baugas.

A Loupinac (120 communiants), elle valait 300 livres ; elle prenait un 12me des gros grains et un 16me des menus grains, etc.

A Saint-Paul-le-Vieux (100 communiants), elle valait 300 livrés ; elle prenait un 10me des gros grains, un 18me des raisins et un 14me des autres dîmes vertes, menus grains, etc.

A Milhac (100 communiants), elle valait 450 livres ; elle prenait un 10me des gros grains et le reste à discrétion, comme à Cancon anciennement. Au moment de la Révolution, les paroissiens intriguaient pour en obtenir la réforme.

A Lentignac (80 communiants), elle valait 300 livres. Anciennes dîmes de Cancon.

Autour d'ici, la dîme de l'église de Casseneuil (1.100 communiants) valait 1.200 livres ; celle de Monbahus (600 communiants), 900 livres ; celle de Castelnau, (450 communiants), 350 livres ; enfin, celle de Saint-Pastour (400 communiants), environ 400 livres.

Les dîmes de Saint-Paul-le-Vieux et de Saint-Paul le-Jeune étaient perçues depuis l'an 1184, par le prieur de Sainte-Livrade qui donnait une somme déterminée à des prêtres, présentés par lui et nommés par l'évêque, pour faire le service de ces paroisses. Il en était de même à Loupinac et à Lentignac, — il y avait une contestation pour celle-ci — où l'abbé de Gondon faisait lever la dîme. Entre les paroisses de Lentignac, des Bardes et de Cancon se trouvait enclavé le petit territoire de la Capelle de Gabaldot dont quelques dîmes et les fruits de deux domaines attenants constituaient le bénéfice. Les moines de Gondon, dont elle était la propriété, y disaient une messe par an à l'intention du fondateur, alors déjà tout-à-fait inconnu [1].

Toutes les autres dîmes de la seigneurie appartenaient au clergé séculier [2].

---

[1] Nous avons eu occasion de dire que c'était probablement un ancien seigneur de Valens.

[2] Voir pour ces dîmes aux Archives de l'Evêché les registres des visites pastorales et le Pouillé du diocèse sous Mascaron, et aux Archives de Me Bruguière, notaire à Cancon, les minutes de Me Lamartigne.

TROISIÈME PARTIE.

I.

Tableau de la contrée au Moyen-âge. — Encore un mot sur nos églises.
— Usurpation de dîmes.

Depuis Charlemagne, l'Agenais, érigé en comté par ce grand souverain, était passé successivement en plusieurs mains au milieu de déchirements de toutes sortes. Les ducs de Septimanie, les comtes d'Angoulème et de Périgord, les comtes de Toulouse en 885, les ducs de Gascogne, les comtes de Poitiers, ducs d'Aquitaine en 1030, les rois de France en 1137. les rois d'Angleterre en 1151 le possédèrent tour à tour jusqu'en 1196. A cette date, Richard Cœur-de-Lion le donna en dot à sa sœur Jeanne d'Angleterre, qu'il maria à Raymond VI de Saint-Gille, comte de Toulouse et de Rouergue.

Cependant la féodalité s'était partout établie. Puis des années de prospérité étaient survenues pendant lesquelles la civilisation, les lettres et les arts s'étaient relevés de leur abaissement et manifestés sous des formes nouvelles, tandis que le commerce et l'industrie, sous l'influence de relations que les croisades avaient créés avec l'Orient, se développaient, accumulant de grandes richesses, dans les provinces du Midi.

Notre pays du Haut-Agenais, après les ravages des hordes venues de la Germanie, des mers du nord, ou de l'Afrique, était resté à peu près en dehors de cet heureux mouvement. Toujours en proie aux guerres intestines qu'y entretenaient les luttes de seigneur à seigneur, il avait perdu peu à peu une grande partie de sa population. Son territoire s'était couvert de forèts profondes que les fauves parcouraient tout autant que les hommes. De rares cultures se voyaient çà et là dans les meilleurs fonds, autour des églises et des habitations nobles, car les quelques misérables serfs qui étaient attachés à la glèbe menaient paitre des troupeaux à demi sauvages, mais ne s'occupaient guère d'autre chose. Sur les pentes, les ruisseaux sourdaient et coulaient paresseusement. Parfois leur eau s'arrêtait dans les niveaux inférieurs, sous la ramée où s'étendaient de vastes flaques croupissantes, nid de fièvres paludéennes qui, encore au siècle dernier, faisaient de nombreuses victimes aux alentours de Cancon.

Une foule de noms de lieux, dont beaucoup remontent, semble-t-il, à cette époque, nous rappellent cet état de choses. Du reste, les vieilles chartes sont unanimes à ce sujet ; souvent même elles qualifient de forestiers (habitants des forêts, dans le sens nouveau du mot), les seigneurs de cette partie du Haut-Agenais.

Le souvenir des bois et des forêts s'est conservé, non seulement dans les noms de lieu Caillac, Galauts, Gallebesse, etc. que nous avons eu occasion de citer, mais encore dans les noms *Layane, Lajasse, Auliac, etc.*, auxquels a donné naissance le mot barbare *agia* ou *aia* qui servait à désigner les bois de haute futaie ; dans les noms de *Lac, Lage, Loge, l'Ille, Allons, Loubejac,* dérivés des précédents, et enfin dans les noms plus nouveaux et aussi plus nombreux de *Bos, Boslong, Bosclar, Bos-de-Bastou, Bos-del-Deffès, etc.* D'autres lieux ont pris le nom de l'essence des arbres qui y croissaient : il y avait des chênes à *la Cassenade,* à *las Garrigues*; des châtaigniers à *Gorse,* à *la Castagnal* (trois ou quatre fois répété), à *las Castagnères* ; des charmes aux *Calpres* ; des aulnes à *Vergne,* aux *Bernis* ; des frênes à *Frayssinet*; des hêtres à *Faugas,* aux *Faugereaux* ; des noyers à *Nouzières,* à *Nougarède* ; des coignassiers, aux *Coudougnès,* etc.

De même les parties de forêt dépouillées d'arbres prenaient le nom des plantes qui y poussaient en plus grande abondance : il y avait des ajoncs à *Galage* ; des genêts à *Grioulat,* à *Génestat* ; des bruyères à la *Chaume,* à *Brousse,* à *Labrugue*; des bruyères, des fougères et des buissons à *Fougère,* à *Brocque,* etc. A la *Sarlate,* à *Sarlatou,* à *Bouygue,* à la *Gate* se voyaient des terrains jadis travaillés, maintenant abandonnés, couverts de ronces et de pierres. En ces derniers lieux se trouvent des gisements de tuiles à rebords.

Les noms de *Rouffiac, Longratte, Louberie* (*aliàs* Louverie) la *Renardière,* les *Belettes,* etc., nous rappellent le dangereux, ou fâcheux voisinage d'animaux nuisibles tels que loups, renards, belettes, etc.

Le souvenir des bas-fonds humides, marécageux, s'est conservé dans les noms de *Nauzes* (commune de Cancon), *Nauze* (Pailloles), *Lanauze* (Castelnau), *Lasnauzes* (Boudy), dont le radical *nau* indiquait un lieu submergé ; de même que dans les noms de *Cluzel, Cluzélou, Besse, Gallebesse, etc.* qui ont la même signification.

Enfin des habitations humaines, des biens ruraux, des terres labourables et des pâturages se voyaient non seulement aux divers

Maynes, au Barrou, à Soulaudre, aux Courtaux, à Rebeyre, etc., que nous avons déjà signalés, mais encore à *Thonens*, aux *Thounis* (dérivés du normand *thun*, synonyme de villa), aux *Gamots* (les hameaux), à *Botis* (hameau), aux *Parrinots* (de *pars*, petits manses, tenures de peu d'étendue), au *Cros* (du bas-latin *crota*, synonyme de maison ou d'enclos), à *Lascurades* (du bas-latin *scura*, grange ou étable), à *Sexteyrade* (terrain en rapport d'une sexterée d'étendue), à *Pradou* (du latin, *pratum*, pré), à *Pastourie* (le pâturage), etc.

L'antique *via* romaine avait en partie disparu. On ne voyait sur le territoire de Cancon, en fait de routes, que trois ou quatre mauvais chemins à peine tracés dans la forêt sous les pas de l'homme et des bêtes de somme. Le principal mettait en communication Casseneuil et Montaut par Aiguevive, Monibal, les Courtaux et Boudy; nous en avons déjà parlé. Un autre allait de Monflanquin à Lauzun par Laubère, Périllac et Saint-Maurice ; un troisième courait directement d'Eysses ou de Villeneuve à Lauzun par Soulaudre, le Pitraut, Mandet et Saint-Maurice. Ces sentiers menaient aussi directement que possible d'une église à l'autre, car les rares voyageurs d'alors étaient sûrs, comme nous disions plus haut, de trouver à leur voisinage, au moins un gîte hospitalier, celui de l'homme de prière qui en faisait le service[1].

En l'absence d'une quantité suffisante de prêtres séculiers, la plupart de nos églises étaient alors desservies par des prêtres réguliers qui venaient de monastères situés dans la région. Ces monastères jouissaient de grands privilèges et possédaient souvent beaucoup d'églises et de dîmes qu'ils devaient soit à la munificence de nos rois, soit à la générosité et à la piété des évêques et des seigneurs du pays.

Citons le prieuré de Sainte-Livrade réformé sous l'épiscopat d'Adelbert, évêque d'Agen, doté par ce prélat et puis offert vers 1122 à l'abbaye de la Chaize-Dieu en Auvergne ; les églises et les dîmes de

---

[1] Bien qu'empruntées à des auteurs célèbres, à l'histoire, ou tirées par nous de quelques documents écrits et d'une étude approfondie des lieux, nous ne pouvons garantir absolument les étymologies et les conjectures que nous venons de soumettre à nos lecteurs pas *plus que nous n'avons la prétention d'assurer contre la critique* les étymologies et les probabilités que nous avons exposées dans la première partie de cet ouvrage. Néanmoins, nous croyons à la sincérité du tableau que nous venons de tracer de la contrée aux temps ténébreux du moyen-âge.

Saint-Paul-le-Vieux de Saint-Paul-le-Jeune, de Saint-Sulpice-de-Caillac, de Saint-Pierre-de-Cailladelle et de Lentignac lui furent données à cette époque. La part majeure des possessions de ce prieuré se trouvait autour de Cancon. Il en était de même du prieuré du Lédat-sur-Lède, un des plus anciens de la contrée, qui possédait les églises voisines de Saint-Martin de Grattecambe (Castelnau), de Saint-Pierre de Belvès, de Saint-Martin de Barbas et de Saint-Pierre de Taradel. C'était enfin l'abbaye de Cadouin en Périgord qui possédait les églises de Monviel, de Saint-Maurice et la plupart des églises dont les paroisses confinent au nord avec notre commune entre autres celles de Roquadet, de Lougratte, de Celles, etc. Les religieux de ce monastère fondèrent l'abbaye de Gondon vers 1105 ou 1110. Les seigneurs de Lauzun à qui appartenaient les bois qu'ils vinrent défricher et occuper, contribuèrent puissamment par leurs libéralités à cette pieuse fondation. « L'abbaye était située près d'une forêt, dit M. l'abbé Barrère, entre Loupinac et Montastruc, aujourd'hui sur la limite des cantons de Monclar et de Cancon; il n'en reste pas le moindre vestige et le patronat de la Bienheureuse Vierge Marie n'a pu la sauver d'une ruine générale, etc. » Elle avait pourtant, dès 1124, donné naissance au monastère de Fontguilhem dans le diocèse de Bazas et les distinctions flatteuses dont elle avait été l'objet à l'origine de la part des seigneurs du voisinage semblaient lui présager un brillant avenir. Au xiiie siècle elle avait une partie des bénéfices des églises de Saint-Pierre de la Croix et de Savignac près Montastruc et la totalité de ceux de Loupinac et de la Capelle de Gabaldot dans la seigneurie de Cancon[1].

---

[1] L'abbaye de Gondon souffrit beaucoup pendant les longues guerres des Français et des Anglais en Guienne. Devenue vacante en novembre 1569, par le décès de son très-incapable abbé Jehan Paparis, elle fut donnée par le roi Charles IX à frère Jacques Bab en faveur de François de Cours, seigneur de Pauliac dans la juridiction de Casseneuil. Celui-ci y envoya quelques soldats pour la conserver et la défendre, aussi bien contre les entreprises des huguenots « qui avaient leur camp audit païs de Gondon, » que contre celles du seigneur de Lauzun, qui en disputa un moment la possession à François de Cours, bien que cette abbaye fût de peu de revenu. Sur ces entrefaites, les protestants s'en emparèrent et l'ensevelirent presque sous ses ruines. Restaurée et rétablie peu après, elle fut donnée, en même temps que la cure de Baugas, qui est proche voisine, par Mgr Claude de Gélas, évêque d'Agen, à son vicaire général et ami particulier, messire Bal-

On croit qu'à Milhac (4 kilom. de Cancon) était le prieuré de ce nom qui appartenait à l'Ordre des Chevaliers du Temple de Jérusalem, supprimé en 1311. La petite église du lieu est construite sur un plan rectangulaire et a le chevet plat comme toutes celles qui doivent leur édification aux Templiers. Une belle propriété toute voisine appartenant aujourd'hui aux sieurs Vialaret et Deynat, porte encore le nom de *lou Priou*.

Si certains seigneurs se dépouillaient en faveur de l'Eglise, il s'en trouvait d'autres par contre qui ne se faisaient nul scrupule de lui dérober ses bénéfices. Ainsi, avant 1184, il était arrivé que certains seigneurs de la contrée s'étaient emparés des dîmes des églises qui appartenaient au monastère de Sainte-Livrade, Saint-Paul-le Vieux, Lentignac, etc. et se les étaient partagées. Cette année-là, le 6 des calendes d'avril, le pape Lucius III lança en faveur du prieuré une bulle d'excommunication dans laquelle, après avoir rappelé les possesions, dîmes et prémices du monastère, il ordonne aux usurpateurs de restituer et prononce contre eux l'imprécation suivante: « Si quelqu'un, soit ecclésiastique, soit séculier, avait la témérité de venir sciemment à l'encontre de notre présente constitution, qu'on l'avertisse une seconde et une troisième fois. Et s'il ne reconnait point sa faute par une juste satisfaction, qu'il soit dépouillé de la dignité de sa charge et qu'il sache bien qu'il rendra compte à son divin juge de son iniquité; qu'il soit à jamais privé du corps et du sang de Jésus-Christ, notre Dieu et notre rédempteur et qu'au jour du der-

---

thazar Barbier, chanoine de l'église collégiale Saint-Caprais d'Agen et official de la même ville. Celui-ci y installa son frère ou parent, Alexandre de Barbier, en qualité de prieur.

Vers 1715 on y voyait encore le tombeau du premier abbé qui était de la maison de Lauzun. Elle n'avait plus que 2.000 livres de revenu que se partageaient l'abbé commanditaire et les religieux. Ceux-ci arguaient de cette pauvreté pour aller mendier dans les paroisses avoisinantes où ils avaient néanmoins la réputation d'aimer à bien vivre et à boire encore plus : « A Gondon, disait-on, quand on perce une barrique, si le vin en est bon, on s'empresse de le boire de peur qu'il ne se gâte ; s'il est mauvais on le boi encore plus vite pour essayer d'une autre. »

L'abbaye était soumise à celle de Cadouin et unie comme cette dernière à la congrégation de Citeaux. *Revue de l'Agenais*, année 1884. — *Essais sur les antiquités du département de Lot-et-Garonne*, par B. de Saint-Amans ; *Nobiliaire de Guienne et de Gascogne par J. de B. de Laffore*. — Documents inédits.

nier jugement, il soit accablé sous le poids de la vengeance divine [1].»

Les évêques donnaient souvent eux-mêmes l'exemple de semblables spoliations. En 1258, celui d'Agen, Guillaume II, contesta au prieur de Sainte-Livrade la propriété des dimes et le droit de présentation aux églises de son prieuré ; en même temps il nia les même propriété et droit du prieur du Lédat sur les paroisses et églises de Saint-Martin de Barbas, de Grattecambe, etc. Les deux malheureux prieurs, malgré leur bon droit, n'obtinrent la tranquilité qu'après avoir fait une grosse part à l'avide prélat. (*Hist. relig. et monum. du diocèse d'Agen*).

II.

Le premier château proprement dit de Cancon et ses premiers seigneurs connus, les Madaillan.

A l'époque qui nous occupe, un fort donjon construit en pierre et quelques bâtiments accessoires où étaient des logements, des écuries et des magasins, s'élevaient à la place de l'espèce de blockhaus en bois qui fut, sans doute, le *curtis* de Cancon. Ce donjon était entouré de deux enceintes qui s'appuyaient l'une à l'autre. La seconde, plus basse que la première, s'étendait à l'est, du côté le plus faible, jusqu'à la pointe où étaient les moulins, sans quoi il n'y eût pas eu de défense possible ; elle formait une basse-cour qu'on appelait le *baille*, et était vraisemblablement protégée par une rangée de pieux qu'avaient fournis les forêts voisines. C'est dans le baille qu'en temps de guerre, à l'appel du beffroi et du cor, les nobles vassaux et les serfs venaient se ranger sous la bannière du seigneur partant pour une expédition lointaine, ou accouraient chercher un refuge contre l'ennemi qu'on leur signalait, chargés de vivres de toute sorte, et poussant devant eux leurs troupeaux, non sans avoir au préalable, caché précipitamment leurs objets les plus précieux [2].

---

[1] Archives de l'Evêché, H. 17. Traduction de M. l'abbé Barrère.

[2] Il y a plus de 700 ans, un habitant du Barrou avait sans doute, en semblable circonstance, enfoui son trésor dans un coin de son jardin, car dans ses dernières années le sieur Brunet y a découvert une espèce de petite lampe en terre cuite grossière de la même époque que les curieux

Tandis que les premiers prenaient place dans les logis qui leur étaient réservés auprès du donjon, les manants se répandaient dans le baille, y élevaient à la hâte, pour s'abriter eux et leur famille, des huttes ou de simples tentes qui le transformaient rapidement en un camp retranché et l'on se préparait à la résistance.

M. Cassany-Mazet dit, sans preuves d'ailleurs, dans ses *Essais statistiques et historiques sur l'arrondissement de Villeneuve*, p. 87, que le premier château de Cancon datait du règne de Robert ou d'Hénri Ier, rois de France (996-1060), c'est-à-dire du commencement du XIe siècle; il ajoute même qu'un siècle après sa construction, Adelbert, évêque d'Agen de 1118 à 1129, croit-on, le même qui dota le prieuré de Sainte-Livrade, fit d'un oratoire qui était au-dessous de ce château le centre d'une paroisse dont la moitié fut prise à celle de Périllac. Quoiqu'il en soit à cet égard notre église a bien certainement été construite en pierre pour la première fois dans le style roman du XIIe siècle. C'était une petite basilique toute simple, sombre, froide et sévère à l'intérieur, lourde et sans ornements à l'extérieur, dont les églises d'Aiguevive et de Lentignac, qui sont un peu plus anciennes, peuvent nous donner une idée [1].

---

débris de poteries qu'à trouvés le carrier Ch. Cadet dans les fondations d'un bâtiment du château. Cette lampe était remplie jusqu'au goulot d'environ 600 deniers en argent de très mauvais aloi. Le plus grand nombre de ces pièces ont été émises par l'atelier monétaire de Bordeaux, sous un des cinq Guillaume qui furent ducs d'Aquitaine et de Gascogne de 1029 à 1137 : elles portent en légende, entre deux cordons de grènetis : GVILILMO-BVRDE-GALA et ont pour type, d'un côté la croix, de l'autre quatre croisettes avec un annelet au milieu. Les autres sont des monnaies épiscopales, semble-t-il ; elles portent à l'obvers une croix pattée dans le champ et au revers un chrisme du même style ; leurs légendes sont trop fustes et le pourtour trop rogné pour qu'il soit possible de les lire avec quelque précision. Peut-être y a-t-il dans le nombre, quelqu'une des monnaies parfaitement rarissimes d'ailleurs, des évêques d'Agen, monnaies que l'un de ceux-ci, Gombaud de Gascogne, fils du duc Sanche-Garcie, obtint de faire frapper dans sa ville épiscopale vers la fin du dixième siècle, à peu près en même temps que les ducs d'Aquitaine et de Gascogne commençaient à mettre leur nom sur les monnaies à Bordeaux?

[1] L'église de Saint-Jean d'Aiguevive, située sur le dos d'un petit coteau dans le vallon de la Séone, sous Saint-Pastour, mérite ici une mention spéciale. Elle présente dans son exiguité et sa simplicité des particularités architecturales qui la rendent des plus intéressantes. Son sanctuaire, bien

On voit encore du côté des fossés, à l'est, trois de ses anciennes fenêtres placées à un ou à deux mètres au-dessous des nouvelles, — le pavé de la nef a été exhaussé au xvie siècle, — et étroites comme des meurtrières ; leur cintre est creusé dans une seule pierre ; l'ébrasement est peu considérable au dehors mais devait être très grand à l'intérieur, si on en juge d'après l'épaisseur du mur soigneusement construit en moyen appareil.

orienté, est tout entier du xe ou du xie siècle ; c'est par conséquent un des plus anciens monuments de l'Agenais ; il a beaucoup de style. On y pénètre par un arc triomphal en plein cintre qui n'est qu'une simple arcade basse et étroite, percée dans un mur très épais. On est frappé, dès l'entrée, du caractère archaïque, sévère et majestueux de ce petit édifice dont les dispositions et la forme nous rappellent celles des premiers oratoires chrétiens. L'autel, isolé, est haut monté sur quelques gradins de pierre. La voûte très élevée, demi cylindrique, se termine par une abside en cul-de-four. Elle repose, en arrière d'une simple corniche en forte saillie, sur le prolongement des murs. Trois baies en plein cintre, très étroites, chanfréinées sur les bords extérieurement, épanouies au dedans en un vaste ébrasement, n'y laissent pénétrer que très peu de lumière. Au dehors, le sanctuaire a, par terre, le même plan en fer-à-cheval un peu allongé qu'à l'intérieur. Les murs, dont l'appareil est moyen, bien taillé à l'aide d'un taillant droit, et régulièrement assis, sont soutenus par sept contreforts qui s'amortissent vers le haut. Ces contreforts sont ainsi distribués : un au chevet, qui est traversé par l'une des fenêtres, quatre sur les côtés et deux sur la façade, à droite et à gauche de l'arc triomphal qui a été d'abord la porte d'entrée de ce sanctuaire.

A la fin du xie siècle, semble-t-il, on y a joint une nef, sorte de petite *cella* avec laquelle elle communique en avant par son portail un peu agrandi en arc triomphal et où les fidèles purent se grouper à l'abri du mauvais temps. Cette nef est très basse, beaucoup plus basse que le sanctuaire, triste et froide, mal bâtie en moyen-appareil, éclairée par quelques petites fenêtres en plein cintre, trois ou quatre fois plus larges que celles du chœur et un peu ébrasées à l'extérieur. La porte d'entrée, pratiquée sous un clocher en forme de pignon aigu, est en tiers point, mal taillée et sans caractère. Quel dommage pour le morceau de pure architecture romane qu'est le sanctuaire ! Pour comble de malheur l'intérieur de celui-ci a été ridiculement décoré sous Louis XIII, dans le goût de cette époque, par des barbouilleurs italiens de passage. Ils ont peint sur toutes les faces une haute balustrade où des vases aux formes étranges remplis de grosses fleurs bleues et rouges piquées dans un feuillage vert myrte attirent les yeux des bonnes femmes et des petits enfants.

A qui appartenait alors Cancon ? Du xe au xiiie siècle les deux puissants barons de Montaut et de Lauzun avaient accaparé peu à peu et s'étaient partagé, semble-t-il, tous les fiefs de la contrée ; c'est-à-dire que les petits seigneurs leurs voisins, d'origine franque, gallo-romaine ou autre, propriétaires des anciens francs-alleus ou des bénéfices, avaient dû les reconnaître de gré ou de force, pour leurs seigneurs dominants. Nous avons dit comment, d'accord avec la tradition, nous admettions que Cancon avait relevé de la baronnie de Montaut, s'il n'en avait pas fait partie intégrante ; mais au commencement du xiiie siècle, il était tombé en la possession des barons de Madaillan ou d'une branche de cette famille, à la suite de faits qui nous sont inconnus.

La maison de Madaillan [1], qui avait alors pour principale résidence le château de ce nom, près Sauveterre en Bazadais, a toujours tenu un rang distingué parmi la noblesse de la Guienne et de la Picardie où elle s'est transplantée au xve siècle, tant par des alliances contractées avec les premières familles de France, que par son origine, sa fortune, ses services militaires. Elle était issue des sires de Lesparre, *la plus ancienne maison du Bordelais*. Moréri et Lachesnaye des Bois en donnent une généalogie qui est souvent inexacte dans la mention de ses origines, dans sa partie historique et même dans ses filiations, antérieurement au xve siècle. Moréri les fait remonter à Guillaume de Madaillan qui fit hommage de ses terres, en 1202, au roi Philippe Auguste et qui épousa, en 1220, Alix, fille d'Aimeri VIII, vicomte de Rochechouart, et de Marguerite, fille de Guy V, vicomte de Limoges. Il donne à ce Guillaume et à ses descendants le titre de sires de Lesparre, laissant ainsi supposer que les Madaillan étaient seigneurs de cette ville, et cela d'autant plus qu'il attribue à plusieurs de la lignée les faits et gestes des vrais sires de Lesparre. L'erreur de Moréri est assez excusable, car l'existence de ces derniers était peu connue lorsqu'il composa son Dictionnaire ; aujourd'hui elle ne serait plus de mise après la notice de M. Rabanis sur *Florimond de Lesparre*. En réalité les Madaillan n'ont été sires de Lesparre que de 1393 à 1415, pas avant ni après, et si, dans quelques actes plus anciens, ils semblent avoir pris la qualité de sires de ce lieu,

---

[1] ARMES : *Tranché d'or et de gueules*, souvent écartelées *d'azur au lion d'or*, qui est de LESPARRE.

M. Rabanis va nous dire pourquoi : « Les vassaux de la seigneurie de Lesparre étaient désignés dans les documents contemporains (xii⁰ siècle) par le titre de *Chevaliers de Lesparre*. Ces chevaliers pouvaient être distingués en deux classes : premièrement ceux qui *descendaient* des branches collatérales de la famille des suzerains, *et en prenaient le nom* ; secondement ceux qui y étaient étrangers, et qui, suzerains de leur chef, n'étaient vassaux de Lesparre que pour les domaines qu'ils y tenaient à foi et hommage. » Or, les Madaillan possédaient quelques fiefs dans le Lesparrois et étaient issus, nous l'avons dit, des seigneurs de ce pays.

D'un autre côté le château de Madaillan où la branche ainée de cette maison s'est perpétuée jusqu'au xv⁰ siècle était en Bazadais, et non en Agenais comme le dit Moréri. Le château de Madaillan près Agen, appartenait aux du Fossat pendant les xiii⁰ et xiv⁰ siècles ; M. Tholin, qui en a écrit remarquablement l'histoire, s'est bien gardé de tomber dans l'erreur qu'ont commise plusieurs généalogistes en confondant les du Fossat et les Madaillan. Il y avait près de la Sauvetat-du-Dropt en Agenais, une maison noble de fort peu d'importance qui portait aussi le nom de Madaillan ; elle avait été fondée, nous a-t-on dit, à la fin du xv⁰ siècle, par un Madaillan de Monviel. Enfin il y aurait eu des Madaillan en Périgord aux xi⁰ et xii⁰ siècles. Mais notre intention ne saurait être et n'est pas d'établir ici, en l'absence de documents suffisants, la généalogie des Madaillan de Lesparre si compliquée et qui s'embrouille encore de cette particularité que presque tous les membres mâles de cette maison ont porté avant le xv⁰ siècle le prénom d'Amanieu ; nous nous bornerons à citer le nom, les faits et les gestes des seigneurs de Cancon qui sont sortis de cette famille, au fur et à mesure qu'ils se présenteront à nous dans le courant de ce récit ; nous n'en donnerons la filiation que dans les rares cas où nous pourrons l'appuyer sur des preuves.

III.

La croisade contre les Albigeois. — Pons-Amanieu de Madaillan.

Vers 1209, pour arrêter un mouvement d'indépendance religieuse qui se manifestait dans le Midi, étouffer l'hérésie des manichéens ou des Henriciens et en écraser les adeptes, Agenais ou Albigeois, la puissance de Rome souleva toute la population valide du nord de la France et des états voisins et la jeta, en torrent irrésistible, sur le beau pays de la *Langue d'Oc.* Il s'en suivit une effroyable guerre pendant laquelle nos riches provinces furent couvertes de ruines, dévastées et désolées au delà de toute expression.

L'Agenais eut à souffrir peut-être plus que tout autre pays, et notre canton ne fut pas des moins maltraités ; de tous côtés les caches se rouvrirent, ou s'ouvrirent, si comme le croient quelques archéologues, leur creusement ne remonte qu'à ces temps calamiteux.

Casseneuil était alors une ville populeuse et une place forte ; elle fut assiégée deux fois par une nombreuse armée que commandait Simon de Montfort, le chef de la croisade. Prise d'assaut le 18 août 1214, après cinquante jours d'un siège mémorable, elle fut livrée au pillage et à l'incendie. Ses habitants furent tous ou massacrés dans la place ou brûlés comme hérétiques sur un immense bûcher qu'on éleva dans la plaine au sud-est de la ville.

A l'annonce de cette exécution les seigneurs de notre contrée, hostiles jusqu'ici à la croisade, s'empressèrent pour la plupart de faire leur soumission, suivant en cela l'exemple prudent que venait de leur donner Raymond de Montaut le plus puissant d'entre eux. Ceux qui persistèrent dans la révolte furent proscrits et eurent leurs forteresses rasées si nous en croyons nos historiens ; puis ils errèrent en fugitifs ou se cachèrent au fond des forêts, pour n'en sortir qu'après le soulèvement populaire de Toulouse et la mort de Montfort tué au siège de cette ville le 25 juin 1218. Alors seulement ils reprirent les armes, s'entourèrent de partisans, soldats débandés ou brigands, et entrèrent en campagne. Le premier des seigneurs de Cancon que nous puissions mentionner, **Pons-Amanieu de Madaillan** était sans doute de ces derniers, toujours est-il qu'à cette époque il partait de Cancon, et souvent de Monviel, avec une poignée de compagnons dévoués, descendait tantôt l'une, tantôt l'autre des deux vallées du Tolzat et portait la terreur dans les plaines du Lot et de la Garonne, chez les tenants d'Amaury de Montfort, fils et successeur de Simon, occupé ailleurs à retenir les croisés qui, fatigués et chargés de butin, regagnaient leurs châteaux du Nord, ou à parcourir la province pour se faire reconnaître ou réprimer des révoltes. Amaury lança contre lui un de ses plus dévoués feudataires, Etienne Ferriol. Lors de son passage à Gontaud, le 8 octobre 1218, il donna à cet homme le gouvernement du château de Montastruc, situé en vue de Cancon, sur un des points culminants du pays, et

d'où rien n'était plus facile que de défendre les vallées du Tolzat.
Voici la traduction de la charte qui en fait foi :

« Au nom de Notre Seigneur Jésus-Christ, amen.

L'an de l'incarnation de Jésus-Christ, mil deux cent dix-huit, le huitième des ides d'octobre. Sachent tous présents et avenir que nous, Amaury
(*Amalricus*), par la grâce de Dieu, duc de Narbonne, comte de Toulouse
et seigneur de Montfort, avons donné à notre amé et fidèle Etienne Ferriol,
le commandement du château de Montastruc (*castrum de Monte-Ostruc*),
tous nos droits réservés. Et lui-même sous le serment d'hommage qu'il
nous a fait, a promis que dans ledit château il ne recevrait ni Pons-Amanieu (*Pontus-Amanevus*), ni aucun autre de nos ennemis, que du château
ils ne recevrait ni avis, ni secours, ni faveurs ; bien plus, que dudit château
il ferait tout le mal possible à Pons-Amanieu et à tous nos ennemis et
qu'il leur nuirait par tous les moyens en son pouvoir.

« Et moi, Etienne Ferriol (*Stephanus Ferriol*), je reconnais avoir reçu le
commandement du château de Montastruc dudit seigneur monseigneur
Amaury, par la grâce de Dieu, duc de Narbonne et comte de Toulouse,
tous ses droits réservés. Je reconnais lui avoir promis, sous le serment
d'hommage que je lui ai fait, que dans ledit château, tant qu'il sera en
mon pouvoir, je ne recevrai jamais Pons Amanieu ni aucun autre de ses
ennemis ; et que même, de là, je ne leur offrirai ni permettrai qu'on leur
offre aucun secours, aucun avis, ni faveur ; bien plus que dudit château
je leur ferai et leur ferai faire tout le mal que je pourrai par tous les
moyens au nom de la foi jurée.

« Et je remettrai ledit château à mondit seigneur noble Amaury, duc et
comte, ou à son envoyé, et cela en toute occasion et sans chercher de prétexte, toutes les fois que par lui, par ses lettres ou par son envoyé j'en
serai requis. Et pour que ces promesses aient plus de force, il en a été
dressé acte en deux expéditions copiées mot à mot, que mondit seigneur
duc et comte et moi, susdit Etienne Ferriol avons scellées du sceau de
notre seing.

« Fait à Gontaut l'an et le jour susdits, en présence des sieurs, Guy de
Montfort, Guy, comte de Bigorre, Anersanche (ou Anessant), Bégon et
Nompar de Caumont, Th. de Neuville, *Ferrico de Yssexo*, Guillaume, clerc
et plusieurs autres. »

Amaury de Montfort ne put, quoi qu'il fît, conserver les conquêtes
de son père ; il fut obligé de les céder en partie au roi de France,
Louis VIII qui, de concert avec la reine Blanche de Castille, sut
amener Raymond VII, le nouveau comte de Toulouse, à signer un
traité de paix (Meaux 1229) par lequel celui-ci était confirmé dans
la possession de son comté, mais seulement après avoir pris l'enga-

gement formel d'unir sa fille Jeanne à un prince de France, Alphonse de Poitiers, et de donner tous ses biens à la couronne, si ce mariage était stérile. Néanmoins la croisade contre les Albigeois ne prit réellement fin qu'après les batailles de Taillebourg et de Saintes, que saint Louis gagna sur les Anglais, alliés du comte de Toulouse et d'autres vassaux révoltés. Ces deux victoires, dont le résultat fut le traité de Paris (1242), rejetèrent pour un moment l'ennemi hors de France et contraignirent pour toujours Raymond VII à l'obéissance.

Dès le commencement de l'année suivante, 1243, toutes les villes de l'Agenais prêtèrent serment de fidélité au roi de France et promirent encore de forcer le comte de Toulouse à observer les traités.

Les seigneurs firent le même serment, par acte du 7 avril 1243, passé dans l'église Notre-Dame de Castelsarrasin. Vingt-deux barons châtelains et chevaliers furent présents au contrat. De ce nombre était Pons-Amanieu de Madaillan, seigneur de Cancon et de Monviel ; il n'y prit que la qualité de sire de Madaillan, bien que cette seigneurie ne fût pas en Agenais, mais c'était là le nom du chef-manoir [1] de sa maison et conséquemment celui que les différents membres de la famille devaient porter dans les actes publics [2]. Ce Madaillan était-il le même que celui de 1218 ? Nous l'ignorons.

---

[1] Le *chief* ou *chef-manoir*, autrement dit le principal des fiefs que délaissait un seigneur propriétaire de plusieurs, était attribué à l'aîné des fils du défunt ; les puînés se partageaient les autres. Quand le père commun ne laissait qu'un seul fief, l'aîné prenait encore le chef manoir qui dans ce cas était la succession entière et fournissait à l'entretien des puînés : cet entretien était évalué au tiers de l'héritage. (Voir BEAUMANOIR, *Coutumes de Beauvoisis*, ch. 14, art. 8, t. 1, p. 226).

[2] C'est pour la même raison que les du Fossat, seigneurs de Madaillan, près Agen, signaient *du Fossat* dans les actes publics et que les Caumont qu'ils fussent seigneurs de Lauzun, de Tombebœuf, de Fauillet, de Combelouve, de Castelnau ou d'ailleurs, signaient tous *Caumont*. Les noms patronymiques tels que nous les comprenons aujourd'hui, c'est-à-dire transmissibles du père aux descendants et servant à distinguer entre elles les races ou familles, étaient encore très rares au XIIIe siècle. On désignait le plus souvent une personne par son nom de baptême qu'on faisait suivre d'un qualificatif applicable à l'individu, *le grand, le court, le roux, le faure, le borgne*, etc ; et, si la personne était noble, du nom du chef-manoir de sa maison.

IV.

Le comte Alphonse de Poitiers et les *bastides*. — Amanieu de Madaillan et
le château de Cancon ; fondation de la ville.

Alphonse de Poitiers recueillit en 1250 la succession de Raymond VII de Toulouse dont la comtesse Jeanne était l'unique héritière. De 1251 à 1253, ce prince qui a laissé dans les annales de notre
arrondissement le souvenir de tant de bienfaits, visita ses états, dans
le but de réparer les maux de la guerre et de rétablir la tranquilité
depuis si longtemps troublée. Il commença par l'Agenais, entra à
Agen, en compagnie de sa femme, le 4 juin 1251, y reçut le serment
de fidélité des villes et de la noblesse, y fit de sages règlements sur
l'administration de la justice et nomma une commission pour rechercher et réprimer les abus partout où ils se seraient glissés. Puis, remon-
tant la vallée du Lot, il se rendit à Penne où les barons de Pujols,
de Fumel et les « principaux seigneurs du haut Agenais » vinrent
lui rendre hommage. Enfin, il passa en Quercy, après s'être enquis
des besoins de la contrée et avoir arrêté les moyens d'y porter remède.

Bien que la croisade eût cessé depuis longtemps, notre pays était
toujours désolé par des soldats sans solde, des routiers à qui la fin
de la guerre laissait des loisirs. Cantonnés comme ces partisans dont
Pons-Amanieu avait été un des chefs, dans les épaisses forêts qui
s'étendaient de ce côté-ci sur les marches de l'Agenais et du Périgord, particulièrement vers Longratte, Montauriol, les rives du
Dropt, la Sauvetat-sur-Lède et Cailladelle, ils en sortaient de temps
en temps pour se ravitailler et dévaster villages, églises et maisons
nobles. Pour faire cesser ces déprédations et atteindre les bandits
jusque dans leurs repaires en faisant abattre en partie les forêts qui
leur donnaient asile, en vue aussi d'offrir des refuges aux populations
opprimées et peut être encore de tenir en échec les grands seigneurs
de la contrée qui, pendant les guerres précédentes, avaient fait preuve
de trop de pouvoir et d'indépendance, le comte Alphonse ordonna
qu'on élevât de tous côtés, sur un plan uniforme et régulier, des
villes fortifiées qu'on appela *bastides*. Autour de Cancon s'édifièrent
en peu de temps Castillonnès, Villeneuve, Villeréal, Monflanquin,

Monclar, Castelnau, Saint Pastour[1]. Par l'appât de privilèges et de concession de terres, on attira dans ces villes de nombreux habitants, particulièrement du Périgord et du Limousin.

A ce moment et non plus tôt, comme certains le disent. le seigneur de Cancon, qui était alors Amanieu de Madaillan. éprouva le besoin d'agrandir son château et d'y joindre lui aussi une ville, soit qu'il voulût retenir auprès de lui ses serfs qui essayaient, sans doute, d'émigrer vers les bastides. soit qu'il se sentît menacé dans sa puissance. Voici les dispositions générales qu'il donna à l'ensemble.

Il restaura ou reconstruisit le donjon et l'établit à l'extrême pointe nord, sur le plateau supérieur, de façon à ce qu'il occupât tout le côté nord-ouest d'une agglomération de hauts bâtiments de pierre, fortifiés de tours et de courtines, disposés en quadrilatère autour d'une petite cour pourvue d'un puits très profond. On pénétrait dans ce fort, du côté du midi, par un passage voûté, à double porte, qui s'ouvrait en face du Deffès, et du côté du nord, par un escalier à vis qui montait d'une poterne percée au pied même du donjon : c'était là le château proprement dit. Un baille ou basse-cour occupait le plateau inférieur placé à trois mètres environ au-dessous du niveau de la cour intérieure. Son mur d'enceinte partait d'une tour placée à l'est du château, au-dessus de la ville. longeait celle-ci jusqu'au presbytère actuel, y rencontrait une tour carrée, tournait brusquement à angle droit. du côté du sud, jusqu'à une autre tour carrée qui occupait l'angle sud-ouest. revenait vers

---

[1] Castillonnès est à 14 kilomètres, Villeneuve à 19, Villeréal à 18, Monflanquin à 12, Monclar à 18, Saint-Pastour à 8 et Castelnau à 7 kilomètres de Cancon.

L'on dirait que les deux bastides de Saint-Pastour et de Castelnau ont été placées par leur fondateur l'une à droite et l'autre à gauche de Cancon, tout autant pour en contenir le seigneur que pour purger le pays environnant des malfaiteurs qui y avaient élu domicile. L'on ne s'explique guère autrement leur création au milieu d'un territoire alors relativement pauvre et dans le voisinage immédiat de Monclar, Casseneuil et Monflanquin. Bâties sur la crête de deux collines escarpées, chaînons détachés de la Sède, elles se composent chacune de deux ou trois rues parallèles que dégagent plusieurs ruelles transversales. Leur peu d'importance, — elles ne rapportaient ensemble, au xiv⁰ siècle, que quarante livres tournois environ. (*Histoire générale du Languedoc*, t. VIII, p. 1735) — les fit réunir, presque dès le début, en un seul bailliage, bien que pour se rendre de l'une à l'autre, il fallût traverser la seigneurie de Cancon.

le château, buttait contre une tour à l'angle ouest et se repliait en dedans pour se relier au donjon. En outre d'une grande porte charretière appuyée à deux fortes tours, qui ouvrait à l'ouest, au-dessus des Bidous, le baille était percé au sud d'une poterne dite de Madame et à l'est d'une deuxième poterne d'où on descendait dans la ville par un long escalier de pierre ; cette dernière était l'entrée habituelle de la basse-cour et du château.

Tout le terrain compris entre le château et le baille d'un côté, et l'église de l'autre, fut consacré à l'établissement de la ville. On en traça le plan à l'imitation de celui des bastides autant que la conformation du sol dont on disposait pouvait le permettre : une place carrée au milieu, l'église à l'est, des rues droites se coupant à angle droit, etc. Une haute muraille l'enceignit tout entière ; elle partait d'une petite barbacane qui défendait l'approche du donjon au nord, au-dessus de l'ancienne maison Déseune, passait sous ce logis (qui n'existait pas, bien entendu) se continuait — entièrement débarassée de toutes les habitations qui la couvrent aujourd'hui — le long de la rue Mangane jusqu'à la rue Porte-de-la-Ville dont le nom explique que là était la principale porte de la cité, reprenait au delà, allait butter contre le mur extérieur de l'église, qui fit dès lors partie du rempart, et s'arrêtait quelques vingt mètres après cet édifice derrière la maison Chabrié (des Gamots) où on en voit encore un assez beau reste réparé au xvi° siècle ; enfin, elle tournait à angle droit, donnait passage à la Porte-Fausse qui ouvrait au sud, et remontait vers le baille qu'elle allait joindre perpendiculairement à la tour carrée du sud-est, au-dessus du presbytère.

La Porte-de-la-Ville et la Porte-Fausse étaient percées dans le bas d'une tour carrée comme à Villeneuve la Porte-de-Paris. Un pont-levis jeté sur des fossés sans eau donnait accès à chacune d'elles ; des portes à deux battants, bardées de fer, assujetties par derrière à l'aide de verroux « gros comme le bras » coulissant en travers dans le mur, et des machicoulis en surplomb extérieurement en défendaient le passage.

La défense de la ville et du château était complétée : 1° Au nord-ouest, par deux lices étagées l'une au-dessus de l'autre ; 2° à l'est, par un large fossé sans eau qui suivait les murailles de la ville et 3° au sud, de deux tours rondes détachées qui plus tard on été transformées en moulins à vent. Ces tours, reliées entr'elles et à la place par une galerie couverte, protégeaient la Porte-Fausse en dehors, en même temps qu'une barrière placée en avant de celle-ci entre la ville et l'ancien cimetière. Ce quartier de la ville porte encore le nom de la Barrière.

Le chemin que suivaient les chars pour monter au château entrait par la Porte-Fausse dans la ville, traversait la place de l'église, enfilait la rue du Château, longeait le puits de Conchou, passait entre la barbacane et les remparts au bout de la rue Mangane, franchissait une première porte du château au coin du baille, au-dessus de la Dome, tout près de l'entrée actuelle, et pénétrait dans la basse-cour par une deuxième porte, la porte charretière dont nous avons déjà parlé.

Cette forteresse, abordable du côté du sud seulement, était presque imprenable. En effet, pour s'en rendre maître, l'ennemi devait emporter d'abord les tours avancées et la ville, puis, escalader la première enceinte, franchir le baille semé de chausses trappes à galeries souterraines, sous les projectiles que les défenseurs ne manquaient pas de faire pleuvoir sur lui du haut des courtines et des tours, enfin enlever le château. Le château pris, il restait encore à pénétrer dans le donjon situé en arrière et bien souvent alors, les assiégés y mettaient le feu et fuyaient par les souterrains [1].

C'était sans contredit un des plus puissants repaires féodaux de ces pays-ci. Ses lourds bâtiments sombres aux hautes toitures surmontées d'immenses girouettes à pennons [2], ses rares ouvertures

---

[1] Les substructions et les pans de mur qui restaient du château d'Amanieu de Madaillan, il y a encore fort peu de temps, en donnaient assez bien le plan par terre, les divisions principales et le mode de construction. Depuis, les carriers en ont arraché une bonne partie. La bâtisse de ce qui en reste est faite d'une forte maçonnerie en moellons et mortier très dur et grossier, parementée très régulièrement de pierres d'appareil moyen de 0,20 à 0,30 centim. de hauteur sur 0,30 à 0,45 c. de longueur. Dans les assises supérieures, le petit appareil est souvent employé en assises intermédiaires ; les petites pierres qui en font partie proviennent probablement du château précédent ; leurs dimensions sont de 0,15 c. à 0,20 centimètres de hauteur sur 0,20 c. à 0,30 c. de longueur. D'après Viollet-le-Duc et autres savants architectes, cette manière de bâtir doit être attribuée au xiiiᵉ siècle.

[2] Le seigneur de Cancon était banneret.

étroites ou plus larges, mais barrées par la croix de pierre, ses échauguettes, ses tours et tourelles coiffées de toits en pyramide, en poivrière ou couronnées de créneaux et de machicoulis, percées de longues archères, dominées par la plateforme du donjon se découpant dans le ciel à une hauteur vertigineuse ; ses remparts crénelés et hourdés s'appuyant à des tours de distance en distance, son baille, sa barbacane, sa ville, ses lices, ses postes avancés s'étendant sur une surface de plus de deux hectares, tout cela devait paraître imposant et redoutable, et nous comprenons l'orgueil d'Amanieu qui, à partir de ce moment, prit dans ses actes publics, les qualités de « haut et puissant seigneur de Cancon » qu'il n'aurait pas manqué de s'attribuer auparavant si cette forteresse avait déjà existé.

Quand il s'agit de peupler la ville, Madaillan y appela, sans doute, les habitants du Barrou, de Massés, de Périllac, de Lamoutte et autres, — c'est ce que dit, du moins, la tradition ;— des marchands et des artisans vinrent aussi bientôt s'y établir.

Puis, comme il fallait au seigneur des hommes dévoués pour défendre sa forteresse, que, d'un autre côté, les habitants de la ville avaient besoin de sa protection, il s'en suivit un échange de droits, de devoirs, d'obligations, de franchises, etc , que l'on dut coucher sur parchemin pour qu'il restât un monument durable de cette alliance du grand et des petits, du fort et des faibles, du seigneur et des serfs. N'est-ce pas là l'origine de ces fors et coutumes de Cancon dont il est souvent question dans les titres les plus anciens, fors et coutumes qui ne sont pas parvenus jusqu'à nous, malheureusement, car nous y trouverions, sans doute, cette clause principale, base de tout contrat de ce genre : l'affranchissement des serfs. Quels cris de triomphe et de joie durent sortir des poitrines serviles le jour béni de la signature de la Charte ! Et que ne pouvons-nous assigner une date certaine à cet inoubliable moment de la réelle fondation de notre ville, que la tradition seule nous rappelle !

V.

Les traités de 1258 et de 1279. — Les Anglais en Guienne. — Nombreuses restitutions de dîmes par les seigneurs du pays. — Le fief de Cancon à la fin du XIIIe siècle.

En échange de quelques compensations, saint Louis, roi de France, s'était engagé par le traité de 1258 [1], à remettre le comté d'Agenais au roi Henri III d'Angleterre après le décès du comte et de la comtesse de Toulouse, si celle-ci toutefois mourait sans enfants. En vertu de ce traité désastreux, point de départ de calamités sans nombre, et après la mort d'Alphonse et de Jeanne dont le mariage avait été stérile, Edouard Ier d'Angleterre allait s'emparer de notre province, en 1271, lorsque Philippe-le-Hardi s'y opposa et, au contraire, envoya Guillaume de Cohardon, son sénéchal de Carcassonne et de Béziers, en prendre possession en son nom. A cet effet tous les barons et chevaliers du comté furent convoqués dans la maison du Temple, à Agen, pour y prêter serment de fidélité au roi de France. Cette cérémonie eut lieu le 11 novembre 1271. Amanieu de Madaillan, seigneur de Cancon (*Amanevus de Madalano, dominus de Cancon*) s'y trouvait [2].

Mais en 1279, les réclamations pressantes d'Edouard frustré de ses droits eurent pour effet d'amener le roi Philippe à signer le traité d'Amiens qui rendit l'Agenais aux Anglais. Le traité portait la date du 23 mai ; le 9 août suivant, les principaux personnages du pays, dont était toujours Amanieu de Madaillan, chevalier, furent assemblés dans le cloître des Frères Prêcheurs d'Agen, pour y reconnaître comme suzerain le roi d'Angleterre.

Les populations de l'Agenais n'acceptèrent qu'avec peine la domination étrangère. Edouard, pour se les rendre moins hostiles, or-

---

[1] 20 mai 1259, d'après Rymer, tome I, p. 675.

[2] Dans la Charte qui en fait foi nous voyons figurer un peu plus **bas** : *Guilhelmus de Balens* (pour Valens) *dominus de* CASA-NUEL, une des formes romanes du nom de Casseneuil.

Quelques pièces datées de 1252, 1253, 1257, etc. ayant trait à des droits et devoirs seigneuriaux, rapportées par M. Tamizey de Larroque dans sa *Notice sur le Prieuré de Sainte-Livrade* et une reconnaissance des consuls de cette ville portant la date de 1271, nous apprennent qu'une partie de Sainte-Livrade et de sa juridiction appartenait à un certain Amanieu de Madaillan, le seigneur de Cancon, peut-être. En 1476 il y avait sur le territoire de Sainte-Livrade une « nougarède » et une tour qui portaient encore le nom de Madaillan ainsi que ledit un texte de cette époque : *Turrim vulgaritur de Madaillan, quæ est caput baroniæ loci Montastruci.* (Arch. dép. Papiers du château de Causac, série E, S^t II, I, n° 326.) La tour appartenait alors à noble Jean de Grossoles, seigneur de Montastruc, qui en avait fait hommage au roi de France en 1471.

donna de tous côtés des travaux de voirie, des constructions utiles, tandis qu'il faisait tous ses efforts pour favoriser le commerce, qu'il prodiguait les coutumes aux villes[1] qui n'en avaient pas encore et se faisait l'arbitre des différends qui s'étaient élevés ou s'élevaient entre les villes et les seigneurs. C'est pour régler l'un de ceux-ci et rendre plus durable l'accord et la paix rétablis, grâce à son intervention, entre la ville de Castillonnès et Guillaume de Dome, seigneur de Montaut, que, de Monflanquin dont le séjour lui était particulièrement agréable, il se rendit le 15 octobre 1283, à Castillonnès où il entra solennellement suivi d'une troupe nombreuse de gentilshommes, de seigneurs et de barons du voisinage, convoqués pour lui faire escorte en vertu de « son droit de chevauchée. » Au nombre des témoins de la transaction survenue entre les parties adverses et confirmée ce jour-là[2], M. O. Bouyssy, à qui nous empruntons ce fait, cite l'archevêque de Reims, Gaston de Gontaut, seigneur de Biron, Jean de Grailly, sénéchal d'Aquitaine, Jean de Caumont, seigneur de Lauzun, et Amanieu de Madaillan, seigneur de Cancon, comme étant les plus considérables.

Nous avons dit que les nobles et les puissants s'emparaient souvent des dîmes des églises des campagnes et se maintenaient à main armée dans leurs usurpations. « Si l'évêque y envoyait un pasteur, dit M. de Saint-Amans, ce pasteur était repoussé par la violence ou bien éprouvait toutes sortes de vexations et d'avanies, etc. Le même esprit d'insubordination et de rapine porta souvent les seigneurs, durant la guerre des Albigeois, à soutenir clandestinement ces hérétiques et à prolonger ce temps désastreux pendant lequel ils jouissaient des dîmes dues aux églises abandonnées. » Ces faits semblent s'être produits à Cancon, où Amanieu s'était inféodé la totalité des dîmes de Saint-Paul-le-Vieux, de Saint-Paul-le-Jeune, de Cailladelle et de Lentignac, au détriment des moines de Sainte-Livrade, lorsque deux arbitres nommés en 1288, sur les réclamations pressantes du prieur de ceux-ci, vinrent les lui reprendre en ordonnant qu'il aurait droit dorénavant et jusqu'à la fin de la quatrième génération, au quart de ces dîmes, mais qu'après, le tout appartiendrait sans con-

---

[1] Valence obtint des coutumes en 1283, Puymirol en 1286, Castel-Amouroux en 1287 et Saint-Pastour le 7 avril 1289.

[2] *Histoire de Castillonnès*.

teste au prieur appelant, comme au véritable et légitime possesseur. Néanmoins, les restitutions de dîmes furent générales à la fin du XIIIᵉ siècle. En voici quelques-unes qui nous intéressent particulièrement :

Les nobles barons Amanieu de Madaillan, seigneur de Cancon, B. (Bertrand?) de Caumont[1], son frère, abandonnent les dîmes de Monbaüs, de *Bannant* (Bannac?), de Périllac, de Villars, de Saint-Avit, de Rouffiac et de *Salvès* (Salabès?), (Abandon confirmé par la bulle CI).

Amanieu de Madalhan d'un côté (*nobilis baro Amanevus de Madalha*) et B. de Caumont, son frère, d'un autre, fils ceux-ci de Guiraude (Géraude ou Géralde) de Madalhan abandonnent la dîme de B. Blaise des Monts près Cancon (c'est actuellement S. Blaise de Boudy), (Bulle CI).

Géralde de Madalhan, femme d'Amanieu de Caumont le Jeune, donne la dîme de Cancon et celle de Saint-Martin de Baugas, (Bulle AP).

Guillaume Bertrand Loup (*Lupi*), damoiseau, abandonne la dîme de deux vignes situées dans la paroisse de Saint-Martial de Cancon, (Bulle BZ).

Bertrand Berrolh donne la dîme de Saint-Pierre de Périllac, (Bulle AI).

Hugue et Vézian de Tresmonts, frères, damoiseaux, habitants de Monflanquin, abandonnent les dîmes de Saint-Paul-le-Vieux, de Saint-Paul-le-Jeune, de Cailhadelle et de Cailhac, (Bulle FK)[2].

Arnaud de *Salvès* (Salabès?), donzel de Monbaüs et Bertrand de *Muntiadas* (Moussidas, près Montaut?) renoncent aux dîmes de Villars et de Saint-Avit (partie)[3].

---

[1] Il faut lire : B de Caumont et son frère Anessance de Caumont, pour rendre compréhensible cette donation et les deux qui suivent.

[2] Ce dernier abandon eut lieu probablement un peu avant la sentence arbitrale de 1288 (voir plus haut). Ce n'est qu'après la cession des frères Tresmonts que le seigneur de Cancon, peut-être en qualité de suzerain de ceux-ci, put afficher des prétentions aux dîmes qui en étaient l'objet.

[3] Les dates de ces divers actes manquent dans le Pouillé de Jean de Valier d'où les cotes que nous venons de citer sont extraites. Quant aux bulles qui les confirment, elles ont été données par Clément V, à Avignon, le

On peut tirer de ces indications par trop sommaires la confirmation de ce que d'autres actes nous ont appris, c'est à savoir qu'aux
XIII° et XIV° siècles, les terres mouvantes du fief dominant de Cancon
étaient divisées en plusieurs arrières-fiefs. Le plus important était,
semble-t-il, celui de Valens, dont nous avons eu occasion de parler ;
il comprenait les paroisses des Bardes, de Lentignac et une partie de
celle de Loupinac. Celui de *La Berrolherie* (aujourd'hui La Barrouille), lui faisait suite vers le nord ; il s'étendait entre Le Villajou
et La Serre dans la paroisse de Périllac : il est à croire que l'antique
demeure gallo-romaine du Penhaut ou la salle franque de Thonens,
qui se voyaient près de là, en avait été le point de départ. Au sud,
dans les paroisses de Monibal et de Sénéselle, il s'en était constitué
un autre dont le seigneur habitait à Soulaudre ou à Francoulon,
peut-être à Roquegauthier [1]. Un troisième s'était formé, à l'est, autour de Fléchou ou de tout autre résidence seigneuriale, dans les paroisses de Saint-Paul-le-Jeune, Caillac et Cailladelle. Enfin le château
de Boudy était le centre d'un quatrième.

Amanieu de Madaillan, le fondateur de notre ville, était mort depuis quelque temps lorsque apparaît vers 1290 un autre Amanieu de
Madaillan. Celui-ci était le fils, le petit-fils ou le neveu du précédent. Les documents contradictoires que nous avons consultés nous
laissent dans l'incertitude à cet égard ; ils nous apprennent seulement qu'il fut le continuateur de l'œuvre d'Amanieu Ier et qu'il mit
la dernière main à la construction du château de Cancon, ou à peu
près.

VI.

Prodromes de la guerre de Cent Ans. — Amanieu II de Madaillan
et Isabelle de Bergerac, sa femme.

En 1292 la guerre éclata entre la France et l'Angleterre à propos
d'une querelle qui s'était élevée entre des matelots des deux nations,

---

4 des nones de juin, la quatrième année de son pontificat, le 2 juin 1309,
selon M. l'abbé Barrère dans l'*Hist. Relig. et Mon. du Dioc. d'Agen*, tome II,
p. 83. (Communiqué par M. Fallière, avocat, homme de lettres, à Agen.)

[1] Nous avons écrit une notice historique sur les seigneurs de ce lieu.

à Bayonne. Les armées françaises ne tardèrent pas à envahir et à conquérir la Guienne dont était l'Agenais. Près de nous, Monflanquin fut enlevé de vive force par les Français, tandis que Castillonnès restait au pouvoir des Anglais. Ce fut le commencement des funestes effets du traité de 1258 et le prélude de la plus interminable et de la plus terrible guerre que la France ait eu à soutenir pour son indépendance.

L'ouverture des hostilités avait été marquée dans notre contrée par des luttes acharnées entre les seigneurs dont les uns avaient embrassé la cause des Français, tandis que les autres restaient dévoués aux Anglais. Le seigneur de Cancon était de ces derniers : En juin et juillet 1294, Edouard Ier écrivit à ses fidèles et à ses diverses villes de l'Agenais, pour l'aider à reconquérir la Gascogne qui, disait-il, lui avait été enlevée par trahison. Parmi les seigneurs dont il réclama l'assistance nous trouvons Bertrand de Caumont, Anessance de Caumont, Amanieu du Fossat, Etienne Ferriol (seigneur de Tonneins?) et Amanieu de Madaillan [1].

En 1297, dans un compte final des arrérages dus aux barons et aux seigneurs de l'Agenais combattant dans l'armée du roi d'Angleterre en Gascogne, daté du jeudi avant l'Annonciation (21 mars), figure un des premiers, Amanieu de Madaillan, seigneur de Cancon [2].

On voit que nos Madaillan avaient pris rang rapidement parmi les hauts barons de l'Agenais, grâce sans doute à l'importance de leur nouveau château, plus encore qu'à leur naissance et à leurs exploits guerriers. Le mariage qu'Amanieu II contracta avec une riche héritière alliée aux plus nobles familles du Périgord et du Bazadais, leur permit bientôt de marcher de front avec les grandes maisons de Guienne. En effet, Amanieu épousa à la fin du siècle Isabelle de Bergerac, née vers 1275, de noble baron Alexandre de la Pébrée, chevalier, seigneur de la Pébrée en Agenais, de Gensac et de Castelmoron en Bazadais, et de Marguerite Rudel dite de Turenne [3]. Isa-

---

[1] *Rymer*, tome I, pp. 133 et 134.

[2] Fonds du Cange, 9501, p. 67, Mss. Bibliothèque nationale.

[3] Marguerite de Turenne, fille héritière d'Hélie Rudel, seigneur de Bergerac, Gensac, Mouleydier et de partie de la vicomté de Turenne, et d'Hélis de Turenne, fille de Raymond IV, vicomte de Turenne, avait épousé en premières noces Renaud ou Régnaud III, sire de Pons, seigneur de Monti-

belle était veuve du cousin de son second mari, Aner-Sanche ou Anessance de Caumont, seigneur de Sainte-Bazeille, dont elle avait eu trois enfants ; elle apportait en dot cent livres à prendre tous les ans sur le péage de Pessac sur la Dordogne et le cens des paroisses de Massugas, Auriole. *Puch de Tot* (Puch de Gensac) *Forsac* (Soussac ?) et Casalgetat en Bazadais jusqu'à concurrence d'un autre revenu annuel de cent livres ; ces deux cents livres de rentes lui avaient été données lors de son premier mariage, en échange d'une renonciation par elle faite à tous les droits qu'elle pouvait prétendre sur l'avoir de sa mère. A ces revenus vinrent s'ajouter encore les biens dont Isabelle hérita de son père en 1301 [1].

Voici quelques actes des nouveaux époux :

L'an 1303 et le cinquième avant-dernier jour du mois d'août, noble Amanieu de Madaillan, seigneur de Cancon (*nobilis vir Amaneus de Madalhano, dominus de Cancor*) et sa femme noble Isabelle de Bergerac, pour en finir avec les discusions, querelles et rancunes qui s'étaient élevées, et pour éviter les différends qui pourraient surgir encore, entre eux et Réginald de Pons, seigneur de Bergerac et de Gensac, à propos des revenus, biens et héritages qu'avait laissés autrefois feu Marguerite de Turenne, en son vivant dame de Bergerac et de Gensac, mère de ladite Isabelle et grand'mère dudit Réginald, renoncent pour eux et pour les leurs, à perpétuité, à tous les droits qu'ils peuvent avoir ou prétendre sur lesdits revenus, biens et héritages, réservation faite de la dot d'Isabelle de Bergerac et des biens garantissant le paiement de la rente donnée en dot à ladite dame de Cancon. Amanieu, pour prouver sa bonne foi, non seulement se porte garant pour sa femme et pour les siens, mais encore

---

gnac, Limeuil, etc., dont elle eut Hélie Rudel Iᵉʳ sire de Pons et de Bergerac et autres enfants. Elle testa en faveur de celui-ci le 26 janvier 1289.

Hélie Rudel de Pons mourut en 1290. Son fils Renaud, ou Régnaud ou Réginald IV, sire de Pons, de Bergerac, de Gensac, etc., lui succéda et mourut à son tour en 1308. Après lui vint Hélie-Rudel IIᵉ du nom, dit aussi Regnaud V de Pons, de Bergerac, de Gensac, etc. (*de Courcelles*, tome IV, p. 22.) Ces quelques notes sont nécessaires pour l'intelligence des faits qui vont suivre.

[1] Alexandre de la Pébrée testa le 28 mars 1301 ; il prend dans cet acte les qualités de noble baron, chevalier, seigneur de Gensac et de Castelmoron, fait quelques legs et institue son héritière universelle Isabelle de Bergerac, sa fille. (Arch. des Basses-Pyrénées, E. 165).

prête serment sur l'Evangile de tenir sa promesse, à peine de payer cinq mille livres tournois d'amande aussi souvent que lui, ses ayants droit ou ses subordonnés, viendraient à y manquer. Ceci fut promis, à la date ci-dessus, par acte public passé dans la ville d'Agen et dans la maison de maître Guillaume Raymond de Calvet, bourgeois de ladite ville, en présence des nobles seigneurs Rainfroi de Montpezat, chevalier, Amanieu du Fossat, neveu dudit Rainfroi, Amanieu de Noalhan, seigneur de Sainte-Livrade, Hugues de Pujols, Hélie Pélagos, Gauthier, *prepositi domicelli*, Géraud Lafage, clerc, etc., par devant M⁰ Michel *de Codenis*, notaire, régnant Philippe, roi de France, Bertrand étant évêque d'Agen[1].

Les trois châteaux de Gensac, de Castelmoron et de Miremont en Bazadais avaient été donnés en garde par le sénéchal de Gascogne à Alexandre de la Pébrée tenant le parti de France, à condition, paraît-il, que lorsqu'il plairait au roi ou à son sénéchal, ces places fortes feraient retour immédiatement à la couronne. Alexandre de Pébrée en jouit toute sa vie. Après sa mort (fin mars 1301) et dès que les termes de son testament donnant tous ses biens à sa fille, la dame de Cancon, furent connus, le sénéchal de Gascogne fit faire la saisie des trois châteaux pour éviter qu'ils ne tombassent entre les mains d'Amanieu de Madaillan qui tenait le parti d'Angleterre. Isabelle ne se sentant pas de force pour lutter, les donna, de dépit, à son neveu Réginald de Pons, d'abord sur parole et puis par acte passé par devant M⁰ Ferchonis de Roxideval, notaire public du duché d'Aquitaine. Réginald, qui s'était déjà emparé de Gensac, ne tarda pas en effet à entrer en possession de Castelmoron et de Miremont que lui remit, du reste, le juge Isarn de Ratier, spécialement commis et député pour cela par Bertrand de l'Isle-Jourdain, chevalier, sénéchal de Gascogne pour le roi de France. Bientôt après, les Anglais ayant repris le dessus, le seigneur de Cancon, sous les instigations de sa femme, mit des troupes en campagne et reprit pour son compte Castelmoron et Miremont après en avoir expulsé de vive force les soldats de Réginald. Celui-ci se plaignit vivement et il se préparait à tirer vengeance de cet affront, lorsque des amis communs intervinrent et les amenèrent à soumettre leur différend au jugement d'un arbitre. Guillaume, vicomte de Bruniquel, choisi à cet effet par les deux parties, déclara solennellement dans l'église

---

[1] Archives des Basses-Pyrénées, E, 131. Original sur parchemin.

de Gensac, la main posée sur l'Evangile, en présence des deux appelants et d'une nombreuse assistance, en particulier des nobles seigneurs Aymeric Laporte, Guy de Cromer, Bernard de Lobenx, Guillaume de Roquemaure, Raymond de Pellegrue, chevaliers, Rodolphe de Castelnau, Pierre de Gensac, Elie Brudoyre, damoiseaux, Me Guillaume Méchin, Gaucelin de Campagne, experts ès droits, etc., qu'Isabelle de Bergerac devait tenir sa parole une fois donnée, quoiqu'il en fût, et alors même qu'il n'y aurait pas eu par la suite un acte qui la consacrât. En conséquence, il ordonna que Réginald de Pons fût mis immédiatement en possession des deux places en litige. Cette sentence fut rendue le lundi avant la Toussaint de l'an 1303 et rédigée le même jour en acte public par Pierre de Vinario, clerc, notaire royal, de ce prié et requis par les parties intéressées [1].

Isabelle de Bergerac avait eu de son premier mariage deux fils et une fille : Alexandre de Caumont, seigneur de Sainte-Bazeille après son père, Raymond de Caumont dit de Bouglon et Marie de Caumont à qui il fut compté 3,000 livres tournois lors de son mariage avec Pierre de Galard, seigneur d'Espiens. Le 22 novembre 1309 les deux frères, après qu'Isabelle, leur mère, eut attesté que Raymond le plus jeune avait 14 ans depuis peu et qu'il était maître de sa personne, procédèrent au partage des biens de leur père [2] dont avait joui en partie jusqu'ici la dame de Cancon. A Alexandre échurent le *capdeuil*, la salle [3], les tours, l'hôpital, l'« honneur » et le territoire de Sainte-Bazeille, avec leurs appartenances et dépendances, hommages, cens, péages, vignes, prés, moulins, etc., etc., moins une somme de deniers que Raymond et ses héritiers devaient avoir tous les ans sur le péage de Sainte-Bazeille, en échange des droits que celui-ci cédait à son frère ainé sur la paroisse de *Morenx*. Alexandre eut de plus tout ce que ses prédécesseurs avaient à Marmande et ailleurs. A Raymond échurent, en outre de la rente sur le péage de

---

[1] Arch. des Basses-Pyrénées, trois titres originaux sur parchemin, E. 165 et E. 166.)

[2] Mais non des biens de leur mère, comme le dit, par erreur, la fiche de cet acte conservé aux Archives de Pau.

[3] Le mot *salle*, *la salle* était encore employé dans le bas moyen-âge pour désigner une maison noble, un repaire, un château : *la salle de Sainte-Bazeille, la salle de Madaillan*, etc.

Sainte-Bazeille, ainsi qu'il a été dit ci-dessus, les châteaux de Lande-ron (Lamotte-Landeron) en Bazadais, de Betmont en Agenais et la terre d'Andraut sur le territoire de Monségur [1].

Cinq ans plus tard, en 1314, les deux frères passèrent à Margaux, le vendredi, jour de la fête de l'Invention de la Croix, un compro-mis avec Hélie-Rudel II, seigneur de Bergerac, au sujet des droits qu'ils pourraient avoir sur la dot de leur mère Isabelle [2].

Le mardi avant la Saint-Luc, 1319, Peir Rampnols d'Auzet, Bayle de Gensac pour Hélie-Rudel II, seigneur de Bergerac et de Gensac, vint dans l'église de Puch de Tot où la dame de Cancon était entrée pour assister à la messe. Après l'office, le bayle lui fit entendre par son lieutenant, Bernard Aner, une requête en langue ro-mane dont voici un extrait : « *Dona, bertat es que, en temps pas-sat, la nobla dona Na Margarida de Torena, qui Dius absolva, vos-tra maïr, vos assignet per rason de dot e per la porcion que a bos pode endevenir e escaser en alcun temps de sos bes e de sas causas, vos drets, al contractement de vostre maridatge, quant prengos per marit espos N'Anessans de Caumont, vostre primer marit qui fo, certenas causas, so es assaber : cent libras sober lo peatge de Pes-sac, cadan, e plus IIII parropis, so es assaber : Massugas, Auriole, Puch de Tot, Forsac et Casalgetat per cent libras de renda* » à con-dition que si ces paroisses venaient à produire un jour plus de cent livres par an, la plus-value retournât à Marguerite de Turenne ou à ses héritiers directs ; ce qui fut encore confirmé sous feu Réginald de Pons, seigneur de Bergerac et sous son fils Réginald, le seigneur actuel (nous avons dit qu'Hélie-Rudel II était désigné aussi sous le nom de Réginald ou Renaud). En conséquence, au nom de ce sei-gneur, le bayle requit Isabelle de faire taxer et diviser lesdites pa-roisses, de concert avec Hélie-Rudel, afin que, s'il s'y trouvait une plus-value aux susdites cent livres, le seigneur de Bergerac pût en jouir à l'avenir, conformément aux contrats précités, et non la dame de Cancon. Isabelle répondit qu'elle était en tutelle de mari et qu'elle ne pouvait rien faire ni garantir sans la volonté de celui-ci [3].

[1] Arch. des Basses-Pyrénées, E. 150.
[2] *Ibidem*, E. 126.
[3] *Ibidem*, E. 131.

VII.

La guerre de Cent Ans. — Amanieu III de Madaillan, neveu et successeur
d'Amanieu II. — Le siège de Cancon par les Anglais.

Pendant ce temps les Anglais s'étaient implantés tout-à-fait dans
nos contrées à la faveur d'un traité conclu entre Edouard Ier et
Philippe-le-Bel, et du mariage d'Isabelle de France, fille de Philippe,
avec Edouard II, fils du roi d'Angleterre (1308). Cette alliance servit de prétexte à la guerre de Cent Ans.

Le 30 janvier 1321 (v. st.) Edouard II invita par lettres plusieurs
seigneurs de la Guienne, ses vassaux. à se rendre auprès de lui
avec armes et chevaux pour faire le service de la guerre d'Ecosse.
Amanieu de Madaillan, seigneur de Cancon, fut de ceux-ci [1].

En 1324 la guerre se ralluma entre Anglais et Français à l'occasion de la construction ou de la réparation du château de Montpezat. près Sainte-Livrade. Charles-le-Bel, roi de France, envoya en
Guienne le comte de Valois à la tête de troupes qui conquirent cette
province avec d'autant plus de facilité que partout elles rencontrè-
rent des amis parmi la population fatiguée de la domination étrangère ; mais Edouard II ne tarda pas à accourir. Avec une armée de
terre et de mer, il reprit les villes et les châteaux dont les Français
s'étaient rendus maîtres et obtint une trève, puis un nouveau traité
qui lui assurait la possession de la Guienne.

Au début de la lutte, le seigneur de Cancon, reniant son passé,
avait pris parti pour les Français ; pendant la trève il fit sa soumission au roi d'Angleterre qui lui envoya une lettre datée
du 25 décembre 1324, dans laquelle il l'amnistiait de sa dé-
fection d'un moment. Il y est appelé : Amanieu de Madaillan,
seigneur de *Cantcor*. Une lettre semblable fut envoyée le même jour
à Eymeric de Rovignan, coseigneur de *Cassenoil* [2].

En 1325 et 1326, des troubles furent suscités dans la province par

---

[1] *Collect. Bréquigny*, tome 71, p. 1 .
[2] *Rymer* II, II, 122 .

les nombreux bâtards des seigneurs du pays qui, privés de leurs droits par le fait de leur naissance irrégulière, ne trouvèrent rien de mieux que de mettre la Guienne à feu et à sang dans l'espoir de s'emparer de quelques seigneuries, à la faveur du désordre. Suivis d'une troupe de vagabonds et de gens sans aveu, ils ravagèrent les vallées de la Garonne et du Lot et y commirent toute espèce de brigandages. Ils prirent entr'autres les villes de Tonneins et de Sainte-Livrade qu'ils livrèrent au pillage. Au milieu de ce désarroi intérieur, la guerre reprit de plus belle avec l'étranger.

Le 24 mai 1326. le roi d'Angleterre ordonna au sénéchal de Gascogne de faire une enquête au sujet d'une réclamation de Pons-Amanieu de Madaillan, seigneur de Montviel. Celui-ci avait obtenu du comte de Kent, en indemnité de la perte de ses mottes, châteaux et terres de l'Agenais, qu'il avait faite au temps de la dernière guerre, 200 livres de rente à prélever sur la châtellenie de Blanquefort et il parait que le connétable de Bordeaux mettait des entraves à ce prélèvement [1].

Ce Pons-Amanieu de Madaillan était un proche parent du seigneur de Cancon.

Charles-le-Bel mourut le 31 Janvier 1328 ; Philippe de Valois lui succéda. En Angleterre également, Edouard II avait fait place à son fils Edouard III. La guerre continua entre les deux nouveaux rois avec une violence d'autant plus grande que le monarque anglais affichait des prétentions à la couronne de France à laquelle sa qualité de fils d'Isabelle, dernier rejeton des Capétiens directs, lui aurait donné droit en effet, sans la loi salique.

A Cancon, Amanieu II n'existait plus ; il avait laissé pour héritier, son neveu, un autre Amanieu de Madaillan, fils d'Amaury, seigneur de Madaillan en Bazadais, et de Cecile de Durfort. Celui-ci prenait dans tous ses actes les titres de haut et puissant seigneur, *baron* de Cancon, et se montrait fidèle et dévoué à la cause française, tandis

---

[1] Par la suite, Pons-Amanieu, après avoir encouru de nombreux périls et fait de grandes dépenses, conquit en entier la châtellenie de Blanquefort (*Rymer*, II, II, 154).

7

que son frère Guilhem-Amanieu, seigneur de Madaillan, marchait avec le parti d'Angleterre [1].

Le 24 juillet 1340, Amanieu III de Madaillan, seigneur de Cancon, reçut les gages de ses services pendant les guerres de la Gascogne et apposa son sceau au bas de la quittance qu'il en donna. Ce sceau, au type équestre, est rond ; il a **24** millimètres de diamètre ; l'écu, l'ailette et la housse portent une bande ; on ne peut lire de la légende que SA...AN DE .... DNI D'CACURRIO (*collect. Clairembault*). Il nous apprend que nos Madaillan n'avaient pas tout-à-fait les mêmes armes que leurs parents du Bazadais : tandis que ceux-ci portaient *tranché d'or et de gueules* qu'ils écartelaient des armes de Lesparre, leurs collatéraux de Cancon avaient adopté semble-t-il, un champ *d'or* (?) *à la bande de gueules* (?).

En 1345 les Français étaient maîtres de la plus grande partie de la Guienne. Bordeaux et quelques places fortes étaient restées seules aux Anglais, lorsque débarqua Henri de Lancastre, comte de Derby. En peu de temps cet habile général rendit au roi d'Angleterre presque toutes les places qu'il avait perdues ; mais en septembre et octobre ayant pénétré dans le nord de l'Agenais, il fut battu sous les murs de Castillonnès et, croit-on, près de Saint-Martin de Ferransac, au lieu dit *Villefrançaise,* par les comtes d'Armagnac et de l'Ille-Jourdain [2] ; il dut se retirer sur Bergerac. A ce moment il ne restait plus aux Français, en Agenais, que les villes d'Agen, de Villeneuve, de Monflanquin, Villeréal, Castillonnès et « les châteaux et pays environnants. »

---

[1] A la même époque, il existait encore une autre branche des Madaillan qui possédait le château et la seigneurie de Puydauphin, près Monbahus. Nous lisons dans l'*Hist. du Longuedoc*, t. IX, p. 498 (*Note de l'éditeur Molinier*) que le 4 février 1338 (*v. st.*) Simon d'Enguerry, maître des arbaletriers du connétable Raoul de Brienne, qui commandait en Guienne pour le roi de France, se trouvant à Puydauphin (*Podiodelphinum*) y reçut la soumission de Guilhem-Amanieu de Madaillan qui se chargea de garder sa terre avec 50 hommes d'armes et 300 sergents.

Dans les *Comptes de Jean de Léglise* publiés par M. G. Tholin dans le *Recueil des travaux de la Soc. d'Agr. Sc. et Arts d'Agen,* 2e série, t. VI, pp. 28 et suiv., il est dit que le baillage de Monclar avait été affermé pour une année à Amanieu de Puydauphin, 50 liv. tournois de la Saint-Jean 1373 à pareille fête de l'année 1374.

[2] *Histoire de Castillonnès*, p. 42.

L'année suivante, le fils du roi de France, Jean duc de Normandie, qui fut plus tard Jean Ier dit le Bon, vint à Agen avec une armée de 100.000 hommes, marcha sur Damazan, Tonneins, le Port-Sainte-Marie qu'il reprit aux Anglais, et mit le siège devant Aiguillon. Les difficultés de ce siège et la nouvelle de la défaite de Crécy (26 août 1346), l'arrêtèrent dans ses opérations militaires et l'obligèrent à revenir vers le nord. Le comte de Derby en profita pour prendre Villeréal, le château de Montaut et quelques autres des alentours, d'après sa lettre de la fin d'octobre 1346, rapportée par dom Vaysettes et par l'annotateur de Froissart [1]. Enfin au commencement de novembre il emporta d'assaut la ville de Castillonnès qui lui avait résisté l'année précédente et la livra au pillage et à l'incendie.

C'est à cette époque, en 1345 ou en 1346, qu'il faut faire remonter croyons-nous, le siège de Cancon par les Anglais. La tradition et une légende nous le rappellent. L'ennemi vint en nombre camper à quatre ou cinq cent mètres des murs de notre ville, en vue de la porte-fausse, du côté le plus faible de la forteresse. Il établit son camp au lieu dit encore, *lou camp des Angles*, sur le revers d'un coteau, en arrière de la Cayre. Le seigneur de Cancon guerroyait au loin; il avait laissé au château sa femme et ses enfants sous la garde d'une forte garnison commandée par un de ses meilleurs officiers. Après avoir pratiqué autour de la place quelques travaux d'approche, les Anglais lui donnèrent l'assaut. Deux fois ils parvinrent à en escalader les murs ; deux fois ils furent repoussés. A la troisième tout pliait devant eux. Le capitaine du fort et les meilleurs de ses soldats venaient de périr sous leurs coups, lorsque la châtelaine, se voyant sur le point de tomber, elle et ses enfants, aux mains d'impitoyables vainqueurs, voulut tenter un suprême effort. Elle vêtit rapidement une armure complète de son mari, réunit autour d'elle quelque serviteurs dévoués, monta à cheval, se fit ouvrir la poterne dite depuis de *Madame* et fondit l'épée haute sur le derrière des assaillants où elle opéra une puissante diversion. D'un autre côté, les défenseurs du château croyant au retour providentiel du seigneur et à l'arrivée de secours inespérés, reprirent courage, repoussèrent l'ennemi de la ville qu'il envahissait et ne tardèrent pas à l'obliger de prendre honteusement la fuite.

[1] Tome I, p. 213.

Serait-ce en récompense d'un si beau fait d'armes ou simplement en échange des services qu'il en avait reçu, qu'en 1346, Jean, duc de Normandie, donna à Amanieu de Madaillan, sire de Cancon, la terre, et forteresse de Montviel ? La donation porte que cette terre avait appartenu aux prédécesseurs d'Amanieu et qu'elle était venue au roi de France par suite de la rébellion du sire de Madaillan de Lesparre et de Cécile de Durfort, père et mère dudit Amanieu[1].

VIII.

La guerre de Cent Ans (*suite*). — Jean de La Barthe, gendre et successeur d'Amanieu III de Madaillan. — Jeanne d'Albret et Gaston de Caumont.

Rien de déplorable comme l'état de la France au milieu du XIV° siècle. L'Agenais avait été et était encore ravagé par les routiers des armées françaises et anglaises, organisés en bandes de brigands connues sous le nom de *Grandes compagnies*. Les mœurs étaient sans frein, les lois et les magistrats sans force. Les seigneurs se jetaient avec leurs vassaux tantôt dans un parti, tantôt dans l'autre, suivant la marche des événements ou leur intérêt. Les terres restaient sans culture. Il s'en suivit une misère profonde que vint compliquer, en 1348, une épidémie nommée d'un nom effrayant autant qu'exact, la *Peste noire*. Cette épidémie fit de tels ravages dans notre pays qu'un huitième de la population en mourut ; elle dura trois ans. Pour comble de malheur, l'année qui suivit fut une année de disette : le blé se vendit jusqu'à 65 francs l'hectolitre[2].

La désastreuse bataille de Poitiers (19 décembre 1356) perdue par le roi Jean, amena le traité de Brétigny (8 mai 1360) qui établît la souveraineté de l'Angleterre sur toute la Guienne au grand mécontentement de la population. La répugnance de celle-ci à accepter

---

[1] *Moréri, La Chesnaye-Desbois, le baron de Condé.*
[2] On compte trois autres famines dans le courant du XIV° siècle : en 1338 en 1373 et en 1377.

des maîtres étrangers s'accrut avec le temps et ne tarda pas à dégé-
nérer en révolte lorsque le Prince Noir, fils d'Edouard III, ruiné par
sa guerre d'Espagne, voulut la frapper de nouveaux impôts. La réac-
tion commença en Rouergue et gagna rapidement toute la province.
Charles V, le nouveau roi de France, sollicité d'intervenir, y mit
d'abord quelques façons. pour la forme, puis, ayant rompu le traité
de Brétigny qui, disait-il, n'avait pas été exécuté par Edouard, il
envoya dans le Midi une armée dont il confia le commandement à
son frère, le duc d'Anjou.

Un des premiers seigneurs qui se soulevèrent contre les Anglais
après en avoir appelé au roi de France de l'impôt du *fouage*, (imposition créé par le Prince Noir, d'un franc bourdelois par feu noble
ou roturier, indistinctement), fut le baron de Cancon, Jean. vicomte de La Barthe, comte d'Aure et de Magnoac. seigneur de
Barrousse, de Nestes, de Cieutades en Armagnac et coseigneur de
Fumel en Agenais [1]. Ce seigneur était issu par femmes d'une maison
dont il est dit au tome VII de l'*Histoire des Grands Officiers de la
Couronne* : « S'il est une famille illustre par son origine, par la possession de nombreuses terres considérables et titrées, par la pureté
de son sang, par la multiplicité de ses branches, par les emplois et
les charges qu'elle a exercées, par l'ancienneté de sa race enfin,
c'est. sans contredit, la grande maison de La Barthe dont les descendants ont toujours soutenu leur nom avec un éclat rare. »

Jean de La Barthe descendait par les mâles d'un puîné de la maison
de Fumel. Il était fils de Géraud de La Barthe-Fumel, vicomte de
La Barthe, et de Brunissende de Lautrec, sa quatrième femme [2].

Un de ses oncles, Roger de La Barthe-Fumel, seigneur de Montesquiou, en Quercy, écuyer, était en 1350 capitaine de la place de Monflanquin [3].

Un autre de ses oncles, celui-ci du côté gauche, Guillaume, bâtard
de La Barthe, qualifié Guillaume *Bourc* de La Barthe le viel, écuyer,
était capitaine de Villeneuve-d'Agenais, en 1349 [4].

---

[1] *Les guerres des Anglais en Guienne,* par Ch. Deloncle, p. 24.
[2] *Nobil. de G. et de Gasc.*
[3] *Cab. de Clairambault.*
[4] *Cab. de Clairambault.*

Le 30 septembre 1352, son parent, Guillaume de La Barthe, chevalier, capitaine de Montsemprong (*sic*) et de Saint-Pastour, fit montre de lui et de neuf écuyers, dont l'un était Bernard de La Barthe, qui semble avoir été la tige des La Barthe, coseigneurs de Casseneuil [1].

Sa tante N... de La Barthe était mariée au seigneur de Pujols, près Villeneuve.

Lui-même fut capitaine de Villeneuve après le bâtard de La Barthe. C'est en cette qualité qu'il donna quittance, en 1363, de la somme de 256 écus et de deux tiers d'écu, sur ses gages et ceux des gens d'armes de sa compagnie, pour la garde de cette place, depuis le 8 décembre 1358 jusqu'au premier mai 1359. Le sceau est : *Ecartelé aux 1 et 4, trois pals ; aux 2 et 3, trois flammes sortant du bas de l'écu ; cimier. une tête de bouc* [2]. Il occupait ce poste lorsqu'il épousa Marguerite de Madaillan fille aînée d'Amanieu III de Madaillan, baron de Cancon et de Montviel. Celui-ci donna en dot à sa fille la seigneurie et le château de Cancon, tandis qu'il laissait à un puîné, qui continua la descendance, le *fort* de Montviel [3], les terres en dépendant et autres biens qu'il avait en Agenais (Voir Moréri, etc.)

---

[1] *Cab. de Clairambault.*

[2] *Nob. de G. et de Gasc.*

[3] Le *fort* de Montviel ou Monviel occupait l'emplacement du château de ce nom, qui se voit sur une petite éminence, dans la vallée du Tolzat de Monbahus, à huit kilomètres au nord-ouest de Cancon. Ses seigneurs étaient très anciens : ils remontaient, dit-on, à la fondation des fiefs. Il a appartenu aux Madaillan du Bazadais, du commencement du xiiie siècle, semble-t-il, à 1346, année pendant laquelle il passa aux Madaillan de Cancon, ainsi que nous l'avons dit. A la fin du xive siècle il échut à une branche de ceux-ci qui s'y divisa de bonne heure en deux rameaux dont l'un se transplanta vers 1440 en Picardie, tandis que l'autre restait en Agenais.

Au xvie siècle, Monviel devint la propriété de Gabriel Nompar de Caumont. Par contrat de mariage du 19 mai 1577, Marguerite Delzons, dame de Monviel, l'apporta à son mari Bertrand de Vassal de la Tourrette (*Courcelles*, V, p. 91). Au xviiie siècle, il appartenait encore aux Vassal ; à cette époque il advint par mariage à Louis d'Abzac, *marquis* de Monviel, issu d'une branche des d'Abzac de la Douze, dite de Montastruc, puis il revint aux Vassal de *Monviel* qui le possédaient au moment de la Révolution et encore en 1815.

Jean de La Barthe s'engagea, par acte passé à Toulouse le 21 octobre 1370 « envers le duc d'Anjou, lieutenant du Roi ès parties du Languedoc, à défendre et garder le pays d'Agenois et y faire la guerre aux ennemis avec 100 hommes d'armes de sa compagnie, pour la somme de 1.500 francs d'or et 200 pour son état [1]. »

Dans les comptes de Jean Léglise, receveur de la Sénéchaussée d'Agenais, de 1372 à 1374, nous lisons :

Année 1372-1373 (de la Saint-Jean à la Saint-Jean) ; baillage de Castelnau (*Castrum novum*) et de Saint-Pastour, *néant*. parce que Jean *de Barthe* (pour de La Barthe) occupe ce baillage, après s'en être emparé pour le remettre en l'obéissance du roi.

Année 1373-1374 ; baillage de Castelnau et de Saint-Pastour, *néant*, parce que Jean de Barte occupe ces lieux comme il est dit aux registres précédents.

On remarque dans les mêmes *comptes* que Sainte-Sabine et Montant avaient été détruits pendant les guerres et que le baillage de Monclar avait été tellement ravagé qu'il était de nulle valeur en 1372. Il fut affermé l'année suivante à Amanieu de Puydauphin pour 50 livres tourn. ainsi que nous l'avons déjà dit.

Le 1er février 1377, Jean de La Barthe donna quittance de 200 fr. d'or dont le duc d'Anjou l'avait gratifié par lettres datées de Gaillac en Albigeois, le 11 avril 1376, pour le récompenser de ce que, après avoir pris le châtel de Châteaufort en Bigorre, il l'avait gardé longtemps et le gardait encore à ses dépens [2].

Le 20 mars 1384, en présence d'Arnaud de Durfort, seigneur de Bajamont, de Vital de Fumel et d'autres personnages, il fit hommage, par acte, à l'évêque d'Agen, en sa qualité de seigneur de Cancon et de coseigneur de Fumel et de Madaillan (*sic*) pour les dimes ou parties de dimes qu'il détenait dans ces seigneuries : « *Ego, Joannes de Labartha, miles, dominus castri et loci de Cangurio (alias Canguno et Cancurrio) et condominus castrorum et locorum de Fumello et de Madalhano* [3], etc. ; » nous faisons grâce du reste à nos lecteurs. Cet

---

[1] *Nob. de G. et de G.*, tome II.

[2] La Chesnaye Desbois, t. II.

[3] « *Et de Madalhano* » était-il bien sur l'original de ce titre dont la copie seulement a été trouvée dans les papiers du château de Cauzac ? (*Arch. du département*). Nous en doutons. Jean de La Barthe n'a été que nous sachions, ni de son chef, ni du chef de sa femme, coseigneur d'aucun château

atce n'offre d'intéressant que la promesse que Jean y fait, en sa qualité de coseigneur de Fumel, de porter l'évêque, avec l'aide d'autres barons [1], lors de sa première entrée dans la ville d'Agen, de l'église collégiale de Saint-Caprais jusque devant l'autel de Saint-Etienne en la Cathédrale, selon un usage antique : « *In novo ingressu vestro et successorum vestrorum in civitate Agenni, cum aliis Baronibus, pro parte portare, ab ecclesia Sancti Caprasii Agenni collegiata, usque ad ecclesiam cathedralem dictæ civitatis Agenni ante altare sancti Stephani de Agenno, ut est moris antiquitus observare.* »

La dame de Cancon, Marguerite de Madaillan, mourut sans enfants après avoir donné par testament tous ses biens à son mari. En vertu de titres particuliers ces biens eussent dû revenir à la branche aînée de la maison de Madaillan, dont Guilhem-Aramon, seigneur baron de Madaillan, de Rauzan, etc., était alors le chef ; néanmoins, Jean de La Barthe en resta le tranquille possesseur et il fut même confirmé dans son usurpation par le duc de Berry, commandant alors en Languedoc et Guienne pour Charles VI, roi de France, usant en sa faveur de pouvoirs discrétionnaires contre le légitime propriétaire qui était alors un des plus forts tenants du parti d'Angleterre.

Ayant convolé en deuxièmes noces avec Jeanne d'Albret [2] veuve d'Anessant de Caumont [3], seigneur de Combeloube (*Combaloba*),

---

de Madaillan si ce n'est, peut-être, de la tour de Madaillan à Sainte-Livrade. Nous penchons à croire que « *et de Madalhano* » a été ajouté là par un scribe du XVIIIe siècle pour les besoins d'un procès que les ducs d'Aiguillon eurent à soutenir de 1701 à 1739 contre leurs tenanciers de la terre de Madaillan près Agen. Cette surcharge n'est pas la seule, du reste, que l'on puisse relever dans les papiers de la procédure. (Voir : *Agen, Ville libre et Barons*, par M. G. Tholin, pp. 136, 137 et autres.)

[1] Les barons de Clermont-Dessus, de Larroque-Timbaut, de Montpezat et de Fumel premiers vassaux du siège épiscopal d'Agen.

[2] Jeanne d'Albret avait pour aïeul Bérard d'Albret, seigneur de Sainte-Bazeille ; elle était fille d'Amanieu d'Albret, seigneur de Verteuil, et de Mabille d'Escoussans, dame de Langoiran, Agassac, etc., et sœur d'autre Bérard d'Albret, de Rose, de Mabille et de Guiraude d'Albret. (*Arch. des Basses-Pyrénées*, E. 150.)

[3] Cet Anessant de Caumont est sans doute le même que celui qui était seigneur de Saint-Barthélemy et de Puymiclan le 22 juin 1380, jour où il fonda un obit de 200 francs d'or. M. de Bourrousse de Laffore le nomme Guillaume-Raymond (?) (*Nob. G. et G.* t. II, art. LABARTHE-FUMEL et *Collect, Doat*, 208, f° 224.)

Jean de La Barthe vendit les lieu, ville, baronnie et château-fort de Cancon à sa seconde épouse pour la somme, très forte alors, de six mille francs d'or, sans engagement, ni garantie de sa part, ne lui cachant pas d'ailleurs que le seigneur de Madaillan ou ses successeurs pouvaient revendiquer la possession desdits lieu, ville, baronnie, etc., et y avoir droit en effet. Cette vente eut lieu vers 1395.

Peu après et avant que la dame de La Barthe eût pu faire occuper la place par ses hommes d'armes, il arriva que « par un cas fortuit et inopiné », Guilhem-Amanieu de Madaillan attaqua le château avec une troupe nombreuse, en escalada les murailles à la faveur d'une nuit noire, le prit et en confia la garde à un de ses officiers les plus sûrs, Archambaud d'Abzac, un cadet de la grande maison des d'Abzac de la Douze en Périgord. A la nouvelle de cet affront, Jeanne d'Albret se plaignit amèrement à son mari. Celui-ci vieux et cassé s'était retiré en son château de Castelnau-de-Magnoac, dans les Pyrénées. Ne se sentant pas la force, sans doute, de reprendre l'épée avec succès, mais désirant avoir la paix dans son ménage, il donna à sa femme, le 19 juillet 1396, en compensation de la perte qu'elle venait de faire, la baronnie de Bramevaque, le château et lieu de Valcabrère en Couserans et toutes les terres, droits et devoirs qu'il avait dans les vallées de Vic, de *Frontilesius* et de Cieutades ; il lui confirma en outre la vente de la baronnie de Cancon pour le cas où elle parviendrait à la reprendre [1].

Jean de La Barthe fit son testament le 5 septembre 1398. Il y ratifie une donation qu'il avait faite à noble Arnaud-Guilhem de La Barthe, chef de sa maison et, n'ayant pas d'enfants qui pût lui succéder, institue son héritier universel, Bernard VII, comte d'Armagnac, son cousin au troisième degré. Il mourut le 5 octobre suivant. Douze jours après le comte d'Armagnac recueillait son héritage.

Jeanne d'Albret survécut quelque temps à son mari. Elle avait eu de son premier mariage deux enfants : Jean de Caumont, seigneur de Lauzun, et Gaston de Caumont. A leur majorité elle leur fit le partage des biens de leur père et des siens propres. Elle les réunit à cet effet, le 19 août 1400, dans la ville de Saint-Barthélémy d'Agenois, en présence de Jean de Beaulieu, licencié en droit, chanoine

---

[1] *Archives des Basses-Pyrénées,* E. 137.

de l'église de Couserans, de R. G. de Selhan, prieur de Sarrancolin, d'A. G. de Gourgues, de Bertrand de Mauléon, de Hugon de Cuzorn, etc., et il fut convenu et arrêté que Jean, le fils aîné, aurait pour sa part d'héritage tous les droits de son père et de feu sa tante paternelle, Marquèse de Gontaud, sur les baronnies de Combeloube, de Puch de Gontaud, de Miélan et autres lieu et aussi tous les biens qui pourraient lui advenir du chef de sa tante maternelle, feu Mabille d'Albret, femme de feu Arnaud de Durfort, seigneur de Frespech. Gaston[1], le puîné, reçut de son côté tous les droits qu'avait sa mère sur le château fort et la baronnie de Cancon, au diocèse d'Agen, la baronnie de Bramevaque, la vallée de Cabrère et autres terres sises dans les vallées de Vic, de *Frontilesius* et de Cicutades au diocèse de Couserans, sauf réserve toutefois que Jeanne d'Albret jouirait de tous ses pouvoirs sur les uns et les autres biens jusqu'à sa mort[2].

Peu après, la possession de la baronnie de Cancon fut l'occasion d'un procès entre les Madaillan d'un côté et Gaston de Caumont de l'autre ; celui-ci était soutenu par son frère le baron de Lauzun, par sa mère et par son parent Charles d'Albret, connétable de France. Malgré l'importance des intéressés, ce procès resta en suspens à cause de l'occupation de la Guienne par les Anglais et des désordres du temps, sans doute. Plusieurs pièces de la procédure, vidimées au baillage de Casteljaloux en 1409 et 1410, nous sont parvenues ; elles font partie aujourd'hui du fonds d'Albret aux Archives des Basses-Pyrénées. C'est grâce à elles surtout que nous avons pu nous conduire dans les ténèbres de cette époque.

IX.

La guerre de Cent Ans (*suite*). — Guilhem-Amanieu de Madai'lan, (de 1396 à 1415). — Le capitaine Archambaud d'Abzac. — Cancon, fief de la couronne d'Angleterre.

Guilhem-Amanieu de Madaillan, le nouveau seigneur héréditaire de Cancon était le fils aîné de Guillaume-Aramon ou Raymond, sire de

---

[1] Un mariage était projeté entre Gaston de Caumont et Marie de Mouleydier qui habitait le lieu de Monclar, au diocèse de Périgueux.

[2] *Manuscrit du fonds Doat, f° 224.*

Madaillan, de Rauzan, de Pujols, de Blaignan, etc [1]. et d'une fille de Cénebrun, sire de Lesparre, et de Jeanne de Périgord. Son oncle, le célèbre Florimond de Lesparre, baron de ce lieu, l'ayant fait son héritier universel par testament en date du 25 février 1393 (v. st.) il devint sire de Lesparre, lui le premier de sa famille, après la mort de Florimond, qui survint l'année même ou la suivante. Ce riche héritage en fit un des premiers et des plus puissants seigneurs de la Guienne. Il tint constamment le parti des Anglais.

M. Guinodie, dans son *Histoire de Libourne*, dit que Guilhem-Amanieu fut au nombre des hauts barons qui, en 1394, imposèrent des conditions au duc de Lancastre pour le recevoir duc de Guienne.

Nous avons vu, précédemment, de quelle manière il s'était emparé, vers 1396, des biens délaissés par sa cousine Marguerite de Cancon et comment il en avait confié la garde à un de ses meilleurs officiers, Archambaud d'Abzac. Celui-ci était encore capitaine du château de Cancon en 1400 ; il avait beaucoup de peine à le défendre contre les entreprises des Caumont, dont les terres étaient voisines et qui ne se faisaient pas faute de l'attaquer et d'en piller les dépendances.

En 1405, Archambaud, bien que toujours capitaine de Cancon, mais ayant des loisirs sans doute, guerroyait en Périgord. En effet, cette année-là, de concert avec Pierre de Saint-Cirq et Bertrand d'Abzac, il tenait pour les Anglais et le seigneur de Lesparre la ville et le chastel de Castelnau-de-Berbière assiégé par les troupes du roi sous les ordres du comte de Clermont, maréchal de France, lequel traita avec le seigneur de Lesparre et donna auxdits sieurs d'Abzac et de Saint-Cirq, 6,000 écus d'or et 8 marcs d'argent pour remettre lesdites ville et chastel en l'obéissance du roi [2].

Cette indemnité parut insuffisante par la suite à notre peu scrupuleux partisan, car Jean Tarde, vicaire général de Sarlat, dit dans ses

---

[1] Dans le testament que fit, en 1389, ce Guillaume Aramon on remarque une clause par laquelle il confirme la donation de la terre de Monviel, faite précédemment à Amanieu de Madaillan, qu'il dit être son *cousin germain*, et fils d'autre Amanieu de Madaillan, sire de Cancon, à qui Jean de Normandie l'avait donnée en 1346 (testament reçu en 1389 par Pey de Clarenge, notaire à Pujols de Bazadais).

[2] *Saint-Allais*, t. I, p. 196.

Chroniques, publiées par M. le vicomte de Gérard en 1887 : « Castelnau de Berbières qui, l'an 1405, avait esté assiégé et pris avec beaucoup de frais par le parti de France, fust repris l'an 1407, par les
Anglais soubz la conduite d'Archambaut d'Abzac, *capitaine de Cancon*, pour le sieur de Lesparre et de Rauzan, qui y laissa une garnison commandée par le capitaine Ramounet del Sortn. »

Le 15 janvier 1411 (*v. st.*) Archambaud était passé au service de la
France et Charles, duc d'Orléans, lui fit don de 300 livres de pension
et du château d'Auberoche en Périgord ; place dont, par parenthèse,
il fut expulsé en 1415, par le légitime propriétaire, le comte de Périgord, qui la reprit avec l'aide de soldats anglais et s'y maintint[1].

Mais revenons à Guilhem-Amanieu. Le 28 mars 1401, avec Pons
de Castillon, sire aussi de Lesparre (c'est issu, comme lui, des seigneurs de Lesparre qu'il faudrait dire), il servit de caution à Stephen
Spouret devenant changeur à Bordeaux[2].

Il fut maire et gouverneur de Bordeaux en 1404, selon Delurbe.

Le 22 juillet 1406, le roi d'Angleterre, par lettres patentes, le prit
sous sa sauvegarde et recommanda à son sénéchal d'Aquitaine, aux
maire et Jurats de Bordeaux, de pourvoir à la défense de ses domaines tant par terre que par mer[3].

Le 22 avril 1407, ces domaines, dont était Cancon, furent compris
avec Bordeaux, Libourne et autres possessions anglaises dans une
trêve que le sénéchal de Guienne, Gaillard de Durfort, accorda aux
terres et adhérents du seigneur d'Albret tenant pour le roi de
France[4].

En 1408, il épousa Jeanne d'Armagnac, fille de Jean III et de Marguerite de Commenges, qui reçut de son père une dot de 20,000 livres, somme énorme pour le temps ; en échange Jeanne dut renoncer à ses prétentions et à ses droits qui furent substitués en faveur
des mâles de sa famille. Une sœur d'Amanieu, Sybille de Lesparre,
fut mariée vers le même temps à Gaston IV de Gontaud, seigneur de
Biron[5].

---

[1] *Saint-Allais*, t. i, p. 196 et *Périgueux et les deux derniers comtes du
Périgord*, par M. L. Dessalles.

[2] *Fonds Raymond.*

[3] *Fonds Raymond.*

[4] *Arch. hist. de la Gironde*, t. iv, p. 245.

[5] *Guienne historique et monumentale.*

Dans la guerre que le comte d'Armagnac, Bernard VII, l'implacable, mais malheureux adversaire des Bourguignons, déclara, en 1413, à Jean de Grailly, comte de Foix, gouverneur du Languedoc pour Charles VI, Guilhem-Amanieu de Madaillan ne put se dispenser de servir sous la bannière de l'oncle de sa femme, et il eut le malheur d'être fait prisonnier en 1414. La municipalité de Bordeaux et les barons de Guienne lui donnèrent alors un témoignage éclatant d'estime en s'engageant solidairement à avancer la somme nécessaire pour sa rançon fixée à 83,000 francs bordelais. La délibération prise à cet égard existe dans les registres de l'hôtel-de-ville de Bordeaux. Le rachat d'Amanieu est motivé sur *los grans plasers que Mossen Delesparra et sous antecessors haven feit en tos temps à la Cieutat;* et le corps de cette ville s'engage à payer *sotz las conditions expressidas en la carta de Mossen de Lesparra et de sous hostatges, et deus Barons de Bordales* [1].

G. Amanieu mourut au commencement de cette même année 1415 ne laissant qu'une fille [2]. Le roi Henri V d'Angleterre ne voulant pas laisser en d'aussi faibles mains le gros héritage des Madaillan, envoya à son sénéchal, le 11 avril suivant, une lettre dans laquelle il lui ordonnait de se saisir en son nom des terres, ville et château de Lesparre, sous prétexte que la veuve d'Amanieu, Jeanne d'Armagnac, voulait épouser le sire d'Albret et donner sa fille au fils de ce seigneur ou s'unir au comte de Foix et marier sa fille au frère de ce comte. Le sénéchal hésita à cause des réclamations de la dame de Lesparre, qui se défendait de ces imputations mensongères et protestait de son respect et de son dévouement au roi. Elle concluait en invoquant la loi qui défend de déposséder qui que ce soit sans jugement. Nonobstant cette opposition, le sénéchal reçut bientôt un second ordre du roi qui lui enjoignait de passer outre [3].

Mais bientôt les affaires prirent une autre tournure. Amanieu avait par testament légué tous ses droits à sa veuve ; or, le neveu du défunt, Bernard de Madaillan de la Barde [4], réclamait la terre de

---

[1] *Florimond de Lesparre*, par J. Rabanis.

[2] C'est par erreur que Moréri lui donne pour fils un certain Lancelot de Madaillan qu'il fait chef de la branche des seigneurs d'Estissac.

[3] *Guienne historique et monumentale.*

[4] Bernard de Madaillan de Lesparre, sire de la Barde en Agenais, était fils de Jean de Madaillan, frère du baron de Lesparre. Il paraît n'avoir pas laissé de postérité mâle.

Lesparre en vertu de la substitution. La cause fut portée devant la cour royale de Guienne que présidait le connétable de Bordeaux. Invoqué par chacune des deux parties, le roi d'Angleterre évita de se prononcer ouvertement pour aucune. Il écrivit aux membres de la cour de justice qu'il était important de bien juger cette cause, et qu'ils missent tous leurs soins à se faire représenter tous les titres de la dame d'Armagnac, ainsi que les testaments d'Amanieu son mari et de Florimond son prédécesseur, dont elle prétendait être nantie.

Les débats de ce procès ne sont pas parvenus jusqu'à nous. Nous savons seulement qu'Henri V prit enfin la résolution de réunir les terres en litige au domaine de son duché et que, par un acte du mois de juillet 1417, il autorisa William Clifford, connétable de Bordeaux, à acheter tous les droits de Jeanne sur les ville, château, baronnie et châtellenie de Lesparre et de Lesparrois et aussi les lieux, terres et seigneuries de Breuil, de Carcans, de Rauzan et de Pujols, de *Cancon* et de Balizac (pour Blasimont) [1].

D'un autre côté il se faisait céder les droits de Bernard et il le dédommageait en ordonnant au sénéchal de Guienne de le mettre en possession du château de Madaillan vu sa qualité de plus prochain lignager, sinon d'héritier d'Amanieu, en lui confirmant l'inféodation de la sénéchaussée d'Agenais et en annexant à sa terre de la Barde les paroisses *de Boulhagues, de sancto Cornone, de sancta Lucia et de Roquepina*. Bref, cette même année 1417 Henri V reçut les hommages des vassaux de Lesparre comme seigneur du lieu.

Deux ans après, par lettres du 16 juin 1419, il confia la garde de la sirie à Jean Radcliffe, connétable de Bordeaux, successeur de W. Clifford, et enfin le 13 juillet 1423, Henri VI, lors de son avènement au trône d'Angleterre, après avoir rappelé l'accord passé par Clifford avec Jeanne d'Armagnac, dame de Lesparre, pour la cession des seigneuries de Lesparre, Breuil, Carcans, Rauzan, Pujols, *Cancon* et Blasimont, maintint Jean de Radcliffe dans le gouvernement de ces seigneuries [2].

---

[1] J. Rabanis et *Rôles gascons*, 1417.

[2] *Ibidem* et *Arch. hist. de la Gironde*, tome XVI, p. 11.

X.

La guerre de Cent Ans (*suite et fin*). — Anarchie et grands troubles en
Guienne. — Routiers et brigands.

Tandis que dans le Nord s'accomplissaient de grands événements
qui devaient décider du sort de la France, la défaite d'Azincourt
(1415), le traité de Troyes (1420), l'usurpation du trône des Lys par
le roi anglais, la délivrance d'Orléans par Jeanne d'Arc (1429), le
sacre de Charles VII à Reims, la prise de Paris (1436), la trêve de
Tours (1444), etc., en Guienne la guerre contre l'étranger était plus
que jamais le prétexte de meurtres, de rapines et de dévastations. Il
s'y formait à chaque instant des bandes de brigands connus dans
l'histoire sous les noms de *coquins, libertins, tuchins, tard-venus,*
etc., qui parcouraient la province, s'emparaient des villes, des châteaux et des villages, les détruisaient et y commettaient des excès
« plus forts que ceux des Anglais » disent les manuscrits du
temps. Les routiers des deux partis, s'organisant de leur côté en
compagnies franches, comme en 1350, vendaient leurs services au
plus offrant ou marchaient à la curée sous la conduite d'ambitieux
cadets de famille, de bâtards nobles ou du plus fort d'entr'eux. Qui-
conque avait alors assez de fortune pour s'acheter des armes, un
cheval, une bonne armure, et en même temps assez de force physique et d'autorité pour réunir autour de lui une nombreuse troupe
de chenapans, pouvant s'emparer de la seigneurie qu'il convoitait,
comme jadis aux beaux jours de l'anarchie des fiefs ; le roi de
France, où à son défaut le roi d'Angleterre, ne tardaient pas, pour
se l'attacher, à lui en octroyer généreusement la possession, si toutefois, avant l'investiture, sa proie ne lui avait pas été enlevée déjà
par un plus fort que lui.

Nous avons vu à l'œuvre en 1405, 1407 et 1411, Archambaud
d'Abzac. Son dignecompagnon Ramounet de Sors[1], le capitaine de
Castelnau-de-Berbières, était non moins audacieux ; il se rendit
redoutable dans tout le Périgord au commencement du xvᵉ siècle[2].

---

[1] Ramounet de Sors (il était né à Sors en Périgord), capitaine de Castelnau de Berbière, seigneur du fort château de Bannes dont il s'était emparé,
maria sa fille, Catherine, à Gantounet d'Abzac, capitaine de Castillonnès
en 1440. Gantounet fut le chef de la branche de la maison d'Abzac dite de
la Prade et de Verdun.

[2] *Périgueux et les deux derniers comtes du Périgord,* p. 285.

Parmi les nombreux aventuriers, brigands ou routiers, qui marquèrent en ces temps désolés, nous citons encore Pons de Castillon, Lancelot de La Barthe, André de Ribes, Rodrigue de Villandrando, Laroche-Pardin, etc.

Pons de Castillon, combattant pour les Anglais en 1418, fut battu par le baron de Montpezat et délogé de Sainte-Livrade où il s'était établi ; il s'enfuit, ravageant tout sur son passage, vers la Sauvetat-du-Dropt où, traqué vivement, il revint sur ses pas par Saint-Maurice et Caucon. Il traversa notre territoire en suivant le chemin de Lauzun à Monflanquin. Les défenseurs de notre ville, du haut des remparts sur lesquels flottait alors la bannière de Saint-Georges, le virent filer, par la Serre, Périllac et Boudy ; ils lui portèrent secours peut être, car il ne fut pas inquiété et il put traverser le Lot au dessus de Penne. Mais là, le seigneur de Lustrac se jeta à sa poursuite avec des forces supérieures et l'obligea à s'enfermer dans Frespech où il l'assiégea. Frespech fut pris, Pons parvint à s'échapper encore [1].

André de Ribes guerroyait pour son propre compte. Il dévasta les campagnes de l'Agenais, entr'autres la vallée du Lot et de ses affluents, à la tête d'une troupe de bandits, en 1428. Il fut pris par son rival Rodrigue, un autre chef de pillards, livré aux troupes du roi et pendu à Toulouse.

Cette même année, Tombebœuf se trouvait occupé par des brigands qui désolaient toute la contrée. Les habitants d'Agen et de Villeneuve achetèrent cette place aux Anglais pour 800 livres arnaudines et les consuls de ces deux villes ne s'en mirent en possession que pour la détruire (Samazeuilh).

Rodrigue de Villandrando, partisan espagnol, apparut à Agen en 1439 avec quatre mille hommes. Il enleva Fumel qu'il livra aux horreurs du pillage, échoua devant Tournon, se porta sur le Dropt, prit la Sauvetat, Lauzun, La Parade et sema partout des ruines et du sang.

La situation du pays était donc des plus misérables lorsque, vers 1440, les Anglais débarquèrent à Bordeaux au nombre de 15,000 et essayèrent de reconquérir la Guienne qui leur avait échappé en grande partie. Les villes et les châteaux, attaqués presque tous en même temps, eurent beaucoup de peine à se défendre. Le désordre

---

[1] Darnald, p. 205 et Cassany-Mazet.

fut partout à son comble ; mais c'était la fin. Peu après la victoire de Formigny (1450) et lorsque Charles VII eut chassé l'ennemi de la Normandie, les généraux de ce roi qui a mérité le surnom de Victorieux, vinrent à Castillon sur Dordogne infliger aux Anglais et à leurs partisans une défaite telle que l'Agenais et toute la Guienne en furent définitivement débarassés (1453). Une anmistie à peu près générale acheva de pacifier la province. Nous allons en profiter pour revenir un peu en arrière.

XI.

Compétition entre les Armagnac et les Caumont au sujet de la possession de Cancon. — Jean de Verdun. — Robert Petit-Loup, - Brandélis de Caumont.

Tant que les Anglais eurent la haute main en Agenais, et que la terre de Cancon fit partie du domaine particulier de leurs rois, Gaston de Caumont et ses descendants ne purent ou ne voulurent en revendiquer la possession ; cependant les droits qu'ils avaient sur cette baronnie étaient devenus légitimes, au point de vue français, à partir du moment où les Madaillan en avaient fait l'abandon aux rois d'Angleterre, lesquels étaient incapables de posséder légalement en France depuis l'arrêt de confiscation de 1369. Or il advint que le comte d'Armagnac s'en empara, probablement vers 1428, en même temps qu'il délivrait Castillonnès du joug de l'étranger, et qu'il s'y maintint en vertu de pouvoirs que nous ne connaissons pas. Dès lors, les Caumont firent valoir leurs droits et victorieusement sans doute, car, en 1440, ils avaient disposé de la seigneurie en litige au profit d'un gentilhomme du nom de Verdun.

Nous lisons dans le *Nobiliaire de Guienne et de Gascogne* [1], que Jehan de Verdun était seigneur de Cancon quand il assistait avec dame Marie d'Albanno, sa femme, le 2 janvier 1440 (*v. st.*) au mariage de dame Jeanne de Verdun, sa fille. Celle-ci épousait *dominus Giovanni IV Marabottino Tornoquinci*, commandant un corps de Croates au service du roi Charles VII. Le futur époux, natif de la ville de Florence en Toscane, était fils de Jean III et d'Olympe Bo-

---

[1] Tome ii, page 363.

8

netti. La future épouse reçut de son père le domaine de la Grande-Vergne dans la paroisse de la Vergne, juridiction de Lauzun ; sa mère lui donna le domaine de Montignac.

L'origine de ces Verdun nous est inconnue. Plusieurs familles de ce nom existaient au xve siècle dans les comtés de Rouergue, de Foix et de Périgord, dans les duchés de Bourgogne et de Normandie, en outre d'une branche de la maison d'Abzac de la Douze qui prit le nom de Verdun vers le même temps. Nous les croyons de Rouergue ; cependant M. Alfred de Froidefond croit, nous a-t-il dit, que cette famille « était essentiellement périgourdine : elle jouissait à Périgueux, au commencement du xive siècle, d'une grande considération » ; plusieurs de ses membres figurent de 1316 à 1321 sur la liste des maires de Périgueux que cet érudit a publiée en 1873. Peut-être étaient-ils simplement de l'Agenais et de noblesse récente. Leurs armes, ou du moins celles du dernier d'entre eux, que l'on voit sculptées en quatre endroits différents dans notre église, étaient : *Une bande accompagnée en chef d'une étoile à six ou huit raies et en pointe de trois besans croisetés* [1].

S'il est certain qu'en 1440 Cancon appartenait à Jean de Verdun, il est non moins sûr qu'à cette époque les d'Armagnac et les de Caumont s'en disputaient toujours la possession : si bien que, vers 1450, un célèbre routier, Robert Petit-Loup en profita pour s'y installer et y déployer audacieusement sa bannière ; il y resta même assez longtemps pour se faire reconnaître par les habitants de la seigneurie et y passer des baux à nouveau fief, à son nom. Une de ces reconnaissances existait encore à Cancon au moment de la Révolution [2].

---

[1] Nous ne pouvons mieux préciser : nous avons relevé ces armes sur la pierre et sur un cachet de cire du xvie siècle qui ne pouvaient porter le pointillé ni les hachures destinées à indiquer la couleur des métaux et des émaux dans les armoiries, puisque l'emploi de ces signes ne date que du xviie siècle.

[2] M. le vicomte de Beaumont en parle dans sa troisième lettre aux membres du Comité de Cancon, en 1789.

On lit dans Samazeuilh, p. 475 du tome Ier que dans l'hiver de 1450 à 1451 le sire d'Orval, fils du sire d'Albret, cantonné dans Bazas avec 600 lances, se mit à battre le pays, ravagea le Médoc, secondé par plusieurs partisans tels qu'Etienne de Vignoles, Robinet, *Robert Petit-Loup*, Lespinasse et poussa ses courses jusqu'aux portes de Bordeaux.

Après la confiscation des biens de la maison d'Armagnac par le roi Charles VII (1460) c'est Brandel ou Brandélis de Caumont qui dans un hommage qu'il fit à ce roi, le 14 mai 1461, se dit seigneur [1] de Cancon et de ses *appartenances* en même temps que de Laugnac, Castelmoron, La Parade, Hautesvignes, Grateloup, Gontaud, Saint-Barthélemy, Laperche, la Bretonnie, Sainte-Bazeille, Taillebourg et partie de Tonneins et de Puechagut [2].

Mais c'est le capitaine Arnaud de Pechpeyroux [3] qui l'occupait, en 1465, pour le compte de Jean V d'Armagnac, à qui le roi Louis XI venait de pardonner et qu'il venait de remettre en possession de tous ses biens et seigneuries. Le 13 janvier 1467 (*v. st.*) Jean Fabre et Antoine Gary, laboureurs, reconnaissent tenir à cens de haut et puissant seigneur Jean d'Armagnac, comte, seigneur du château-fort et de la chatellenie de Cancon (*castri et castellaniæ de Cancone*), absent, mais représenté par noble Arnaud de Pechpeyroux, capitaine de Cancon, d'une part, et de noble Georges d'Arvieu, de l'autre, seigneurs par indivis (*domini pro indivisio*) de Boudy, juridiction de Monflanquin, savoir : des terres et autres possessions constituant un

---

[1] A titre de suzerain de Jean de Verdun, sans doute. Nous avons dit que le *seigneur dominant* d'un lieu pouvait s'en dire le maître à l'exclusion de tout autre.

Brandel ou Brandélis de Caumont était seigneur de Castelnau-de-Berbière qu'il venait de reprendre aux Anglais lorsque, le 22 janvier 1444 (*v. s.*), il épousa, à Limoges, Marguerite de Bretagne, nièce naturelle de Jean de Bretagne, comte de Penthièvre et de Périgord, vicomte de Limoges (*Arch. B.-Pyr* E. 643). Plus tard il obtint du roi Charles VII les biens de sa maison, Saint-Barthélémy, Sainte-Bazeille, etc., confisqués sur son frère aîné, et le roi Louis XI lui permit, en 1463, d'en rétablir les fortifications qui avaient été rasées. Il eut de son mariage : *Poncet*, mort sans alliances et *Charles* (*Dictionn. de la Noblesse*, t. IV).

[2] *Collect. Doat*, 220 et *Hist. d'Hautesvignes* par M. Tamizey de Larroque.

[3] Le capitaine Arnaud de Pechpeyroux, partisan tout dévoué de Jean d'Armagnac, était le sixième fils de Jean, seigneur de Pechpeyroux en Quercy, dont il est dit dans Moréri (édit. de 1759) que «la grande part qu'il eut à la confiance du comte d'Armagnac lui attira sur la fin de sa vie les plus grandes disgrâces. Après la prise de Lectoure en 1469, il fut arrêté prisonnier avec confiscation de tous ses biens : il en fut relevé peu avant sa mort par les soins de son fils aîné. »

mayne (*mansus*) qu'ils habitent ensemble au lieu de Laubére, paroissé de Boudy, confrontant, etc. Dans le titre qui en fait foi ils promettent de porter la moitié de la rente au château de Cancon et l'autre moitié au château de Boudy et d'exécuter les manœuvres dans les mêmes proportions. Etaient présents avec les parties à la signature de l'acte : frère Raymond, prêtre, recteur de la paroisse de Boudy, Guillaume Gary, Jean Parrel, Jean Périer, Guillem Barayre ou Balayre, Antoine Vernhe et Michel Marche, notaire [1].

<h2 style="text-align:center">XII.</h2>

Jean II de Verdun. — Le capitaine Jean, bâtard d'Armagnac. — Prise et destruction de la ville et du château de Cancon par une armée royale en 1492.

Pendant ces conflits, Jean de Verdun était mort laissant un successeur dans autre Jean que nous appellerons Jean II pour bien le distinguer du précédent et du suivant. Celui-ci figure sous le nom de Jean de Laperche, dit de Verdun, ecuyer, capitaine de Bourg, comme demandeur en matière d'excès et de fausseté contre Jean de Palenque, sur les registres des *Grands jours* de Bordeaux en 1456 : il gagna son procès le 30 septembre suivant [2]. Il était écuyer de l'écurie du roi, seigneur de Laperche et d'Hautesvignes, quand il rendit hommage à Louis XI, le 6 mai 1470 [3].

---

[1] Cette reconnaissance m'a été communiqué par M. Bonin, curé de Beauregard. Les témoins Parrel et Balayre ont laissé leur nom à deux lieux-dits. Il y a encore dans le pays des descendants de Fabre, de Parrel, de Gary et de Vernhe.

Le château de Boudy dont il ne reste que quelques pierres de moyen appareil utilisées pour la construction d'une grange vers 1730, remontait au XIIIe ou au XIVe siècle. Il était situé sur une des éminences qui bordent à gauche le vallon du Cluzélou en amont de l'église. A la fin du XVIe siècle il appartenait à noble François Fagette, époux de Jeanne Darvieu (*Reg. parois. de Milhac*). Noble Guillaume Fagette en était le seigneur lorsqu'il mourut le 1er juillet 1692 (*Reg. paroiss. de Boudy*). Il fut acquis au commencement du XVIIIe siècle par noble Jean de Larnac de Bony, sieur de Rouchou, juridiction de Moulinet ; il est encore la propriété des descendants de ce dernier.

[2] *Archives hist. de la Gironde*, t. IX.

[3] *Fonds Leydet et Prunis à la Biblioth. nat.* t. XI, p. 81.

Il épousa, vers 1471, Catherine d'Anglades, fille ainée de Jean, haut et puissant seigneur d'Anglades, et de Jeanne de Lalande. Cette union apporta dans sa maison les seigneuries d'Anglades, de Podensac et de Baleyron en Bordelais, après le décès de son beau-père et de Pierre, son beau-frère, mort sans postérité vers 1493, à charge par lui et ses enfants de prendre le nom et les armes d'Anglades[1]. Catherine, sa femme, fut aussi dame de Lariveau en Fronsadais et viguière de Fronsac, ainsi que le prouve une reconnaissance reçue en son nom le 18 décembre 1506, par messire Raymond Massip, prêtre, vicaire d'Izon[2].

Verdun avait renoncé tacitement à la seigneurie de Cancon, peut-être la savait-il en trop puissantes mains pour oser la réclamer, lorsqu'il arriva que les biens du comte Jean V d'Armagnac, révolté contre le roi, furent confisqués de nouveau par Louis XI, qui, cette fois fit massacrer son adversaire dans Lectoure et ordonna l'emprisonnement à la Bastille du frère de celui-ci, Charles d'Armagnac. A l'annonce de ces événements inattendus, Verdun revendiqua les droits qu'il tenait des Caumont et de son père, et cela avec succès, car Cancon lui fut rendu ; il y fixa sa résidence, et notre malheureux pays put enfin respirer après de tant de vicissitudes. Mais ce ne fut pas pour longtemps.

Jean II mourut laissant deux enfants en bas-âge, un garçon, Jean III, qui suivra, et une fille dont nous ignorons le sort. Sa veuve était encore en deuil quand on apprit, coup sur coup, que Louis XI venait de mourir (30 août 1483) et que Charles VII, son successeur, sur la décision des Etats de Tours (1484) venait de rendre à Charles d'Armagnac, la liberté et tous les biens de sa famille. L'effet de ces mauvaises nouvelles ne se fit pas longtemps attendre. L'on vit arri-

---

[1] Cette clause ne fut exécutée qu'en partie puisque Jean III de Verdun, fils et successeur de Jean II et de Catherine, ne porta jamais d'autres noms que celui de son père. Le testament de Jean d'Anglades était pourtant bien explicite : « Il institue héritier son fils, Pierre d'Anglades, lui substitue Catherine d'Anglades, sa fille ainée et les deux fils de Jean de *La Pègue* (*sic*) (pour *La Pergue*, traduction romane du mot Laperche) dit Verdun, à condition de prendre les noms et armes d'Anglades ; à leur défaut, Isabelle d'Anglades, sa dernière fille et ses descendants, et à leur défaut, Henri de La Roque, seigneur du Gua, son plus proche parent. » (*Izon*, page 95).

[2] *Izon*, par M. L. Drouyn, pp. 95 et 97.

ver bientôt à Cancon une petite armée aux ordres de Jean. bâtard
d'Armagnac. qui. au bruit des fanfares et enseignes déployées. établit son camp devant la ville. Catherine, sommée de suite de rendre
la seigneurie et le château au comte d'Armagnac, s'y refusa énergiquement et se prépara à les défendre ; mais elle ne disposait pas
pour ce a de moyens suffisants. Après un siège de peu de durée, la
place fut prise d'assaut et elle-même en fut expulsée, tandis que « la
plupart de ses biens meubles et ustenciles estant en icelle place,
vallant grans sommes de deniers » lui étaient confisqués. Incontinent, elle se rendit à Bordeaux avec ses enfants, où elle fit appel en
Cour de Parlement de la spoliation qu'elle venait de subir.
Grâce à de puissantes protections et à l'intérêt que sa situation inspirait. la Cour rendit aussitôt un arrêt ordonnant que la forteresse
et la seigneurie de Cancon. en l'état qu'elles étaient auparavant, lui
fussent immédiatement rendues. Pour mettre l'arrêt en exécution,
dès la même année 1484, un conseiller de la Cour. maitre Jacques de
Chaussade. se transporta à Cancon, où étant. il fit comparaitre par
devant lui le comte[1] et le bâtard d'Armagnac qui était dans la
place en compagnie d'un grand nombre de laquais , Basques,
Espagnols et autres gens de guerre étrangers et inconnus.

Après avoir entendu les parties tout au long, le conseiller commença
de procéder à l'exécution de sa mission ; mais empêché par « les rébellions et désobbéissances » que lui firent Jean d'Armagnac et ses
complices, il fut contraint de s'en retourner sans avoir fait la remise
du château à la dame de Verdun. Cependant le comte et le bâtard,
s'étaient porté forts de faire relever le jugement qui les condamnait
et de suite pour rendre « à icelle suppliante ledict arrest illusoire et
par vexation la faire renoncer au bon droit qu'elle avait », en appelèrent au roi, disant que lors de la restitution qu'il venait de leur faire
de toutes les terres et seigneuries qui avaient appartenu à feu Jean V
d'Armagnac, il avait dit que les différends qui pourraient naitre à
propos de la possession de ces biens dont « estait laditte terre et
seigneurie de Cancon » seraient jugés en sa cour de Parlement de
Paris et non ailleurs. Tant il y a qu'ils obtinrent que la cause fût

---

[1] Dans tout ceci, pour nous conformer au texte nous faisons figurer souvent à côté du bâtard, le comte d'Armagnac, mais en réalité celui-ci n'habitait pas Cancon ; il laissait son parent agir seul ; tout au plus le couvrait-il de sa responsabilité, et encore !

portée, en effet, au Grand Conseil. Un an après, celui-ci ayant pris les informations nécessaires et fait la vérification des pièces de la procédure, renvoya l'affaire devant la cour de Bordeaux pour y être « de nouveau procédé tant sur le principal que sur l'exécution » de l'arrêt qui avait été déjà rendu. Cette dernière confirma son jugement précédent et, pour pourvoir à son exécution, renvoya à Cancon M⁰ Jacques de Chaussade. A cette nouvelle, Jean d'Armagnac renforça la garnison de la forteresse pour bien prouver qu'il n'était pas prêt à la livrer ; il ne se montra même pas quand le conseiller revint. Celui-ci, injurié et molesté par les routiers du bâtard, dut s'en retourner précipitamment pour sauver sa vie et sans avoir rien fait. Le Parlement de Bordeaux ordonna pour la troisième fois que son arrêt fût mis en exécution selon sa forme et teneur « en ce qui restait à exécuter » et chargea cette fois son huissier, Bastien de Rabar, de cette épineuse besogne. L'huissier se rendit sur les lieux, mais, dès qu'il fit mine d'approcher des remparts, il sortit de Cancon une foule de gens de guerre armés de bâtons, d'arbalètes, de couleuvrines, etc. qui le rossèrent, et qui l'eussent mis à mort s'il ne se fût empressé de rallier sa troupe et de prendre la fuite.

Catherine d'Anglades voyant que les arrêts de la Cour de Bordeaux « ne pouvaient estre executez ni sortir effect et par ce luy estaient nulz et de nulle balleur et effect » en appela, à son tour, au roi et lui demanda humblement l'assistance de ses troupes. Le roi, après délibération de son Grand Conseil ordonna de soumettre les jugements rendus à des juges spéciaux pris dans le sein dudit Conseil et, en cas d'approbation par ceux-ci, de les faire exécuter rigoureusement « en contraignant à ce faire et souffrir » le comte d'Armagnac, Jean d'Armagnac et tous autres, sans s'occuper des réclamations ou oppositions quelconques, ni de « certaines lettres missives que icelluy Jehan d'Armaignac » disait lui avoir été écrites par le roi de garder et tenir ladite place ; qu'ils y « procédassent tellement que la force et l'autorité » lui en restât et que lui « et justice fussent obéys. » L'avis de la commission ayant été favorable à la suppliante, Pierre Tort, lieutenant du sénéchal d'Agenais, après qu'il eut fait donner avertissement aux rebelles d'avoir à comparaître devant lui, rassembla quelques troupes et se transporta à Cancon devant la porte de la ville qu'il trouva fermée, tandis que les murailles étaient garnies d'hommes d'armes paraissant décidés à les défendre. Bientôt le procureur d'office du bâtard en sortit et s'avança au-devant de

Pierre Tort. Celui-ci lui fit les commandements, au nom du roi, d'avoir à rendre la place et de la remettre aux mains de la dame de Verdun. Le procureur se porta appelant de ces commandements en la Cour de Parlement de Paris ; mais le lieutenant du sénéchal lui répondit que son opposition était inutile, qu'il avait ordre de passer outre, « nonobstant opposicion ou appellacion quelzconque », puis, accompagné de plusieurs sergents, il alla jusqu'à la porte de la ville qui venait de se refermer sur le procureur, la heurta à plusieurs reprises et de nouveau, au nom du roi, somma à haute voix le comte et le bâtard d'Armagnac d'avoir à rendre la place. Il n'obtint pour réponse que des bravades, des quolibets et des rires de mépris. La place était forte, il n'était possible de la prendre qu'avec « grand compaignie de gens d'armes et artillerie »; aussi le lieutenant dut-il se retirer sans rien faire « comme les autres exécuteurs qui par cy-devant » y avaient été. Charles VIII outré de tant d'impudence, d'autant plus que la suppliante avait « despendu et consummé tout son baillant et icelluy de sesd. enffans et n'avait plus de quoy vivre » ainsi qu'elle le lui avait « humblement fait remonstrer, si sur ce ne luy est donné provision convenable ». après avis et délibération des gens de son Grand Conseil et aussi de plusieurs princes de son sang et lignage, manda à ses « amés et féaulx chevaliers. conseillers et chambellans » de reprendre lesdits arrêts et de procéder à leur exécution de point en point, de contraindre le comte et le bâtard d'Armagnac à lui obéir par prise de corps et de biens, à l'aide d'une assemblée de gens de guerre de ses ordonnances, nobles de son ban et arrière-ban et autres encore ; leur ordonnant en outre de l'informer de toutes les « rebellions et désobbéissances faites aux exécuteurs ded. arrestz » et aussi de ceux qui depuis les « inhibitions et deffenses qui leur ont par plusieurs fois esté faictes » avaient donné aux rebelles aide et secours de « vivres, harnois et autres habillemens » et de les punir ; « car ainsi nous plaist-il estre faict, etc » ; il manda et commanda enfin à tous ses justiciers. officiers et sujets d'obéir à ses conseillers et députés et de leur donner « conseil, confort, ayde, secours et prisons [1]. »

---

[1] Ce Mandement fut donné à « Lyon sur le Rosne » le 11 décembre 1490 par le roi Charles VIII. L'original écrit sur un immense parchemin, passablement usé, scellé d'un énorme sceau royal de 12 centimètres de diamètre, en cire jadis blanche, a fait partie des archives du château de Cancon. Nous en devons la communication à l'obligeance de Madame la comtesse de Noailles.

Tandis que l'orage s'amassait sur sa tête, le bâtard d'Armagnac, « capitaine et gouverneur, sa vie durant, du château de Cancon », s'occupait tranquillement des affaires intérieures de la seigneurie. Le 9 octobre 1490, il ratifiait une « transaction passée entre honorables personnes Martial Treuil, prêtre, curé de Cancon, faisant pour ledit d'Armagnac et comme procureur fondé de Guillaume de Lestang (Destang?), habitant de la paroisse de Milhac, d'une part, et le syndic du monastère de Cadouin, Jehan et Barthélemy Séguy, Adhémar Géraudie, Estienne Boulle et Bernard Couston, laboureurs, habitants de la paroisse de Lougratte, et les consuls de Castillonnès d'autre part », et ce, à cause du territoire appelé la *Peyro de l'Autur* (aujourd'hui Lautard), situé entre les limites et confrontations de Cancon et Castillonnès. La transaction dont il est ici question avait été passée à Lougratte le même jour et retenue par Me Michel de Petro, notaire de Castillonnès, et par Me Pierre Régis, notaire de Cancon [1].

Le mandement royal était du 11 décembre 1490. Le 7 janvier de l'année suivante, il fut transmis avec des ordres particuliers, à Charles, comte d'Angoulême (le père du futur roi François Ier), lieutenant-général et gouverneur pour le roi en Guienne. Un an après, le 11 avril 1492, avant Pâques, celui-ci le transmit à son tour à son chambellan, Jean de Saint-Gelais, baron de Montlieu et seigneur de Saint-Aulaye, qui resta chargé de son exécution. Il s'en acquitta terriblement, si nous en croyons les ruines qu'il laissa derrière lui et une légende qui évidemment est applicable ici. Les anciens racontent qu'autrefois, *du temps des Anglais*, il y avait au château de Cancon une bande de brigands qui jetait la terreur dans le pays ; elle était commandée par un « bâtard de noble » ; pour les en déloger il ne fallut rien moins qu'une « armée royale » et des canons. La plupart des brigands furent exterminés et on n'entendit plus parler de leur capitaine, soit qu'il ait été tué, soit qu'il fût parvenu à s'échapper par l'un des deux passages souterrains qui ouvraient sous le donjon et allaient sortir, l'un aux Faures et l'autre à la Charbonnière, croit-on. Quoi qu'il en soit, la défense dut être acharnée, le canon et la mine durent faire rage, car le château, les remparts de la ville, l'église elle-même, furent alors presque entièrement détruits.

---

[1] *Notice sur Castillonnès*, pp. 113 et 114.

Est-il étonnant, après tous ces combats et ces assauts répétés, que nos laboureurs rencontrent si souvent des ossements humains dans les champs qui s'étendent autour de notre ville ? Le sieur Delsol a découvert à Lamoutte, près de sa demeure vers le nord-est, quantité de squelettes d'hommes, jeunes pour la plupart, enterrés à une faible profondeur. Au milieu de ces funèbres restes, il a recueilli quelques armes du xv° siècle, notamment une pertuisane à crochets. Au sud de la ville, un peu au delà de l'ancien cimetière, le sieur Chanet, couvreur, en creusant les fondations de sa maison, découvrit une longue fosse remplie de squelettes rangés à la file et côte à côte, sous une couche de chaux. En ce lieu il s'en rencontre souvent encore. Plus loin, vers la Cayre, on a trouvé des débris humains et un boulet de canon. Nous pourrions multiplier ces citations sans grand intérêt pour nos lecteurs.

XIII.

Jean III de Verdun (de 1492 à 1535). — La transaction de 1500. — Reconstruction du château, de la ville et de l'église. — Fondation de la chapelle **Notre-Dame de Pitié.**

Catherine d'Anglades, après huit à neuf ans d'une lutte ruineuse contre l'orgueilleuse et puissante maison d'Armagnac, avait enfin procuré à son fils la tranquille possession de la seigneurie de Cancon; mais, nous l'avons dit, tout y était dans un pitoyable état. Jean III de Verdun, le nouveau seigneur, ne désespéra pas de réparer tant de maux et de ruines ; il se mit à l'œuvre avec ardeur. Voulant d'abord se créer des ressources, il s'occupa, après autorisation royale, de remanier le taux de la rente et des droits seigneuriaux, avec le concours d'un prêtre habile, curé de Saint Paul-le-Vieux, Martial du Treuil ou Dutreuil, l'ancien curé de Cancon, celui-là même qui avait été un moment le procureur d'office du bâtard d'Armagnac. La ratification de la transaction qui survint à cette occasion entre le seigneur et ses tenanciers eut lieu en 1500. Les dispositions générales de cet acte étant déjà connues de nos lecteurs, nous nous bornons à rappeler que la ville, à ce moment, n'avait plus de coutumes écrites, soit qu'elles fussent tombées en désuétude pendant les guerres du moyen-âge, comme il a été dit plus haut, soit qu'elles lui eussent été enlevées plus récemment, en punition peut être de sa participation à la révolte du bâtard d'Armagnac.

L'arpentement de la seigneurie, le papier terrier et les reconnaissances furent faits à nouveau. Le territoire de Cancon comprenait alors la totalité des communes de Cancon et de Moulinet, les trois quarts de celle de Baugas et une faible partie de celles de Lougratte et des Pailloles. Il s'étendait de l'église de Roquadet et des crêtes de Pouvet et de Touquet au nord, au moulin de la Moulière, aux églises de Sénéselle et d'Aiguevive, au col de Guiralet et au ruisseau de la Maure au sud ; de l'Aygueroux, du *gouttil du Bascoul* (l'égouttoir du Bâtard) et du Cluzélou à l'est ; au moulin à vent de Labesque, au hameau de Mangane et à l'église de Loupinac à l'ouest.

Puis, Jean III releva les remparts de la ville et reconstruisit le château à peu près sur le même plan que l'ancien ; mais, dans le but de le rendre propre à se défendre par et contre les armes à feu, alors en grand progrès, il le modifia profondément dans sa structure. C'est à lui que remonte le rétablissement et peut être la création des deux lices qui s'étagent au nord-ouest. Une grande partie du rempart qui entoure le boulevard et le grand mur du sud-ouest, au-dessus duquel s'élèvent les restes d'une grosse tour ronde à casemate percée de trois embrasures de coulevrine[1] à feu rasant, sont de la même époque.

L'église fut aussi l'objet de la sollitude du nouveau seigneur. Il reprit l'ancienne au niveau du pavé qu'il exhaussa de un à deux mètres, l'agrandit et la réédifia en entier, mais à peu de frais et sur un plan extrêmement simple : C'est une grande *cella* à chevet pentagonal, dont le sanctuaire et le chœur — l'un et l'autre restaurés en 1846 — ont la même largeur que la nef, laquelle n'en est séparée que par un arc-triomphal en ogive. La nef n'a jamais été voûtée, bien qu'elle soit divisée en deux travées par six demi-colonnes-dosseret à base polygonale ; ces colonnes, il est vrai, atteignent à peine le milieu des murs. Les baies, étroites comme des meurtrières dont elles remplissaient l'office en temps de siège, sont profondément ébrasées à l'intérieur et se terminent en trèfle au sommet, sauf celle du chœur refaite depuis. Le portail ouvre au nord en face du sanctuaire ; sa décoration offre cette saillie des moulures propre au style gothique du XVIᵉ siècle. Une guirlande de feuilles d'armoise, profondément découpée et fouillée, court le long des deux montants qui se réunissent en glabe au sommet de la baie ogivale pour soutenir une console

---

[1] Une de ces embrasures a été remplacée par une porte dans ces dernières années.

aux armes des Verdun, supportant elle-même une grossière statue de saint Martial, le patron de l'église. Jean III, enfin, mit dans le clocher. sombre tour carrée percée au deuxième étage. sous une toiture pyramidale, de quatre baies en plein cintre. une belle cloche ayant 0^m 75^c de hauteur et 0^m 86^c d'ouverture, et pesant environ 415 kilogr. Son épaulement était orné d'une large frise portant sur deux rangs, en grands et beaux caractères gothiques. l'inscription : « L'an mil VCXIX (1519) noble Jehan de Verdun, seigneur de Cancon, et les habitans de ceste paroisse ont faict faire ceste cloche. *Ste Martialis ora pro nobis*. » Elle était entourée en outre, sous la frise, de six panneaux oblongs formant pendentifs, moulés en demi relief et représentant chacun, d'une façon naïve, un saint ou une sainte. Entre les panneaux, était reproduit six fois le sceau particulier de Jean III de Verdun : *Ecu aux armes de Verdun penché et issant à moitié du fond du scel* (de manière à ne montrer que l'étoile à 6 raies et la bande); SUPPORTS, *deux vanneaux à la huppe déployée ;* TIMBRE, *un casque fermé, taré de profil et empanaché;* DEVISE, *illisible*, dans une large bordure entourant le tout en rond [1].

Enfin. comme le pays était devenu prospère. que le commerce des grains et du bétail s'y développait sous l'influence de la paix intérieure. il fit construire une halle *remarquable*. a dit M. Cassany-Mazet dans ses *Essais sur l'arrondissement de Villeneuve* (elle n'existe plus et nous ne l'avons pas vue). aux piliers de laquelle étaient sculptées les armes des Verdun. ainsi qu'on les voit au portail de l'église. et se pourvut auprès du roi pour être autorisé à doter Cancon de marchés et de foires. comme en avaient depuis peu de temps Castelnau, Saint-Pastour et autres villes [2]; cette faveur ne lui fut pas accordée. Plus heureux. son successeur l'obtint, mais toutefois sur nouvelle demande.

---

[1] Cette superbe cloche s'étant rompue pendant la procession des Reliques, le premier dimanche de septembre 1884, elle fut descendue du clocher le 21 novembre suivant et envoyée à la refonte de Villefranche-d'Aveyron. Celle qui l'a remplacée se compose en grande partie du métal de l'ancienne; elle pèse 650 kilogr. Elle fut baptisée le 21 décembre 1884. M. et Mme Grenier en ont été le parrain et la marraine.

[2] Castelnau-de-Grattecambe eut un marché par semaine et deux foires dans l'année à partir de décembre 1529: François Ier les lui accorda (*Arch. Nat. Trésor des Chartes*, 79, 241, n° 104, fol. 22 v°). Le même roi en fit autant pour Saint-Pastour à la même époque.

Une certaine prospérité, disions nous, avait succédé dans nos contrées aux misères de la période anglaise. Néanmoins, en 1520 « de grands troubles s'élevèrent dans le pays (le Haut-Agenais) par suite de la rareté du blé et de la cherté du pain [1]. Une troupe de paysans qui avaient quitté les terres dont ils ne pouvaient payer les tailles et les rentes, parcouraient en armes le pays, pillaient les maisons nobles et les châteaux et se livraient à toutes sortes d'excès. C'étaient principalement des bandes venues du Périgord et du Quercy ; elles étaient conduites par des capitaines sans solde et d'anciens soldats licenciés. Une de ces bandes, après avoir pillé Montpazier, se jeta sur Villeréal qui eut particulièrement à souffrir et mit à sac les châteaux de Mazières, de Scandaillac et de Born. Elle envahit les terres du seigneur de Cancon qui appela à son secours, la compagnie de gens d'armes de Jacques Stuart, duc d'Albany [2], qui était en garnison à Castillonnès. Les pillards furent surpris aux environs de l'église de Saint-Pierre de Périlhac et impitoyablement massacrés. Ceux des chefs qui furent pris, furent pendus aux fourches [patibulaires] de Cancon et de Castillonnès. Ces faits remarquables se passèrent au mois de novembre de ladite année 1520 [3]. »

Cependant Verdun, servi à souhait par les événements, était devenu peu à peu un des plus riches seigneurs de l'Agenais. Nous avons vu comment des seigneuries de Laperche et d'Hautesvignes qu'il

---

[1] D'après M. Bouyssy (*Notice sur Castillonnès*, pp, 63 et 64), cette pénurie de grains était le fait des exactions des gens de guerre qui tenaient garnison en Agenais, plutôt que le résultat des mauvaises récoltes. Il y eut des plaintes portées jusqu'au trône et François Ier ordonna une enquête. En 1532 les témoins de Castillonnès déposèrent que lesdits gens de guerre avaient vécu sur le pays sans rien payer, que les dépenses qu'ils avaient faites s'étaient élevées à un chiffre plus considérable que celui des tailles. « La disette résultant de leurs ravages a été si grande, ajoutaient-ils *qu'un tiers de la population de Castillonnès est mort de faim*... Les réquisitions chez les riches les ont ruinés. Un grand nombre de cultivateurs ne pouvant payer les rentes aux seigneurs ont délaissé leurs terres pour aller mendier. La peste s'est déclarée dans le même temps (1525) à Villeréal et a complété la désolation du pays. »

[2] Jacques Stuart, duc d'Albany, avait pris du service à la cour de France et fut pourvu par François Ier d'une compagnie de 50 hommes d'armes de ses ordonnances. Il était cousin germain de Jacques V, roi d'Ecosse.

[3] Extrait de la Chronique manuscrite de l'Abbaye de Cadouin, par Jean de Pareyre (1668). Communiqué par M. O. Bouyssy.

possédait du chef de son père, il avait fini par accéder à la baronnie de Cancon. Vers 1495, il avait acheté, de concert avec sa mère, le château et une partie de la seigneurie de Gontaud pour la somme de 2,500 livres, à la famille de Mellet, seigneurs de la Roche-Marais, La Salle et Gontaud (*Nob. de G. et de G.* t. II. p. 81) [1]. Il venait d'épouser noble dame Agnès de Caumont, arrière-petite-fille de Paul de Caumont — des Caumont-la-Force — seigneur de Fauillet et de Gontaud qui lui apporta en dot une certaine somme d'argent et la terre de Fauillet, juridiction de Tonneins (*Arch. du château de Cancon*). Enfin la mort prématurée de son oncle, Pierre d'Anglades, et le décès de sa mère (vers 1507) dont il fut l'héritier universel, l'avaient fait, sans conteste, seigneur d'Anglades, de Podensac et de Baleyron, et viguier de Fronsac.

Catholique fervent à une époque où la Réforme se prêchait partout en Agenais, il fonda, pour le repos de son âme, un obit dans l'église de Cancon, et un autre dans celle d'Hautesvignes, sous réserve expresse qu'à Cancon il serait dit dans une chapelle qu'il projetait de faire construire attenant à l'église, et par quatre chapelains qu'il y établit et dota. Voici les principaux passages de ce curieux titre de fondation :

SAICHENT TOUS PRÉSENS ET AVENIR QUE EN LA PRÉSENCE DE nous, Anthoyne Robert et Nycollas Maydieu, notaires et tabellions royaulx stabliz pour le roy, nostre sire, es terres et juridictions de Cancon et Castelnau-de-Gratecambe en la seneschaussée d'Agenois et Gascogne et des tesmoings cybas nommez, a esté présent et personnellement stably noble et puissant seigneur Jehan de Verdun, seigneur dud. lieu de Cancon, d'Aultesvignes, de la Perche et Feuilhet en Agenois, d'Anglades, de Podensac et de Valeyron en Bourdelois, lequel a dit et déclaré que son intencion estait faire construyre, édiffier et bastir certaine chappelle prez et joignant l'église parrochielle de sainct Martial du présent lieu de Cancon, avec ung aultier et ymaige de nostre Dame de Pitié, en laquelle chappelle led. seigneur constituant de son bon gré, pure, franche et agréable volunté, voulant faire et

---

[1] Cette même année, 1495, il avait consenti au mariage de sa cousine germaine Anne de Naujan, fille de feu noble François de Naujan et d'Isabelle d'Anglades (sœur puînée de Catherine) dame de Laubesc ou Lambesc, avec noble François de Puchmaignan. A l'occasion de ce mariage, Anne de Naujan reçut de son cousin la maison noble de la Salle que celui-ci tenait de Guilhem de Puch (?) et qui n'était autre que le château de Madaillan, près Sauveterre, celui-là même qui avait été le berceau des premiers seigneurs connus de Cancon (*Variétés girondines,* par Léo Drouyn, p. 324).

procurer le salut de son ame, de ses feuz père, mère, femme, de tous ses parens et amys trespassez et pour tous ceulx qu'il est tenu de Dieu prier, a créé, érigé et fondé et par la teneur de ces présentes crée, érige et fonde en ladicte chapelle, a perpétuité et à tousiourmais, une messe haulte chascun jour avecques vigiles dictes à haulte voix avant ladicte messe, et, ladicte messe dicte et célébrée, chanter ung *Ne recorderis* ou autres vers pour les trespassez, sur les sépultures éleues en ladite église par ledict seigneur fondateur, et, chascun jour vespres de mors, lesquelles seront dictes et célébrées savoir est : les jours ouvriers après ladicte messe et respons des trespassez et les jours de feste incontinent après les vespres du jour si le curé en faict ou sinon alheure de vespres ; lesquelles messes, vigiles, vespres et respons des trespassez ledict seigneur constituant veult quelles soient dictes et célébrées ainsi que dict est dessus par quatre chappellains qui, par luy ou ses successeurs, seigneurs dudict lieu de Cancon au temps à venir, seront présentez et nommez à révérend père en Dieu monseigneur l'évesque d'Agen ou son vicaire et par luy instituez ; lesquels avantdictz chappellains seront tenuz dire et célébrer lesd. messes, vigiles, vespres et respons des trespassez savoir est : chascun jour de Dimanche du jour, chascun jour de Lundi des trespassez, chascun jour de Mardi de monseigneur sainct Jehan Baptiste, chascun jour de Mercredi de sainctz Fabien et Sébastien, chascun jour de Jeudi du Sainct Sperit, chascun jour de Vendredi de la Passion et chascun jour de Samedi de Notre Dame, avec ung *Ne recorderis* ou autre vers pour les trespassez à la fin de chascune desd. messes, sauf et réserve toutefoiz que lesdictz chappellains ne seront tenuz dire lesd. messes cy dessus fondées, les jours des quatre festes de Notre Dame, sinon du jour et feste de Notre Dame [de Pitié]. Et, pour la fondacion et dictacion desd. messes ainsi que dict est fondées, led. seigneur constituant de son bon gré, pure, franche et agréable volunté, non contrainct ny séduit en aucune manière, mais parce que très bien luy a pleu et plait et pour les causes susd., tant pour luy, ses heoirs héritiers et successeurs et qui de luy auront droict et cause, adonne, cède, quicte et transporte, à perpétuité et à touiourmais, auxd. quatre chappellains que par luy seront nommez et présentez à mond. seigneur l'évesque d'Agen et par luy ou son vicaire instituez en ladicte chappelle, savoir est : La maison noble et reppaire de la Louverie, assize et sictuée en la paroisse et juridiction du présent lieu de Cancon avecques toutes et chascunes ses appartenences et dépendences quelzconques, contenant le tout trente-deux sexterées de terre ou environ, confrontant, d'une part au chemyn par lequel l'on va dud. Cancon vers Lauzun, d'autre part au ruisseau du Tholozat, suivant led. ruisseau tout du long vers le hault jusques aux terres des heoirs de feu Guillaume Miquel et Peyrot Miquel et leurs consors et aux terres ded. Miquelz, led. ruisseau entre deux montant du long jusques aux terres de Bernard Dutrueil, et, aux terres dud. Dutrueil jusques aud. chemyn, boules de pierre entre deux ; et plus, une autre maison, grange et héritaige, contenent vingt sexterées de terre, assizes et sictuées en la paroisse de sainct Jehan des Bardes en la juridiction dud. lieu de Cancon, confrontant, d'une part au chemyn par lequel l'on va de ladicte église des Bardes vers l'église de saint Maurice du cousté senestre et aux terres desd. Miquelz et leurs consors et avecques led. ruisseau du Tholozat et au chemyn par lequel lon va du villaige desd. Miquelz, estant en lad. paroisse de Cancon, à lad. église des Bardes et dud. chemyn montant le long et joignant les terres de Jehan Seguyn et ses consors jusques au premier chemyn et première confrontacion cy dessus déclarée; et davantaige, une pièce de vigne assize et sictuée en la paroisse dud. Cancon, confrontant, d'une part aux terres dud. seigneur constituant, et aux terres des heoirs de feu Gassiot Laborde de deux pars, et au chemyn qui va dud. Cancon à Montflanquin d'autre part; et plus leur a cédé, quicté et transporté tout les droict, nom, raison et action que led. seigneur constituant a et peult avoir sur led. reppaire, maison, grange, vigne et héritaige cy dessus confrontez et désignez, fruictz, prouffitz, revenu et esmolument qui y proviendront; ensemble tout et chascun le bétail qui aprésent est ausd. reppaire et héritaige pour d'iceulx reppaire, vigne et héritaige dessus confrontez et désignez, avoir, joyr et user noblement, franchement, en franc alo, plainement et paisiblement comme de leur propre chose sans aucune rétencion ou réservacion de cens, rente, gabelles, taille ne autre subcide que led. seigneur faict [abandon] pour luy, ses heoirs et successeurs et qui de luy auront droict et cause; sauf et réserve que incontinant ce lesd. quatre prebtres seront par luy présentez à mondict seigneur d'Agen et par luy instituez en ladicte chappelle, seront tenuz recognoistre tenir noblement lesd. choses cy dessus confrontées et déclarées à foy et hommaige dud. seigneur constituant au debvoir d'une paire de gans à muance de seigneur et la souveraineté aud. seigneur constituant, et... (ici les rats ont pratiqué dans le parchemin un trou qui s'étend sur la ligne suivante)... temps à venir seront tenuz faire lesd. foy et hommaiges aux successeurs dud. seigneur au debvoir susd. et que icelluy seigneur ou ses successeurs touteffoiz.... bailleront aud. quatre chappellains ou leurs successeurs cent livres tournoises de cens et rente annuelle et perpétuelle en bons et compectans fiefz en la présente sénéchaussée en tout droict de fondalité [pour qu'ils] puissent recouvrer et retirer lesd. reppaire, vigne et héritaige cy dessus confrontez et désignez si bon leur semble sans aucune contradiction; et quand lesd. quatre chappellanyes ou aucune d'icelles vacqueront, le droit de présentacion sera et appartiendra audict seigneur fondateur ou ses successeurs et héritiers universaulx et l'institucion à mond. seigneur l'évesque d'Agen; et que les prebtres et chappellains qui pour le temps à venir seront présentez et nommez aud. évesque d'Agen en ladicte chappelle par les héritiers et successeurs dud. seigneur fondateur soient filz de ladicte parroisse ou juridiction, à tout le moins les troys, et qu'ilz saichent leur plainchant et aussi quilz soient bien vivans, ydoynes et souffisans et facent ré-

sidence aud. lieu continuellement et ne puissent résigner, permuter ou
desmectre, en façon que ce soit, desd. chappellanyes, ny disposer desd.
biens à eulx donnez par led. seigneur fondateur, ny bailler à aucune personne pour aucun cens ou rente sans le sceu, vouloir et consentement dud.
seigneur fondateur ou de ses successeurs patrons ; et seront tenuz iceulx
prebtres convoquer et appeller led. seigneur ou ses successeurs ou ceulx
qui auront charge pour eulx en la place dudict lieu, avant que commencer
la messe ; et pour la conservacion de lad. fondacion et que le curé de
ladicte église ou ses successeurs pour le temps à venir soient plus inclins
à faire entretenir led. service, led. seigneur constituant veult et donne
[au dict curé] par tant que besoing est, la cinquiesme partie de tous et
chascuns les fruictz, revenu et esmolumens ded. reppaires et héritaiges
cy dessus confrontés, en faisant par luy résidence aud. lieu et servant de
son cousté la chappelle comme ung des quatre chappellains en personne
et non autrement ; cela et au cas que led. curé ne vouldrait faire ladicte
résidence et dire le divin service comme ung des autres, que lesd. quatre
chappellains ayent, cueillent et prennent tous et chascuns les fruitz ded.
choses cy dessus confrontées et désignées sans en bailler aucune chose
aud. curé ou ses successeurs curez de ladicte cure, et seront tenuz lesd.
chappellains dire et célébrer led. service en l'église dud. lieu de Cancon
jusques à ce que lad. chapelle sera bastye et édifiée par led. seigneur
fondateur ou ses successeurs.

Et davantaige, par cesd. présentes, led. seigneur constituant a institué
et fondé en l'église de St Etienne dudict Aultesvignes une messe basse des
trespassez a estre dicte et célébrée par le prebtre ou chappellain qui par lui
sera présenté et nommé à révérend père en Dieu monseigneur l'évesque
d'Agen ou par luy ou son vicaire institué, chascun jour de Lundi, avecque
un vers pour les trespassez ; et pour la dotacion et fondacion d'icelle messe
led. seigneur constituant, a donné et donne dix francs bourdelloiz sur sad.
seigneurie d'Aultesvignes aud. prebtre qui par lui sera présenté à mond.
seigneur d'Agen, à iceulx prendre et lever chascun an sur le receue dud.
lieu pour icelluy constituant, jusques à ce que par luy ou ses successeurs
luy sera assigné, ou aux successeurs dud. chappellain, lesd. dix francs
bourdelloiz de rente en bons et compectans fiefz en lad. séneschaussée
d'Agen ; et sera tenu icelluy chappellain appeler led. seigneur ou ses successeurs patrons quant serontsur les lieux, ou le cappitaine ou autre ayant
charge pour eulx aud. chasteau d'Aultesvignes, quant vouldra célébrer la
dite messe, en soy réservant le droict de patronnaige et autres choses et
droictz cy dessus expéciffiez et déclarez.

Et en oultre, par cesd. présentes, led. seigneur fondateur supplie et
requiers mond. seigneur d'Agen ou son vicaire que son bon plaisir soit
mectre et interposer son décrect et auctorité épiscopale esd. fondacions en

la forme, condicion et manière quelles sont cy dessus couchées et, icelle
interposicion de décrect faicte, agréger et incorporer lesd. chappelles au
nombre des autres bénéffices de sa dyocèse, en réservacion aud. seigneur
patron et à ses héritiers et successeurs patrons la présentacion de quatre
chappellains quant vaccacion y escherra, ensemble dud. Aultesvignes,
telle que de droict est donnée aux patrons, l'ayent. Et a promis led. seigneur patron faire joyr, etc.. Renunciant quant à ce à toutes excepcions,
cavillacions, cauthelles et aydes, etc... Et a juré aux sainctz Evangilles,
etc... Desquelles choses cy-dessus spéciffiées et déclarées ledit seigneur
nous a demandé et requis estre faict instrument tant pour luy, etc... afin
que ce soit [chose perpétuelle et durable à tousiourmais, que lui avons
octroyé et accordé.

Ce fut fait et passé au chasteau et place de Cancon, le dix-huictiesme
jour du moys d'octobre, l'an mil cinq cens vingt et trois, es présence de
maistre François Dutrueil, prebtre, bachelier ez droiz, curé d'Amant et de
Golengz, au dyocèse de Condom, Jehan et Martial Dutrueil, père et filz, Jehan Bourgade, Pierre de Marcillac et Jehan Valet, habitans dudit Cancon,
tesmoings appellez et requis ; et a, icelluy seigneur constituant, signé le
présent contract de son seing et faict apposer le scel de ses armes pour plus
grande fermeté et valeur.

Verdun,   Robert, n^{re},   N. Maydieu, n^{re}.

(Sceau particulier de Jean de Verdun. Original sur parchemin, des archives du château de Cancon, aux mains de Madame la comtesse de Noailles.)

Dans le mur occidental de l'église, il fit ouvrir en brèche quatre
grandes arcades, deux de chaque côté d'une petite porte carrée (la
porte seigneuriale) qui en occupait le milieu, et y adossa une chapelle longue et étroite en forme de bas-côté. On y descendait de la
rue Porte-fausse qui la longe en contre-haut d'un bout à l'autre, par
un portail orné de sculptures et par un escalier intérieur de
quelques marches. Cet escalier, correspondant avec la porte
seigneuriale, coupait la chapelle en deux, pris qu'il était entre
deux lourdes arcades tranversales qui supportaient au-dessus de lui
un haut et gracieux campanile en pierre dans lequel était le beffroi
ou cloche du seigneur. Cet édifice, construit peu de temps après
l'église, est du même style que celle-ci ; il y a de plus des voûtes de
pierre renforcées de liernes et de tiercerons disposés en étoiles. Il
se composait à l'origine de quatre petites travées, y compris le chœur.
Aujourd'hui il en a cinq, par suite de la disparition du campanile, de
l'escalier et du portail extérieur, ce qui lui enlève la régularité et
toute espèce d'originalité et de caractère. C'est dans la travée su-

périeure, élevée d'un degré, plus soignée dans son ornementation et communiquant avec le chœur de l'église par la première arcade, qu'était l'image ou statue[1] et l'autel de N. D. de Piété ; celui-ci adossé à un chevet plat faisait face au fond.

Pour épuiser un sujet sur lequel nous n'aurons plus à revenir, ajoutons que ces dispositions premières de la chapelle furent maintenues jusqu'à la fin du xvie siècle. A cette époque, par autorisation expresse du seigneur, les deux arcades qui soutenaient le campanile à droite et à gauche du petit escalier, furent remplies de bâtisses, c'est-à-dire que d'une chapelle on en fit deux ; puis, dans chacune de celles-ci, ont mit deux autels qui se firent face l'un à l'autre ; enfin, dans les arcades longitudinales de la nef, on assujetit quatre balustrades, une pour chaque autel : ces autels ont été consacrés à divers saints, selon les circonstances et l'engouement du jour.Plus tard encore, un autel fut supprimé dans chaque chapelle ; on ne laissa en place que les deux des extrémités, dont l'un fut dès lors abandonné à la confrérie du Rosaire et l'autre à celle du Scapulaire. C'est M. le curé Gras qui, en 1844 ou 1845, a transformé le petit édifice ainsi qu'on le voit aujourd'hui et l'a privé de son escalier, de sa porte monumentale et de son campanile, que déjà la Révolution avait mutilés. Il est à remarquer que les armes des Verdun sont reproduites sur deux clefs de voûtes de la chapelle et au sommet d'une arcade, dans le chœur de l'église, juste au-dessus de l'endroit qu'occupait le banc seigneurial. L'étoile qui y figure a tantôt huit, tantôt six, tantôt cinq rais ; le reste est conforme dans les trois blasons (voir plus haut).

Jean III avait eu de son union avec Agnès de Caumont quatre filles : Marie, Françoise, Gabrielle et X... ; celle-ci mourut avant d'avoir atteint sa majorité.

Par contrat du 7 ou 8 novembre 1526, reçu par Me Landrevy Gay, il maria l'aînée, Marie, à haut et puissant seigneur Charles de Montferrand, vicomte de Castelmoron et de Foncaude, seigneur de Gironde, fils aîné de Jean de Montferrand et de Louise Boufili de Juge, nièce d'Alain d'Albret dit le Grand ; il lui donna en dot la terre et le château de Cancon après sa mort et la fit, du reste, son héritière universelle.

---

[1] Cette statue sculptée dans un seul morceau de bois, existe encore. Elle est sur la galerie du presbytère où tout le monde peut la voir. La tête de la Vierge a beaucoup d'expression ; tout le reste, passablement vermoulu, est sans valeur artistique. C'est une copie, dirait-on, de la *Pietà* de Biron,

Peu après, la deuxième, Françoise, à qui il donna la maison noble d'Anglades, fut prise en mariage par Messire Antoine de Montpezat, chevalier, seigneur de Laugnac, fils puîné du haut baron de Montpezat et de Madaillan, près Agen, et de Jeanne de Roquefeuil. Elle fut la mère du fameux capitaine des *Quarante-cinq*, espèce de garde prétorienne du roi Henri III, que l'assassinat du duc de Guise et un roman d'Alexandre Dumas ont tristement immortalisés.

Le 6 février 1535 (1536 *n. st.*) le contrat de mariage de la troisième, Gabrielle, fut passé par devant Me Antoine Robert, notaire à Cancon. Elle épousait haut et puissant seigneur François de Fumel, chevalier, seigneur baron de Fumel, seigneur de la Caussade. chambellan et gentilhomme ordinaire du roi, chevalier de ses ordres, gouverneur de Marienbourg, ambassadeur extraordinaire à Constantinople, capitaine des gardes de la porte du roi, etc., dont nous aurons à raconter la mort tragique. Elle reçut en dot les place, terre et seigneurie d'Hautesvignes en acquit d'une somme de 10.000 fr. bourdelois à 15 sols tournois pièce, déjà promise le 3 janvier précédent, et tous les biens que son père possédait dans les juridictions de Gontaud et de Tonneins (la seigneurie de Fauillet). Elle reçut, en outre, un trousseau digne de la « qualité et maison » dont elle sortait et de celle où elle entrait. En échange, elle renonça le même jour à tous ses droits de succession en faveur de son père. Messires **Ant.** de Montpezat et Ant. de Jehan, sieur de Saint-Projet, qualifiés tous deux de nobles et puissants seigneurs, étaient présents au contrat (*Nob. de G. et de G.* et autres documents particuliers).

Ces mariages furent célébrés à Cancon. Jamais notre modeste église ne vit en si peu de temps un pareil concours de grands seigneurs.

Verdun mourut le 24 mars 1535 peu de jours après le mariage de sa fille Gabrielle ; il fut enseveli, selon ses désirs, dans le caveau des seigneurs de Cancon, qu'il avait fait restaurer en même temps que l'église. Ce caveau était et est encore sous les marches de l'autel. Il fut ouvert vers 1825 (M. Descamps était alors curé), à l'occasion d'une réparation au dallage, en présence de nombre de personnes. Plusieurs de celles-ci, qui étaient alors des enfants ou de tout jeunes gens, se sont accordées à nous dire que ce caveau était carré, qu'il y avait dans le sens de la largeur deux tombes recouvertes chacune par une longue pierre sur laquelle était scellé un gros anneau de fer. Ces pierres soulevées, on trouva dans l'une des tombes beaucoup d'ossements, mais pas autre chose, De la seconde on retira un squelette de grande taille recouvert d'une armure complète en fer forgé damasquiné d'or, qui, d'après la description qu'on nous en a faite devait dater du commencement du xvi⁰ siècle. Le casque était, a-t-on dit, de la dimension d'une *citrouille*, la cuirasse se terminait en pointe à la ceinture et les éperons dorés avaient des molettes énormes. Il est probable que ces dépouilles mortelles étaient celles de Jean III de Verdun. On n'a pu nous dire si elles furent rendues à la tombe ou déposées dans un autre lieu. De nouvelles fouilles, fourniraient peut-être quelques clartés à cet égard.

Vers le même temps, quelques familles nobles du pays demandèrent à l'autorité diocésaine et obtinrent, moyennant finances, d'avoir, à l'instar du seigneur, un banc [1] et un tombeau sous ce banc, dans l'église de Caucon. Par la suite, ce privilège s'étant étendu aux riches familles roturières, le nombre de ces bancs et tombeaux fut porté et fixé à douze, six de chaque côté de la nef. D'autres habitants moins fortunés, purent se faire ensevelir sous le porche et dans la petite cour grillée qui précède celui-ci. On enterrait les gens du menu peuple dans le cimetière, qui était alors situé à la Barrière en dehors de la ville. Les restes mortels des prêtres (curés, vicaires ou chapelains), des principaux fonctionnaires publics et seigneuriaux, trouvaient place dans les chapelles, quand ils n'appartenaient pas à une famille du pays ayant banc et tombeau dans la nef. Ces usages et privilèges ont duré jusqu'à la Révolution.

Jean de Verdun avait fait son testament le 12 mars 1532, signé Pontac (*Inventaire des titres de Durfort*). Il y instituait héritière universelle sa seconde fille, Françoise. Lorsque celle-ci voulut recueillir l'héritage, elle se heurta à l'opposition de Marie, sa sœur aînée, qui soutint qu'aux termes de son contrat de mariage et de celui de leurs auteurs communs, elle avait été déjà élue héritière universelle et que par ce fait l'élection de la cadette était nulle [2]. Françoise résista : un procès suivit qui dura sept ou huit ans et se termina à la satisfaction de la dame de Montferrand. En effet, un arrêt de la cour de Parlement de Bordeaux, rendu vers 1543, la déclara héritière uni-

---

[1] Ces bancs avaient « six grands pieds et demy de long et deux pieds et demy de large » ; quatre grandes personnes pouvaient s'y tenir facilement assises.

[2] *Recueil d'arrêts notables des cours souveraines de France,* par Jean Papon (1608) p. 1127.

verselle de ses père et mère et c'est en cette qualité que, l'année suivante, elle ratifia la donation de la terre d'Hautesvignes, que son père avait faite à Gabrielle, sa sœur, lors du mariage de celle-ci avec le baron de Fumel (ratification signée A. Robert, notaire ; *Arch. du chât. de Cancon*) ; néanmoins la dame de Montpezat ou plutôt ses héritiers — elle était morte pendant la durée du procès — restèrent maître des seigneuries d'Anglades, de Podensac et de Baleyron. nous ne savons pourquoi (*Variétés Girondines*, Izon. p. 98).

Avant d'aller plus loin il est bon de noter ici les noms de quelques consuls de Cancon que la confiance de leurs concitoyens envoya siéger à cette époque aux Etats d'Agenais dont les pouvoirs, à l'origine, avaient une grande analogie avec ceux des Conseils Généraux de nos jours. Ces élus furent en 1524, Pierre Miquel ; en 1525, Antoine Biche ; en 1533, Géraud Molin ; en 1536, Arnaud Armilhac ; en 1537, Jean Lagnel ; en 1538, Jean Teuiy. En 1536, on eut à répartir sur tout le pays d'Agenais, l'entretien de 67 hommes d'armes et 100 archers ; pour cette contribution Cancon fut uni à Monclar et dut payer 80 livres 17 sols [1].

XIV.

Charles de Montferrand (de 1535 à 1556). — Le château de Cancon au XVIe siècle. — Établissement en ville d'un marché par semaine et de trois foires dans l'année.

La maison dont sortait Charles de Montferrand, le nouveau seigneur de Cancon du chef de sa femme, a été sans contredit une des plus grandes, des plus riches et des plus illustres de la Guienne [2]. Son chef-manoir était à Monferrand dans l'Entre-deux-mer ; elle remontait à Tizo de Barès qui, d'après G. de Lurbe, vivait en 1168 et a été le premier seigneur connu de Montferrand. Au commence-

---

[1] Archives départementales, CC. 49. Nous avons restitué aux noms de personne leur véritable orthographe.

[2] ARMES : *Palé de gueules et d'or de huit pièces à la bordure de sable chargée de huit besants d'argent.*

M. A. Communay vient de publier sur cette maison un très remarquable ouvrage qu'il a intitulé modestement : *Essai généalogique sur les Montferrand de Guyenne.* C'est un des plus complets, et le plus documenté que nous connaissions. Nous nous honorons d'y avoir collaboré, bien que pour une part minime.

ment du XVIᵉ siècle, elle se subdivisait en trois branches : 1° les barons de Montferrand ; 2°, les vicomtes de Foncaude ; 3° les soudans
de La Trau. Charles était le chef de la deuxième. Lors de son mariage il s'était dit, « du consentement et donation » de sa mère, vicomte de Foncaude et de Castelmoron, seigneur de Gironde. En
réalité ces deux dernières terres appartenaient à sa grand'mère,
Marie d'Albret, et celle-ci les avait données par testament en date
du 31 mars 1519 (avant Pâques), à David de Montferrand, seigneur
de Roquetaillade, un frère puîné de Charles; il est vrai que celui-ci
l'ignorait encore. Cette substitution d'héritier fit naître, par la suite,
de vives contestations entre les deux frères : une transaction
(29 mars 1537) y mit fin. Charles dut abandonner à David, pour sa part
d'héritage, trois parties et demie (les douze faisant le tout) des seigneuries et dépendances de Gironde et de Castelmoron, plus vingt-
cinq livres de rente sur la vicomté de Foncaude et cinq cent cinquante livres pour sa part de meubles meublants. Cette transaction
fut rendue nulle par une sentence du sénéchal de Bazadais (21 novembre 1542), qui obligeait les deux frères à revendre à Henri II,
roi de Navarre, les dites seigneuries. Le prix de cette rétrocession
s'élevant à 73.000 liv. tournois, fut partagé entre les deux frères
suivant leurs droits respectifs [1].

Charles de Montferrand [2] et Marie de Verdun, sa femme, firent
hommage de leurs terres au roi François Iᵉʳ en 1540. Acte leur en
fut donné le 28 avril de la même année (*Arch. nationales,* P. 558 [2],
côte 1246).

Jean III de Verdun avait entrepris la reconstruction du château
de Cancon, mais il n'avait pu terminer son œuvre faute d'argent,
semble-t-il. Le nouveau seigneur, désirant en faire sa résidence
habituelle, résolut de l'achever. Il fit venir de Cahors un habile
maître maçon, Nicolas Collas, qui dressa le plan (*pourtraict*) et le
devis des constructions qu'il restait à faire et les exécuta à la satisfaction de son commettant, avec l'aide de Maillard, maître charpen-
tier à Fauillet, de Pierre Perros, d'Hautesvignes, et d'Étienne Jaulen,
de Villeréal, maîtres couvreurs, de Garros, peintre à Villeneuve;
d'un fondeur d'Aurillac, d'un plombier d'Assier en Quercy et des tâ-

---

[1] A. Communay, *Essai généalogique,* (*ibid.*) p. LVI.

[2] Tous les Montferrand de Cancon ont signé : *Monferran* ou *Monferrant,*
néanmoins nous avons cru devoir adopter ici l'orthographe *Montferrand* qui
est aujourd'hui la seule admise.

cherons-manouvriers Lornat et Mouret, de Périllac. En outre de plusieurs travaux de défense, une vis d'escalier, plusieurs tours et tourelles et un grand corps-de-logis furent alors édifiés ou réparés dans le style de la Renaissance encore tout nouveau à Cancon. Les baies, les frises, les corniches des bâtiments et le chambranle des cheminées et chauffe-panses furent faits « de piarre de taille avecque des moulures d'antique belles et honnestes. »

Les procès-verbaux de ces entreprises furent tous passés au château de Cancon, du 11 novembre 1544 à la fin de 1548, par devant Me A. Robert, notaire royal, en présence le plus souvent de M. Antoine Debort, maitre d'hôtel du seigneur, de Mre Jean Calponnède « escolier», de Roussannes et de Jean Dheure, témoins.

L'étude de ces procès-verbaux et la relation des perquisitions minutieuses faites au château en 1703 à la suite de vols qui y furent commis, nous apprennent que celui-ci avait le même plan par terre que l'ancien : l'aspect seul avait changé. C'était un mélange d'édifices disparates, gothiques et renaissance, converts de toitures en pyramide, en poivrière, en dôme, disposés en carré tout autour d'une petite cour intérieure où il y avait un grand banc en pierre et, auprès, un puits alimenté par une source et par les eaux des toitures[1]. On y accédait par les mêmes poternes, passages et portes fortifiés. L'entrée principale faisait face au midi ; c'était un passage voûté, défendu par trois machicoulis extérieurs, par deux portes à doubles vantaux munis de verroux énormes et de bandes de fer, placées une à chaque extrémité, et aussi par un canon de fer du calibre 12, de deux mètres cinquante centimètres de long, mis en batterie audessus[2]. En pénétrant dans la cour intérieure, on avait, à gauche et en face, du côté de l'ouest et du nord, une série de tours rondes ou carrées à casemate, de bâtiments plus grands dans lesquels il y avait une chapelle et des « réduits » voûtés où se voyaient une écurie,

---

[1] A ce carré de bâtisse fut joint par la suite un bâtiment peu élevé qui lui fit suite à l'est, du côté de la ville. On y mit les cuisines et leurs dépendances.

[2] Ce canon était braqué sur le Deffès. Echoué parmi les ruines du château, il était encore là en 1830. Lors du mouvement révolutionnaire de cette époque, M. Christophe de Beaumont à qui il appartenait, craignant de le voir tomber aux mains d'émeutiers, l'envoya à Villeneuve et le donna aux royalistes de cette ville. Ceux-ci, craignant à leur tour que les républicains s'en emparassent et s'en servissent contre eux, jugèrent prudent de le jeter, en compagnie de quatre autres qu'ils possédaient déjà, dans le Lot, au-dessous de la grande arche du pont. (Communiqué par M. Trubelle père, à Dheure).

une fournière, une étable et un moulin à bras lequel ne servait qu'en temps de siége. Le principal corps de logis était à droite; il dominait la ville de toute la hauteur d'un terre-plein de 6 à 7 mètres et de ses trois étages surmontés d'une toiture fortement déclive couronnée elle-même de grandes girouettes et d'une arête festonnée et découpée à jour. Au rez-de-chaussée se trouvaient les cuisines, les celliers voûtés en pierres et autres réduits éclairés seulement du côté de la cour par d'étroites fenêtre grillées. Au premier étage il y avait la « salle de justice » qui servait aussi de salle de réception, l'office ou « sommellerie », les appartements de « Monsieur », la « chambre des filles », la « salle des archives » servant de cabinet de travail au seigneur, etc, La plupart de ces pièces prenaient jour par de larges verrières qui ouvraient de plein pied sous une vaste galerie couverte régnant tout le long de la façade du côté de la ville; elles étaient pavées de petits carreaux polygones ou carrés; aux plafonds, les poutres et poutrelles étaient ornées de moulures; les cheminées, les portes et les fenêtres étaient peintes à l'ocre jaune; enfin, elles étaient meublées de bahuts, coffres, siéges, etc., en bois de noyer. Au second, il y avait la salle du «baritaut (?)», le cabinet des « essences », et des chambres pour les domestiques et la garnison, où trouvaient place quatre-vingts lits divers. Plus haut encore, des galetas et des greniers étaient compris dans le vide de la toiture en pignon aigu. Le tout était desservi par des « courroirs » (corridors) aboutissant à une magnifique vis en pierre de Calbiac (juridiction de Monflanquin) de quatorze pieds de diamètre composée de soixante marches. A partir du galetas, la vis ramenait son diamètre à dix pieds et se continuait par vingt-quatre marches jusqu'à une lanterne belvédère couverte en dôme et d'où l'œil embrassait le plus vaste horizon.

Voici un aperçu du prix des matériaux employés et de quelques fournitures qui furent faites pour l'agrandissement ou la réparation du château :

60 pierres de sept pieds et demi de long et de deux grands pieds de large par le fond (pour l'escalier à vis) prises sur place à la carrière de Calbiac, coûtèrent dix sols tournois l'une; 24 autres de cinq pieds de longs (pour la continuation de l'escalier jusqu'au belvédère) prises à la même carrière, quatre sols tournois l'une;

Les quartiers de tuf, dit alors « pierre de brasier », c'est-à-dire résistant au feu, de deux pieds de long, d'un pied de large et d'un pied de haut, pris aux carrières de Terreblanque, de Lougratte ou ailleurs, 22 à 26 livres tournois le mille;

Les moellons de tuf (carrière de Bouygues) cinq deniers tournois la charreté rendue au château ;

Les pierres calcaires du Deffès choisies pour être converties en chaux, quatre deniers la charretée rendue au château ;

Le milier de tuiles à crochet, 35, 37 ou 40 sols tournois ; les tuiles *canal* 15 ou 20 sols ; les briques *barrons*, les carreaux, 25 ou 30 sols, selon que le seigneur les prenait fabriqués dans « sa tuilerie de Malaise » ou les achetait à des tuiliers qui fabriquaient chez eux ;

La fourniture et la pose de « ferrure de huit croisées ferrées en fiche, des guiches et autres garnitures, le tout bien estamé et bruni en estat de bon maistre serrurier » 56 livres tournois ;

La fourniture et la pose de grilles aux fenêtres et de fers dans les prisons du château, à raison de 13 deniers tournois la livre de fer ouvré ;

Le carreau de vitre en verre blanc, trois sols tournois le pan en carrés ;

Enfin la peinture de six cheminées ou chauffe-panses et de la plupart des portes, fenêtres et croisées du principal corps de logis fut payée 40 livres tournois, plus la nourriture du peintre.

Peu après l'établissement des fondations obituaires de Jean III de Verdun, une des plus anciennes églises de la contrée, St-Pierre de Périllac, érigée probablement non loin des ruines de l'antique oratoire de *Primuliacum*, était devenue une annexe de notre ville après en avoir été autrefois la matrice. Dès lors la cure de Cancon avait été une des plus opulentes du diocèse [1] et un objet de convoitise pour les chanoines du chapitre diocésain qui, profitant des désordres religieux du temps, étaient parvenus à s'en attribuer les revenus ; ils n'attendaient même qu'une occasion favorable pour rendre cette attribution régulière et définitive, lorsque vers 1540, le cardinal Jean de Lorraine fut autorisé à joindre l'évêché d'Agen aux treize sièges épiscopaux, dont il était déjà pourvu. Jugeant le moment opportun, les chanoines envoyèrent au nouveau prélat qui était alors à Mandray, en Lorraine, pour être soumis à son appro-

---

[1] Ce bénéfice était auparavant de moindre valeur. Il était occupé en 1507 par Jean de Caumont, fils d'Arnaud, baron de Lauzun, qui l'abandonna cette année-là en échange d'un poste *plus important* que des sommités ecclésiastiques du diocèse s'engagèrent à lui faire accorder, (*Hist. mon. et relig. du dioc. d'Agen*).

bation, un projet d'union qu'ils avaient préparé de longue main.
Mais, le projet arriva trop tard : le cardinal avait déjà disposé du
riche bénéfice qu'ils voulaient s'approprier, en faveur d'une italien-
ne, Constantia Rangonia, à laquelle il assigna, en outre, pour résidence, le château de Bazens, propriété des évêques d'Agen, près le
Port-Sainte-Marie. Le vrai motif de ces libéralités est assez difficile
à dire et nous importe peu, du reste. Constantia Rangonia était veuve de César Frégose, général des armées de la République de Venise
mort assassiné au service de la France ; le roi François Ier l'avait
prise sous sa protection, elle et ses enfants : le second de ceux-ci,
Janus Frégose, fut fait évêque d'Agen en 1555, (Arch. de l'évêché,
II. 104-120).

A la mort de Constantia un prêtre « distingué » — nous n'en savons pas plus long sur ce personnage, — fut nommé à la cure de
Cancon. Tous les fruits du bénéfice lui furent alloués et ses successeurs en jouirent sans conteste jusqu'en 1740. Nous y reviendrons.

Cependant Cancon avait atteint l'apogée de sa prospérité. L'agriculture y était en progrès et le commerce ne demandait qu'à être
encouragé pour s'y développer largement. Dans le but d'augmenter
les transactions et d'attirer des trafiquants en plus grand nombre
dans sa ville, Charles sollicita pour elle des foires et des marchés
auprès de l'autorité supérieure. Plus heureux que son prédécesseur,
il vit sa demande exaucée en 1555 de la manière suivante :

LETTRES ROYAUX *d'Henry II, roy de France donnés à la supplication du
sieur et dame de Cancon pour un marché par semaine et trois foires dans
l'année.*

HENRY, par la grâce de Dieu, roy de France, sçavoir faisons à tous présens et advenir, nous avoir receu l'humble supplication de noz chers et
amez Charles de Montferrant, chevalier, vicomte de Fontcaude, et Marie
de Verdun, damoiselle sa femme, séigneur et dame du lieu et jurisdiction
de Cancon en la seneschaussée d'Agenois, contenant que led. lieu de Cancon est assiz en bon et fertil pays et bien peuplé auquel fréquentent plusieurs marchans ; pour raison de quoy serait chose très-utile et profficta-
ble pour nous et pour la chose publicque dud. lieu et pays qu'il y eust
marché par chescune sepmaine et troys foires l'an, s'il nous plaisait les y
créer, ordonner et establir, et sur ce leur impartir noz lettres à ce requises
et nécessaires, humblement requérant icelles.

POUR CE EST-IL que nous inclinans libéralement à la supplication et
requette desd. supplians, désirans le bien et utilité de nos subjetz, avons

aud. lieu de Cancon, créé, ordonné et estably et par ces présentes de notre grâce spéciale, playne puissance et auctorité royale, créons, ordonnons et establissons ung marché chescune sepmayne et troys foyres par chescun an pour y estre dorénavans et tousiours perpétuellement tenuz, entretenuz et continuez. C'est assavoir led. marché chescun jour de Lundy de la sepmayne; la première desd. foires le sixiesme de janvier, la seconde le XXIX⁰ de juing et la tierce le huictiesme de décembre. Es quelles foires et marché voullons et octroyons que tous marchans y puissent aller et venir, sejourner et retourner seurement et saynement, vendre, achapter, stroquer et eschanger toutes denrées et marchandises licites ; et en icelles tant allant, séjournant, que retournant, joyr et user de tous telz droictz previllièges, libertez et franchises quilz ont à coustume joyr ez aultres foires et marchez dud. pays ; pourveu qu'il n'y ait aud. jours respectivement aultres foires et marchez à quatre lieues à la ronde.

ET DONNONS EN MANDEMENT par ces présentes au séneschal d'Agenois ou son lieutenant et à tous nos aultres justiciers, officiers ou à leurs lieuxtenens et à chescuns deulx, si comme à luy appertiendra, que de nos présentes grâce et establissement ilz facent, souffrent et laissent lesd. supplians et les marchans allans, venans, séjournans et retournans esd. foires et marché, joyr et user playnement et paisiblement ; et lesd. foyres et marché facent crier, signiffier et publier ez lieux quil appartiendra et dont seront requis ; et pour tenir lesd. foires et marché plus seurement, leur permectent et auxquelz avons permis et permectons par cesd. présentes, faire construire et ediffier places, halles, bancs, loges et aultres choses nécessaires et convenables comme ils voiront au cas appartenir, sans leur faire mectre ou donner ne souffrir estre faict uns ou donné aulcun trouble, destourbier ou empeschement, au contraire. En récompensant touteffois par lesd. supplians ceulx ausquelz appartient le lieu et terre où seraient et pourraient estre éddiffiées lesd. halles, au cas que icelles terres ne feussent et ne soient des appartenances d'icelle baronnye de Cancon ou d'aultre bien à eulx appertenant car tel est nostre plaisir. Et affin que ce soit chose ferme et stable à tousiours, nous avons faict mectre nostre scel à cesd. présentes sauf en aultres choses nostre droict et l'aultruy en toutes. Donné à Villiers-Costeret au mois d'octobre, l'an de grâce mil cinq cens cinquante cinq et de nostre règne le neufsviesme [1].

Par le roy, le seigneur de St-Martin, maistre des requestes ordinaires de lhostel, présent,　　　　　　　　　　　　　　　LAUSSE.

(Sceau royal en cire blanche),

---

[1] Original sur parchemin des archives du château de Cancon appartenant à Madame la comtesse de Noailles.

Depuis cette époque, le marché s'est tenu et se tient toujours le lundi dans notre ville. Les foires de l'Epiphanie, de la St-Pierre, (celle-ci se tient le 1er juillet) et de N. D. de décembre, sont encore nos meilleures foires,

Charles de Montferrand mourut vers 1556-1557. Marie de Verdun lui survécut encore longtemps. Leurs enfants furent :

1º JEAN, qui suit ;

2º FRANÇOIS, qui continuera la descendance ;

3º MARIE DE MONTFERRAND, femme, le 12 janvier 1552, de Louis de Lur, vicomte d'Uza, baron de Fargues, Malengin, vicomte d'Aureillan, etc., chevalier de l'ordre du roi, chambellam de Sa Majesté, gouverneur de Saint-Sever, vice-amiral de Guienne, sénéchal du Bazadais, chef et capitaine général des galères au siège de La Rochelle [1]. Marie vivait encore en 1585.

4º MARGUERITE DE MONTFERRAND, dame de Moulinet, mariée le 29 décembre 1557 à messire Charles de Montferrand, chevalier de l'ordre du roi, premier baron de Guienne, baron de Montferrand, de Langoiran et de Frespech, maire et gouverneur de Bordeaux, chef de la branche aîné des Montferrand [2].

---

[1] Louis de Lur mourut au siège de la Rochelle âgé de 35 ans. L'historien de Thou dit : « On regretta surtout le vicomte d'Uza, très-bon officier de terre et de mer ». Il est parlé plusieurs fois de lui dans les *Commentaires* de Monluc, entre autres à l'occasion du siège de Rabastens. Il reçut plusieurs lettres des rois Charles IX et Henri III, alors duc d'Anjou, du prince de Condé, etc. La première charge de maréchal de France qui viendrait à vaquer, (en ce temps-là il n'y en avait que 4), lui avait été promise peu de temps avant sa mort, (*Généalogie de la maison de Lur*, par Henri de Lur-Saluces).

[2] Charles prit une part très active aux Guerres de Religion de 1561 à 1574. Il se montra partout un adversaire acharné et impitoyable des réformés. Le 3 octobre 1572, étant alors gouverneur de Bordeaux, il présida au terrible massacre des protestants dans cette ville, écho de la Saint-Barthélémy de Paris. Il fut tué le 10 juillet 1574, d'un coup d'arquebuse, au siège de Gensac. Son corps fut porté à Bordeaux par eau et enseveli avec tous les honneurs dus à son titre de gouverneur et maire dans l'église St-André de cette ville.

Son frère, Guy de Montferrand, dit de Langoiran, était, à la même époque, non moins dévoué protestant que son frère était ardent catholique. Il commanda souvent les huguenots et se trouva plusieurs fois en face de

XV

Jean de Montferrand (de 1557 à 1595). — Les Guerres de Religion. — Reconstitution de la seigneurie de Valens sous le nom de Moulinet.

Jean de Montferrand était écuyer, vicomte de Foncaude et seigneur de Cancon le **23 mai 1557**. Il est inscrit ainsi et à cette date au rôle de la noblesse du Bazadais — service du ban et arrière-ban — pour la somme de **16** livres 10 sols, « frais de partie de soulde de demy cheval légier pour ung quartier de l'année. » Il est dit dans le même article qu'il avait donné « par dénombrement » **130** livres pour la vicomté de Foncaude, (*Nob. de G. et de G.*, t. III, p 249.)

A cette époque les protestants étaient devenus très nombreux en Agenais et dans toute la Guienne. Grâce à la mollesse, aux mœurs légères et aux dilapidations du clergé catholique, la Réforme secondée par les prédications ardentes de ses ministres, avait recruté beaucoup de partisans non seulement dans les rangs du peuple, mais encore dans la noblesse, la magistrature, la finance et dans le clergé lui-même. Si la révolte ne s'était pas fait jour encore, on la sentait très prochaine. Catholiques et protestants se querellaient sans cesse pour des questions locales ou à propos de sévices exercés contre des personnes de l'un ou de l'autre parti En 1561, des troubles éclatèrent à Agen et à Villeneuve. Les réformés de cette dernière ville allèrent brûler à Penne les images et les autels. D'un autre côté les seigneurs de Fumel et de Laugnac — deux beaux-frères que nous connaissons — usant de représailles, chassèrent les réformés de Tournon, de Libos et de Laplume qui étaient au roi de Navarre. Enfin le massacre des protestants à Cahors et l'assassinat du seigneur de Fumel, catholique, par ses vassaux révoltés, mirent le feu aux poudres. Papistes et huguenots prirent les armes de tous côtés et notre malheureux pays, à peine relevé des cruelles épreuves de la Guerre de Cent Ans retomba pour soixante-huit ans encore « moins quelques intervalles d'une paix trompeuse » dans toutes les horreurs

---

son frère les armes à la main ; entre autres au siège de Monflanquin en 1574. Il était à Paris le jour de 'a Saint-Barthélémy 1572 ; mais, il échappa au massacre aussi henreusement qu'il avait évité la condamnation à mort que le parlement de Bordeaux avait prononcée par deux fois contre lui, quelques années auparavant. Il fit sa soumission en 1577 et mourut dans son lit à Langoiran en avril 1591.

de la plus impitoyable, de la plus cruelle et de la plus ruineuse des guerres civiles.

A la nouvelle des évènements précités, Blaise de Monluc, seigneur d'Estillac, alors simple capitaine de cinquante hommes d'armes en garnison à Beaumont de Lomagne, accourut à Saint-Germain-en-Laye, où était la Cour, et y fit part de ses craintes pour les catholiques, à la reine Catherine de Médicis. Celle-ci effrayée, le renvoya en Guienne avec « patentes et permission de lever gens à pied et à cheval pour courir sus aux uns et aux autres qui prendraient les armes ; » toutefois il devait partager cette charge avec Coucy de Burie, lieutenant du roi dans cette province. Monluc arriva en Agenais avec sa commission le 22 janvier 1562 ; il réunit à sa compagnie cent argoulets et deux cents arquebusiers et se porta à Villeneuve le 24 mars : ordre lui avait été donné de punir d'abord les coupables du meurtre de Fumel [1].

---

[1] Voici les faits qui motivaient cette intervention. François, baron de Fumel, était d'un caractère sombre et énergique. Ardent catholique, il détestait souverainement les religionnaires de ses terres dont les menées et les entreprises l'entretenaient en mauvaise humeur. Comme il crut devoir prendre contre eux des mesures sévères. ceux-ci jurèrent sa perte. Un jour qu'il revenait avec ses gens de chasser du côté de Bonaguil, il rencontra des protestants sortant en foule du prêche. Il lança son cheval au milieu d'eux, en frappa et maltraita plusieurs, un surtout qui était diacre. Les protestants résistèrent, se mirent à sa poursuite et aidé des paysans des environs qu'ils appelèrent au son du tocsin, ils assiégèrent le château où François s'était réfugié, y pénétrèrent, s'emparèrent de lui, le flagellèrent avec un nerf de bœuf, le massacrèrent et, encore demi-mort, dit Monluc, « ils le mirent contre un carreau, sur le lit, et tiraient à la butte contre son cœur, pillant et saccageant tout ; » enfin, un boucher de Libos lui trancha la tête. Tout cela en présence de son fils le plus jeune, et de Gabrielle de Verdun, sa femme. Celle-ci s'était jetée sur le corps de son mari ; elle en fut arrachée par les cheveux et conduite au dehors en chemise. Elle fut épargnée néanmoins, et, par les soins de Poton de Raffin, sénéchal d'Agenais, remise en possession de son château.

La reine Catherine de Médicis fut vivement affligée de cet horrible assassinat. Le 25 décembre 1561, de Saint-Germain-en-Laye, elle écrivit à Gabrielle de Verdun une affectueuse lettre de condoléance et l'avertit qu'elle faisait une pension de 600 livres à Joseph son fils aîné, donnait l'abbaye de Bonneval à son fils puîné et se chargeait de l'entretien de ses filles qu'elle mandait auprès d'elle, (Cassany-Mazet, *Annales de l'arr. de Villeneuve* ; Tamizey de Larroque, *Doc. pour servir à l'Hist. de l'Agenais*, Monluc, *Commentaires*, etc.)

Dès que Jean de Montferrand et François son frère, neveux de la victime, apprirent que Monluc approchait en force, ils se réunirent à MM. d'Uza, de Pauliac (Fr. de Cours), de Laugnac, de Casseneuil, le capitaine Jehan Dagen et autres gentilshommes de leurs parents ou amis, rassemblèrent autour d'eux une petite troupe d'hommes d'armes et d'habitants de leurs terres et marchèrent sur Fumel. Ils battirent la campagne autour de cette ville jusqu'à Condesaygues et s'emparèrent de la plupart des meurtriers et de leurs complices. Monluc arriva alors, appela des conseillers du siège d'Agen, fit juger rapidement les coupables (1er avril 1562) et les punit par les plus cruels des supplices. « Bref, un jour, écrit-il, il en fut pendu ou mis sur la roüe trente ou quarante. » Aussitôt après, il se transporta à Cahors et à Villefranche de Rouergue pour y rétablir l'ordre à sa manière.

Cependant Agen, Montauban, Lectoure, Villeneuve, le Port-Sainte-Marie s'étaient soulevés. La révolte devenait générale. Les protestants tenaient la campagne en nombre sous les ordres des sieurs de Duras et de Caumont. D'un autre côté, Orléans venait d'être pris par les réformés ayant à leur tête le prince de Condé. Le roi, peu rassuré, écrivit à Monluc, l'appelant en hâte auprès de lui pour le défendre. Quand les nobles catholiques de l'Agenais apprirent que celui-ci allait les quitter, ils se rendirent auprès de lui et le supplièrent de n'en rien faire, sans quoi ils étaient perdus, eux, leur famille et leur biens. Les *Commentaires*, t. ii, p. 387, citent à la tête de ces nobles le sieur de Cancon qui, sous le coup des cruelles exécutions de Fumel, ne se sentait pas trop en sûreté. Monluc consentit à rester et à continuer sa campagne en Guienne, après avoir toutefois avisé le roi qu'il lui était impossible d'obéir, à son appel, toute la province s'étant soulevée. Peu après il se dirigea sur Toulouse, où on le demandait tandis que le seigneur de Cancon et ses amis se rendaient à Bordeaux qui était menacé par les religionnaires. Monluc fut les y rejoindre en juillet après avoir pacifié Toulouse et essayé, en route, de prendre Montauban ; il y trouva « Messieurs de Cancon, de Montferrant, vicomte Duza, Civrac et autres », dit-il, qui l'attendaient.

Après sa jonction avec Burie, Monluc revint sur ses pas, accompagné cette fois de la plupart des seigneurs réunis à Bordeaux. M. de Cancon en était ; il fit même toute la campagne avec l'auteur des *Commentaires*, combattit à Targon, sous les murs de Blanquefort, de Caumont, de Monségur, et se distingua en plusieurs circonstances, en particulier à la prise de Lectoure et à la bataille de Vergt (9 octobre 1562) où il contribua puissamment à la défaite complète des réformés en dirigeant avec son cousin, le baron de Montferrand, la charge d'une partie de l'armée catholique. Monluc aime à raconter (tome III, p. 37) que la veille de cette bataille, en compagnie de M. de Montferrand, de M. de Cancon et de quelques hommes d'armes, il commit l'imprudence de faire lui-même une reconnaissance durant laquelle ils entrèrent par surprise dans une maison occupée par les ennemis ; ils y trouvèrent MM. de Salignac et de Moncaut qu'ils firent prisonniers : ils tuèrent tout le reste.

La victoire de Vergt fut pour Monluc le signal de la retraite. Il laissa M. de Burie continuer la campagne sous les ordres du duc de Montpensier et s'en revint « renvoyant tout le monde à leur maison, n'y ayant rien en toute la Guienne qui bougeât ni qui osât dire qu'il avait jamais été de cette religion (protestante) car tout le monde allait à la messe et aux processions, assistant au service divin. » Cependant, Fabien de Monluc, fils de Blaise, M. de Cancon, son lieutenant, et M. de Montferrand, son enseigne, croyant à la continuation de la guerre, avaient levé de nouvelles troupes. Ayant réuni une petite armée de douze compagnies de gens de pied, « les plus belles compagnies et les mieux armées qu'encore se fussent levées en Guyenne » et une compagnie de chevaux-légers, ils s'étaient portés à Mussidan ; mais, là, ils furent rencontrés par « le capitaine Fleur-de-Lys » (messager royal) qui leur apporta la nouvelle de la paix [1] — il allait remplir le même office à Bordeaux; — il n'y avait plus qu'à licencier cette belle armée. Fabien ne put se résigner à le faire que sur l'ordre exprès de son père, celui-ci ne voulant pas « que le peuple ne fût mangé d'advantage. » (*Commentaires*, t. III, p **71.**)

Ainsi se termina cette première lutte entre catholiques et protestants, en Guienne. Elle fut des plus funestes à l'Agenais. Elle couvrit de ruines ses belles campagnes et fit périr une grande partie de sa population par les armes , par la famine et les maladies contagieuses, suite inévitable du délaissement des terres, des exactions et des tueries qui se commirent de part et d'autre. Catholiques et protestants, en effet, y firent assaut de cruauté. Monluc s'y montra général habile et audacieux, mais ennemi cruel et implacable, contre son naturel, à ce qu'il affirme lui-même.

---

[1] Edit de pacification d'Amboise (19 mars 1563).

10

La paix dura un peu plus de quatre ans. En 1567, les réformés se plaignaient beaucoup de l'inobservation par les catholiques de l'édit de pacification ; ceux du Limousin et du Périgord prirent les armes. Monluc rassembla à Agen toute la noblesse du pays et, avec un corps de 1,200 chevaux et 30 enseignes, il s'achemina vers Limoges en passant par Villeneuve et Castillonnès. Toute cette armée traversa le territoire de Cancon, peut-être sous les murs même de la ville : Jean de Montferrand en faisait partie. Arrivé à Limoges, Monluc apprit que la Cour lui enlevait le gouvernement de Bordeaux. Il ramena ses troupes à Agen par le même chemin, les licencia et se plaignit amèrement de sa disgrâce dans une lettre qu'il écrivit à la Reine-Mère. Le soin de conduire les opérations du siège de La Rochelle lui fut confié en compensation. Le 2 mars 1568 (nouveau style [1]), la paix de Longjumeau vint mettre un terme à cette deuxième Guerre de Religion, momentanément, car la trève de six mois qui suivit fut employée par les deux partis à tenter un plus grand effort.

En effet, les hostilités reprirent vers la Saint-Michel (fin septembre 1568). Le seigneur de Cancon marcha de nouveau contre les réformés. Il se tint sous les ordres de Monluc pendant presque toute la campagne ; il était avec lui notamment à Cahors (t. III, p. 383) ; et lorsqu'il se rendit de Monflanquin à Monbahus par Saint-Pastour et Baugas, bien que le plus court fût de passer par Cancon, Monluc choisit ce trajet dans l'espoir, à ce qu'il dit, de rencontrer ses lieutenants, MM. de Terride et de Bellegarde, auxquels il avait mandé à Villeneuve de venir le rejoindre à Monbahus [2] ; peut-être connaissant

------

[1] En 1564 avait été publié un édit qui fixait le commencement de l'année civile au premier janvier, auparavant elle commençait le 25 mars.

[2] La petite ville de Monbahus, après avoir été le siège d'une juridiction seigneuriale avant 1789 et un chef-lieu de canton pendant la Révolution, est aujourd'hui le centre d'une commune du canton de Cancon dont la population est d'environ 1,500 âmes. Elle est agréablement située au pied d'une haute colline (186 m. d'altitude) couronnée jadis par un château-fort dont l'importance n'a jamais été très grande sans doute à cause du voisinage des places de Cancon, Montastruc et Lauzun. Les seigneurs de ce dernier lieu l'ont possédée depuis le XIIIe siècle jusqu'à la Révolution, sauf une interruption de quelque durée pendant laquelle Monbahus a eu des seigneurs particuliers qui sortaient, dit-on, de la maison de Caumont-Lauzun et dont les armes étaient : *Un lion léopardé, accompagné de deux meules de moulin posées en pal* ; TIMBRE, *une couronne de baron.* Ces armes que la ville s'était un moment appropriées

l'humeur pillarde de ses soldats, voulut-il éviter de fouler les terres
d'un de ses meilleurs compagnons et bons conseillers. Jean de Montferrand ne quitta l'armée catholique que pour se porter au secours
de son château et de sa ville menacés par les protestants, vers 1570.

Cancon, à l'exemple de son seigneur, avait embrassé avec ardeur
la cause catholique. Des prédicateurs « hugounaults » étaient venus
de Monflanquin y prêcher la réforme ; combattus victorieusement par
le curé, ce « prêtre distingué » dont nous avons parlé, ils avaient dû
se retirer poursuivis par les huées des habitants. En 1563, lors de
l'assemblée des Etats d'Agenais que Monluc avait convoqués les
28 et 29 juin, Cancon, malgré la disette qui sévissait alors, s'était
empressé d'y envoyer un délégué, Antoine Miquel, son premier consul [1] : la plupart des villes où la majorité était protestante n'y furent
pas représentées. Le 6 mars 1568, tandis que Monluc préparait le
siège de La Rochelle, sa femme qui était à Moissac avait fait avertir
les consuls de Cancon, en même temps que ceux de Villeneuve et de
Pujols, de se tenir sur leurs gardes [2].

---

furent travesties d'une façon très irrévérencieuse par un mauvais plaisant
de la contrée ainsi qu'il suit :

> *Un lioun, un léopart,*
> *Un estroun de cado part,*
> *Un bieddazé per dessus,*
> *Soun las armos de Mounbahus.*

Henri de Navarre s'était réfugié à Sainte-Foy après avoir échappé à
M. de Mayenne qui avait tenté de s'emparer de sa personne. Il écrivit le
25 mars 1586 à M. de Vivant un de ses capitaines qui commandait dans
Caumont : « . . . Vous ne sauriez croire combien on tue tous les jours de
gens de l'armée de M. du Maine. Deux régiments ont voulu prendre le
fort de Monbahus ; ils ne l'ont fait et y est demeuré des assiégeants 60 soldats et 3 capitaines, (Samazeuilh, *Histoire de l'Agenais et du Bazadais,* t. II,
p. 279 ; *Proverbes et devinettes pop.,* par J.-F. Bladé, et *Documents inédits,*
par M. Tamizey de Larroque.)

[1] Jean Faugère, premier consul en 1568, Pierre Sage en 1569, Jean Guirbal en 1570, Jean Lagnel en 1571, Antoine Dutrucil et Etienne de Bony en
1573, Ramond Corborieu en 1575, Pierre Séguy en 1576, Jean Malicque en
1577 et Vidal Germa en 1578, furent délégués aux mêmes Etats,(*Arch. dép.*
CC. 59 et 69).

[2] *La ville d'Agen pendant les Guerres de Religion du XVIe siècle,* par
M. G. Tholin.

En 1569, les réformés avaient parcouru le pays qu'ils savaient leur être hostile et y avaient commis toutes sortes de dévastations. Ils avaient pris le couvent de Gondon, l'avaient incendié et ruiné de fond en comble. Un fort parti d'entr'eux était allé aux Bardes et à la maison de Rouchou qu'habitait la famille de Bony, en avaient forcé les portes, l'avaient pillée et s'étaient retirés après y avoir mis le feu ainsi qu'aux papiers, titres, meubles et effets qu'ils y avaient trouvé.

En mars et avril 1570, les religionnaires de Monflanquin étaient venus piller et roder autour de Cancon ; ils avaient même formé le projet de s'emparer du château. A ce moment, Jean de Montferrand était accouru et, manquant d'artillerie et de soldats pour se défendre, il avait demandé aide aux catholiques de Castillonnès. place de guerre alors des plus importantes de l'Agenais et toujours abondamment pourvue de munitions et de troupes. La réponse ne se fit pas attendre.

Le 12 avril, la jurade de cette ville fut convoqué « au son de la cloche en la manière accoustumée » dans la maison commune. Etaient présents : Jean d'Abzac, sieur de Verdun, écuyer, premier consul, Jean Nicot, écuyer, consul échevin, Pierre Séguy, notaire, Etienne Lasserre, marchand, Guillaume Poujade, Guillaume Coudurier, bourgeois et consuls ; P. Lasserre, J. Maignac, P. de Cassé, J. Martin dit Capelli, D. Delluc, A. Pasquet, J. Sanillac, A. Lartigue, E. Corridor, R. Bruel, G. Bounel, P. Dauta, P. Teulier, J. de Catus, bourgeois et jurats. Les consuls, par l'organe du premier d'entr'eux, firent ainsi l'exposé des motifs de la réunion : « Le sieur de Cancon leur vient d'escrire qu'il craint d'estre attaqué dans son chasteau par les ennemis hugounaults rebelles estant sortis de Monflanquin, de quoi le menassent et de quoi il les advertit promptement et les supplie lui vouloir aider et lui envoyer telle forse de gens de guerre qu'il sera possible de leur garnison avec quelque artillerie dont il est dépourveu, pour le bon service du Roy nostre sire et deffanse et conservation de sadditte maison ; par quoi demandent les dictz sieurs consulz s'il convient envoyer ou non. » Les consuls et jurats, après avoir opiné, par rang et ordre, l'un après l'autre, comme il convenait, sur ce que dessus, dirent et arrêtèrent : « Il sera baillé, moyennant finance et remboursement des loyaux frais et coutz, audict sieur de Cancon, trante hommes de pied, picquiez et harquebuziez, de la garnison de cette dicte ville, deux colobrines et quatre fauconnaux avec force pouldre, balles et bolletz et dict a été que le sieur Pounet de Carbounié, nostre cappitaine, sera chargé de la garde et conduictte de la dicte artillerie jusqu'à Cancon, avec sa compagnie d'argoulets [1] »

Ce déploiement de forces dut intimider l'ennemi. Nous ne croyons pas, il est vrai, que les protestants aient jamais pris, sinon attaqué Cancon ; du reste, vers le même temps, François de Cours, seigneur de Paulhiac, lieutenant de la compagnie des gentilshommes de Philippe de Strozzi, fils du maréchal de ce nom, reçut commission de Monluc « de faire assembler sa dicte compaignie » aux lieux de Monclar, Saint-Pastour. *Monflanquin*, Villeréal et Castelnau-de-Grattecambe, malgré les remontrances des habitants de ces lieux et commanda aux consuls de lui «administrer longis et vivres à peine de désobéissance. »

L'hiver de cette année 1570-71 fut si « rude qu'à partir du 28 novembre jusqu'à la fin de février, le Lot et les autres rivières furent constamment gelées. Il tomba peu de neige; aussi les arbres fruitiers et beaucoup de vignes périrent... Des pluies continuelles marquèrent le retour du printemps : tous les éléments semblaient conjurés pour aggraver les désastres de la guerre civile. » (*Annales de Villeneuve* par M. Cassany-Mazet. p. 218).

La troisième Guerre de Religion s'était terminée peu après la prise de Rabastens (où Monluc avait eu le visage fracassé d'un coup d'arquebuse), par la paix boiteuse de Saint-Germain (8 août 1570) qui accordait de grands avantages aux protestants. Une quatrième commença en 1572 et 1573 par les massacres de la Saint-Barthélémy et la révolte de Montauban ; elle était à peine finie qu'une cinquième éclata. Pendant celle-ci, les protestants sous les ordres de Guy de Montferrand, dit de Langoiran, et de Geoffroy de Vivant, opérèrent particulièrement sur les marches du Périgord et en Agenais [2].

Au début (fin février 1874), Charles de Montferrand, le gouverneur de Bordeaux, assiégeait Monflanquin, ville dévouée à la Réforme. avec une petite armée de 2.000 hommes. Mais il se gardait mal sans doute, car son frère Langoiran vint surprendre ses avant-postes, se jeta dans la place avec une poignée de soldats, repoussa ses

---

[1] Acte de jurade, collationnée sur l'original par Jehan Salvan, notaire et secrétaire de l'Hôtel-de-Ville de Castillonnès, communiqué par M. O. Bouyssy.

[2] *Faits d'armes de Geoffroy de Vivant*, Ad. Magen.

troupes et l'obligea à la retraite [1]. Du reste, cette guerre devait être funeste au chef catholique : tandis que Jean, son beau-frère, le seigneur de Cancon, aidait les seigneurs de La Valette et de Losse à dresser une armée en Agenais pour s'opposer à l'envahissement des rebelles [2], il allait se faire tuer glorieusement sour les murs de Gensac, le 10 juillet de cette même année 1574. Il fut peu regretté de sa femme qui vivait séparée de lui, au château de Cancon.

La lutte cessa en 1575, grâce à un édit de pacification qui accordait aux protestants le libre exercice de leur religion et donnait le gouvernement de la Guienne à leur jeune chef. Henri de Navarre, le futur roi Henri IV. Ce prince en profita pour visiter les villes de son gouvernement et pour s'y faire de nombreux amis, jusque chez les catholiques, par ses manières affables et son heureux caractère. En 1576, il visita Saint-Pastour et Castillonnès : Cancon est situé entre ces deux villes.

En 1577, Marie de Verdun donna en toute propriété à sa fille Marguerite, veuve et sans enfants, la maison noble de Moulinet et les terres environnantes découpées dans l'ancienne seigneurie de Valens, ne s'en réservant que l'usufruit sa vie durant, en récompense des bons et agréables services qu'elle en avait reçus et en échange de quelque argent qu'elle lui devait.

L'acte qui consacra cette cession est ainsi conçu :

SAICHENT TOUS PRÉSENS ET ADVENIR que aujourd'huy, dix-huictiesme de may mil cinq cens soixante dix-sept, dans le chasteau de Cancon en Agenois, reignant Henry par la grâce de Dieu roy de France, pardevant moy notère soubz signé, en la présence des tesmoingtz bas escriptz, a esté présente et personnellement constituée dame Marie de Verdun, dame dudict lieu, terre et jurisdiction de Cancon, LAQUELLE, de son bon gré, pure et franche et agréable volonté, tout dol et fraude cessant, a donné et par ces présentes donne par donnation pure, faicte entre les vifz, à jamais valable et yrévocable, à dame Marguerite de Montferrant, sa fille, vefve à feu messire Charles de Montferrant, chevalier de l'ordre du roy et quant vi-

---

[1] De Monflanquin, Langoiran alla s'emparer de plusieurs villes et châteaux des environs entre autre du château de Montaut qu'il pilla et imposa d'une cotisation de 400 écus (24 févr. 1574). Il fut moins heureux dans une tentative qu'il fit le 19 mars sur Castillonnès : ses soldats furent repoussés laissant un grand nombre de morts au pied des murs, (communiqué par M. O. Bouyssy).

[2] *Faits d'Armes* etc., *ibidem*, 13 et 14.

vait seigneur dudict lieu de Montferrant ; illec présente, tant pour elle que les siens et qui d'elle auront droict et cause, stipulant et acceptant.

SÇAVOIR EST toute icelle maison noble et chasteau appelé de Molinetz avec le doumaine y estant et bastimens estans audedans ledict doumaine ; iceluy concistant en terres laborables, boys, vignes et predz avecques les meubles et toutes appertenences et dépendances tant dudict chasteau que doumaine en la qualité que sont assiz et sictués en la paroisse des Bardes, jurisdiction dud. Cancon, y compreignant le boys à la dicte dame de Cancon donatrice appertenant, appelé le boys de Vallens, ensemble les terres et predz de Vallens et vignes joignant aux boys appelées à Munet ?, les vignes de Vallens et de Mandet aussi avec leurs appertenances et deppendences quelsconques et de la grandeur que sont siz et sictuées en la paroisse de Lentignac, jurisdiction dud. Cancon. Confrontant led. chasteau et doumaine de Molinetz au grand chemin par lequel l'on va et vient du bourg des Bardes à Gondon, à aultre chemin par lequel l'on va et vient aussi dud. bourg des Bardes à Sainct-Pastour, pred des heoirs [de] feu Me Martial Laporte, pred de Me Anthoine Causse, prebtre, pred des heoirs feu Jehan Roudet, terres de Me Anthoine Nauville, notère, terres des heoirs feu Jehan Lacham et autres ès tenanciers du villaige de Lavoulp et avec le ruisseau appelé as Munemens (?), le ruysseau de Lentignac venant de devers le villaige des Parrinotz et lesd. boys, predz et terres de Vallens et vignes de Vallens et des Mandetz quest tout joignant ensemble ; confrontant aulx terres des heoirs feu Garyn Salesses, terres de Jehan Chivallier, terres de Jacme Mandet, pred de Arnaulde Landriby, velve de feu Guilhem Jay, pred de Anthoine Chivallier, terres de Pierre Seguy et au grand chemin par lequel l'on va et vient du lieu de la Cappelle aud. lieu de Gondon, et avec leurs autres confrontations plus vray et si aulcune en y avait ; avec ses aultres issues, droictz et appertenences quelsconques pour faire jouir et dispozer la dicte dame de Monferrant et les siens et qui d'elle auront droict et cause, desd. maison noble, chasteau, meubles et doumaine de Molinetz, boys, terres, predz, vignes de Vallens et de Mandet dessus exposé et confronté, à son plaisir et volonté et comme sa chose proppre, bonnement et légalement acquise ; et ce, en toute justice, haulte, moyenne et basse et en tous autres droictz et privilèges que sont à présent détenuz par ladicte dame de Cancon : à la réservation que ladicte dame de Cancon a faicte de l'usuffruict des us et biens pour sa vie durant seulement. DE LAQUELLE donnation lad. dame de Cancon a dict faire à lad. dame de Monferrant, sad. fille, tant pour les bons et agréables services que lad. dame de Monferrant ci-devant luy a faictz, fait journellement et espère que luy fera à l'advenir, que pour et en récompense des sommes par lad. dame de Monferrant baillées et fournies despuis son mariaige pour lad. dame de Cancon susd. mère, etc...

...,Pour faire insignuer cette dounation en la cour du seneschal d'Agenois et de Gascoigne, lad. dame de Cancon donne procuration à M⁰ Hu-gues Ardo et à Barthélémy de Boyssonnade, procureur en icelle, etc.... M⁰ Guilhem Mignon et Guilhem Courthois, prebtre, tesmoingtz soubzsi-gnés... DELLERM, notère.

L'insinuation est du 30 mai 1577, elle est signée : BERNARD D'ASPREMONT.

Le château-fort de Valens, dont il ne restait guère plus trace, avait donc été détruit pendant les guerres anglaises et non pendant les Guerres de Religion comme l'a écrit M. Béchade-Labarthe [1]. Les terres qui en dépendaient avaient été englobées dans la baronnie de Cancon, mais pas si complètement, paraît il, qu'une partie d'entre elles n'eussent pu se reconstituer en arrière-fief dont le centre avait été déplacé et transporté un peu plus bas, au bord du Tolzat, à la place sans doute du moulin des anciens seigneurs.

En 1578, « haut et puissant seigneur, Jean de Montferrand, vicomte de Foncaude, baron de Cancon et autres places, chevalier de l'ordre du roi. capitaine de cinquante hommes d'armes de ses ordonnan-ces [2] », donnna son avis et son consentement au mariage de son cou-sin germain et pupille, François II de Fumel, qui épousait Jeanne de Caumont [3].

Cependant la sixième Guerre de Religion avait eu lieu de **1576** à **1577**. La septième dite *Guerre des Amoureux*, éclata vers 1579 ou 1580. Durant celle-ci le maréchal de Biron, catholique, eut à châtier les habitants de la ville de Gontaud révoltés contre lui. Il enleva la place d'assaut, en fit impitoyablement passer les défenseurs au fil de l'épée et incendier toutes les maisons à l'exception de celle de M. de

---

[1] *Revue d'Aquitaine*, 13⁰ année, p. 172 (le Château de Moulinet, par M. Bé-chade-Labarthe).

[2] Une compagnie d'ordonnance comprenait alors cinquante lances, c'est-à-dire cent cinquante combattants, une lance se composant d'un homme et de deux archers sans compter les pages, valets et autres non combat-tants. La charge était donnée à des personnages hauts placés. La direction était laissée au lieutenant, homme de guerre éprouvé.

[3] François II de Fumel fut tué à la bataille de Coutras, le 20 octobre 1587, au moment où à la tête des catholiques, il cherchait bravement avec Châteaurenard à s'emparer de la personne même d'Henri de Navarre. (Voir *Nobiliaire de G. et G. t.* II).

Cancon[1] qui servait sous ses ordres. Il est à croire que la partie de la seigneurie de Gontaud qui appartenait à Jean de Verdun, avait fait retour à son petit fils, Jean de Montferrand, après avoir servi, comme nous l'avons vu, à doter Gabrielle de Verdun.

La campagne finit par la Convention de Fleix. Il y eut à peu près quatre ans de paix. La guerre ne reprit pour la huitième fois que vers 1585, décisive cette fois. La formation de la Ligue (1584), la bataille de Coutras, la journée des *barricades*, le meurtre des Guises (1588), le siège de Paris par Henri III et Henri de Navarre, l'assassinat de Henri III, les batailles d'Arques (1589) et d'Ivry (1590), la chute des *Seize* (1592), les Etats de la Ligue (1593), l'abjuration de Henri de Navarre (1593), son entrée dans Paris et son réel avènement au trône de France sous le nom de Henri IV (1594) en furent les principales phases. Elle se termina par l'Edit de Nantes (1598), gage d'apaisement, s'il en fut.

Pendant ces évènements, il s'était produit à Cancon des faits également très importants pour notre ville. Marie de Verdun était morte accablée d'ans, le 5 mars 1595, après avoir testé en faveur de son fils aîné, le 22 juillet 1585. Jean de Montferrand l'avait précédée de quelques jours dans la tombe[2] laissant par testament du 12 octobre

---

[1] Cette maison n'était autre, paraît-il, que cet édifice du commencement du xvie siècle qu'on appelle à Gontaud, *le château.*

[2] « L'an 1595 et le VIIIe jour de février, jour des Cendres, est décédé messire Jehan de Monferran, sieur de Cancon, à heure de onze, houros de nuict, l'avons enterré le vendredi dixiesme dud. mois, REQUIESQUAT IN PACE. Monsieur de Foncaude nous a commandé, à nous chanoines de la chapelle, dire unne messe aulte de mors toutz les jours avec diague, sus diague (*sic*, pour diacre et sous-diacre), avecque *de moræ* ault tous les jours, pour l'estat de l'ame dud. sieur deffunct.... Avons commencé le jour de Saint Pierre de février quest le 22 dud. mois (1595). Pour ung an complect nous donne cent livres. »

« L'an 1595 et le 5 dud. mois [de mars] est décédé la mère de monseig[r]... l'avons enterré led. jour ; avons suivie la neuvene toutz les jours à messe aulte de *requiem* et sept prebstres ; avons faict le bot de neuvene le 14 dud. mois. » (*Registres parois. de Saint Martial de Cancon*).

1590 [1], tous ses biens à son frère François, vicomte de Foncaude et seigneur de Casseneuil: il n'avait pas eu d'enfants de son mariage contracté en 1556 avec demoiselle Barbe de Pons, fille de haut et puissant seigneur François II, sire de Pons, vicomte de Turenne, seigneur de Montfort, Martel, Carlux, Oléron et autres places, et de noble et puissante dame Catherine de Ferrières, (de Courcelles, *Généalogie de Pons.*)

Dès lors, la réunion de Cancon et de Casseneuil sous l'autorité du même seigneur, fut consommée pour le plus grand malheur de notre localité dont elle fit la ruine, bien que les deux juridictions aient continué jusqu'à la Révolution d'être distinctes et d'avoir une administration à part. En effet, à cette époque de communications difficiles et d'agriculture routinière, une petite ville seigneuriale entourée, ainsi que l'était Cancon, de rivales populeuses, commerçantes et privilégiées comme Monflanquin, Castillonnès, Monclar et Casseneuil, ne pouvait exister et se maintenir, matériellement parlant, que par son château, par les dépenses et les largesses de la noble famille à laquelle celui-ci donnait asile et par la sollicitude d'un maître intéressé et toujours présent. Du jour où son seigneur n'y habita plus que par intermittence et fit de Casseneuil sa résidence plus habituelle, la décadence commença pour Cancon. Ce fut bien pis quand, par la suite, celui-ci ne parut même pas dans ses murs, s'en désintéressa complètement et confia la perception de la rente à des intendants peu scrupuleux ou à des fermiers rapaces.

Ainsi s'explique l'antipathie séculaire qui divisait jadis Cancon et Casseneuil, antipathie que vint accroître un moment pendant la Révolution un fâcheux malentendu et l'élévation de la première des deux villes au rang de chef-lieu de canton, tandis que peu après la seconde devenait une commune et tombait sous la dépendance de Cancon ; mais, hâtons-nous de le dire, depuis longtemps, grâce au bon sens des deux populations, cette inimitié stupide qu'avait fait naître un concours de circonstances nullement imputable à l'une ni à l'autre, a fait place à une sincère et durable sympathie.

---

[1] *Archives départementales* et titres et documents inédits communiqués par Mme la comtesse de Raymond.

XVI.

François II de Montferrand (de 1595 à 1626). — Les Guerres de Religion (suite). — Origine du *Saint*. — La baronnie de Cancon au commencement du XVIIe siècle.

François de Montferrand, IIe du nom dans sa maison [1], n'était encore qu'un cadet de famille sans fortune, lorsqu'avec son frère Jean, en 1562, il prit part aux représailles sanglantes que les catholiques crurent devoir exercer contre les meurtriers du baron de Fumel, son oncle ; il avait alors vingt-six ans.

En 1563, avec François de Madaillan, Antoine de Seguin et autres il servait dans la compagnie d'hommes d'armes du prince de Navarre, passée en revue le 15 juillet de ladite année à Villeneuve d'Agenais. Nous avons dit qu'en 1564, Fabien de Monluc faisait choix de lui comme enseigne de sa compagnie. Depuis cette époque jusqu'en 1568, on le voit, avec le baron de Cancon, assister à toutes les rencontres ou batailles livrées par l'auteur des *Commentaires* [2].

Par contrat signé à Cancon le 22 avril 1577 et ratifié par acte notarié le 5 janvier suivant, il fit alliance avec noble demoiselle Claire, une des quatre filles de messire François de Pellegrue, chevalier de l'ordre du roi, seigneur baron de Casseneuil [3], gouverneur de Villeneuve en 1569, et de Jeanne de Balaguier, dame de Salvagnac en

---

[1] Voir A. Communay. *Essai généalogique sur les Montferrand de Guyenne.*

[2] *Ibidem.* p. LIX.

[3] Les Pellegrue avaient succédé aux Valens, aux Rovigna, aux Labarthe, etc. Ont été seigneurs de Casseneuil : Noble François de Valens, le 23 novembre 1460 qui, à cette date, céda par échange à Bernard d'Albert, donzel, la terre et seigneurie de Laval ; en 1486, Géraud de Pellegrue, par son mariage avec Françoise de Valens ; en 1508, Pellegrin de Pellegrue, fils des précédents ; en 1535, François de Pellegrue, époux de Françoise de Lustrac ; en 1549, autre François, le père de Claire, l'épouse de Fr. de Montferrand.

Casseneuil avait des coutumes et des privilèges écrits *en latin* sur cinq feuilles de parchemin qui existaient encore au XVIIe siècle (*Archives de Casseneuil* et autres).

Rouergue. A l'occasion de ce mariage, il reçut de sa mère la vicomté de Foncaude en Bazadais et 4,000 livres tournois [1].

Pendant la huitième guerre de Religion, sa haine des protestants dont il était l'ennemi implacable [2], tout autant que ses sentiments catholiques, le poussèrent à prendre parti pour la Ligue. Son énergie éprouvée, son dévouement inébranlable à la « Cause sainte » en firent bientôt le chef de l'*Union* dans nos contrées. A la fin de 1589, Mayenne lui donna le gouvernement de Villeneuve. Il s'empressa d'introduire dans cette ville les Jésuites chassés de Bordeaux par le maréchal de Matignon. Ces religieux exaltèrent au plus haut point le catholicisme des villeneuvois par des prédications passionnées et les amenèrent à signer, en assemblée générale, une déclaration d'union à la Ligue et de dévouement à leur gouverneur, le 9 novembre 1589 [3].

De Villeneuve, il fut s'emparer de Penne et de Monflanquin [4] ; il y laissa des troupes qui tinrent ces deux villes en révolte jusqu'après l'abjuration du roi Henri IV.

---

[1] A. Communay, *ibidem*, pièce justificative n° XLII. Il est question dans ce document du château de Malvezy qui se voyait sur une motte au-dessus de la petite église de Mazérat, (du latin *maceria,* mur en pierre sèche clôturant, enclos), non loin du *Fech Bru.*

[2] « Il eut maintes fois à se plaindre des entreprises des protestants sur ses terres. En 1580, la garnison de Monségur, mal payée et quelque peu indisciplinée, pilla diverses de ses métairies. A la suite d'un Mémoire qu'il adressa à la reine de Navarre, cette princesse lui écrivit « pour luy faire avoir raison de l'injure qu'il avait reçue. » Peu après il fut nommé par Henri III, capitaine de cinquante hommes d'armes. » (A. Communay, *ibidem*, p LIV).

[3] Il est désigné par erreur, dans cette déclaration, sous le nom de *Foucault* ; c'est Foncaude qu'il faudrait y lire. On la trouvera dans l'*Hist. de Villeneuve,* par M. Cassany de Mazet, aux pièces justificatives ; elle est assez curieuse à lire.

[4] Le 25 août, le maréchal de Matignon avait écrit aux consuls de Monflanquin que M. de Mayenne avait pris Villeneuve et que M. de Montferrand qui y commandait audit nom, ramassait le plus de troupes possible et songeait à se mettre en campagne. Il les engage à se tenir dans l'obéissance du roi et à repousser l'ennemi, s'il se présentait, (Communiqué par M. O. Bouyssy).

En 1593, le marquis de Villars lui donna ordre de réunir toutes les forces dont il pourrait disposer et de reprendre Castillonnès qui avait échappé à l'Union quelques années auparavant. « M. de Foucauld s'approchait de Castillonnès, lorsqu'il fut averti que les protestants, qui se trouvaient en force, marchaient à sa rencontre avec de l'artillerie. Il se jeta dans le fort de Montauriol, s'y fortifia et envoya demander du secours à Agen aux sieurs Lau et de Montespan, lieutenants de M. de Villars, qui vinrent le dégager [1]. »

Le 15 avril 1594, c'est-à-dire plus de huit mois après l'abjuration de Henri IV (25 juilllet 1593) et vingt-quatre jours après son entrée dans Paris (22 mars 1594), il fit sa soumission au nouveau roi de France et lui promit d'user de tout son pouvoir et de toute son influence pour amener les villes de Penne et de Villeneuve à imiter son exemple, en des termes sous lesquels perce l'adroit *politique*, tout ligueur qu'il était :

Sire,

Je suplie très humblement Vostre Majesté de croyre que le seul zèle que je ay de ma religion, que je prefere à toutes les choses du monde, m'a mis et m'a reteneü au party que j'ai teneu jusques issy. Mais maintenant que par vostre heureuse conversion an la religion catholique, je sans an ma consiansse ceste occasion amortye et voyre estrangié du très humble devoir que j'ay à vostre servisse, je désire, aus despans de ma vye, y satisfere et l'anploier pour icelluy tant qu'il m'an restera, comme le plus hobéissant et fidelle de tous vos subjects et de tesmognier à Vostre Majesté, Sire, que après le servisse de Dieu, je n'ay rien tant an honeur et an affection que le devoir que j'ay au vostre, le louant de se que, par vostre conversion, il a donné ceste paix à ma consciansse de panser et de croyre, come je fais apresant formemant, que an vous servant, je le sers et satisffais à son comandemant, se que je usse des premiers tesmognié à Vostre Majesté comme aiant soudein après vostre conversion ceste resolue intansion, n'eust esté, Sire, que je croyois qu'un chescun serait sy touché de ceste mesme cognoissance de son devoir, que ugne hobeissance géneralle à Vostre Majesté s'an ensuivroit par le bien d'ugne paix, an laquelle asseuransse la tresve et prolongation d'ycelle m'a plusieurs moys nourry, mais voiant que les choses ne sont poinct sy prontes à prandre ceste voye, je suplie très humblement Vostre Majesté, Sire, de recevoir à gré ma soubmission,

---

[1] O. Bouyssy, *Histoire de Castillonnès*, p. 75.

et ma recognoissance, et me doner les moiens que j'ay resmontré par mes amys très humblement à Vostre Majesté pour pouvoir enduire les abitants de ceste votre ville de Villeneufve d'Agenes à me immyter en cella et se ranger en l'hobeissansse qu'ils vous doivent et au devoir de vos très humbles subjets, se que, atandant et désirant, je supliere Dieu.

Sire, qu'il doint à Vostre Majesté très heureuse très longe et tres prospere vye et à moy la grasse que vous ayez agreable l'afection que j'ay de vous tesmognier aus despans de ma vie combien je suis et seray à jamès.

Vostre très humble, très hobeissant et très fidelle subject et serviteur.

De Monferrant.

A Villeneufve ce 15 avril 1594[1].

Cette soumission bien qu'un peu tardive, valut à son auteur le collier de l'ordre du roi et le poste de gouverneur de Castillonnès, et par la suite, d'être renvoyé en cette qualité à Villeneuve. En vain même, les consuls et les habitants de cette dernière ville s'opposèrent-ils au renouvellement de ses pouvoirs en 1613, ils ne purent se débarasser de lui qu'en lui achetant son gouvernement pour le prix de quatre mille livres, en 1624[2].

Pour se faire pardonner, sans doute, la part un peu trop active qu'il avait prise aux agissements de la Ligue, il fit preuve dans ces charges du plus grand zèle pour le service du roi. Il fit notamment tous ses efforts pour pacifier la contrée et en chasser les bandes de ligueurs endurcis — encore plus pillards que fanatiques — qui jusqu'après la soumission d'Agen, de Marmande et de Villeneuve, parcoururent notre pays et y foulèrent et opprimèrent le « pouvre peuple[3]. »

Dans une rencontre avec ces maraudeurs, le 8 mars 1595, son trompette fut tué raide d'un coup qu'il reçut sur la tête et on l'ense-

---

[1] Ph. Tamizey de Larroque. *Documents inédits pour servir à l'hist. de l'Agenais*, LXVII. Scipion Du Pleix dit (*Histoire de France*, t. V, p. 142, à l'an 1594): « Le baron de Montferrand ramena aussi au service de Sa Majesté Villeneuve d'Agenois, Pène et quelques autres places. »

[2] *Archives départ. de la Gironde*, série C, portef. 973, *Annales de Villeneuve*, p. 257, et autres.

[3] Voir *Documents inédits pour serv. à l'Hist. de l'Agenais*, LXXI, *loc. cit.*

velit dans l'église de Cancon « a dret de la canal de la ditte église tout droict de la petite porte, » parce qu'il n'y avait probablement pas d'autre place disponible. C'est là que son corps fut retrouvé à la Révolution (alors que l'on fouillait dans l'église pour en extraire du salpêtre), si admirablement conservé que l'on crut au miracle et que beaucoup eurent la conviction de se trouver en présence des restes mortels d'un saint. Le fait est que le salpêtre accumulé dans sa tombe par l'extrême humidité du lieu avait empêché les chairs du brave et sans doute peu vénérable trompette de se corrompre : elles s'étaient seulement un peu desséchées. Après sa mort on dut lui bander fortement le crâne et on l'avait enseveli dans sa casaque de héraut aux couleurs de Montferrand, puisque son cadavre portait encore lorsqu'on le découvrit, à ce qu'affirment les contemporains, un bandeau autour de la tête et des lambeaux d'un vêtement de satin broché, à larges broderies, rouge et or. Dans le moment cette dernière particularité fit supposer que l'exhumé avait été prêtre et sa sainteté fut dès lors indéniable pour beaucoup. Telle est l'origine du *Saint* de Cancon[1].

Dans une autre circonstance, étant au château de Cancon où il résidait, souvent dans la belle saison, il apprit qu'une dispute capable d'amener des complications graves et de jeter le désordre en Guienne, s'était élevée entre le maréchal d'Ornano et M. de Montespan[2]. Il avertit immédiatement M. le premier président d'Affis, à Bordeaux et dépêcha en même temps M. de Verdun, un de ses fidèles au roi, avec un message, ainsi conçu :

SIRE,

Se passant ung affaire en ceste province qu'importe le service de Votre Majesté, j'ay vollen en toute diligence l'en advertir, c'est d'une dispute qu'est entre M. le mareschal d'Orlanne (*sic* pour d'Ornano) et M. de Mon-

---

[1] « Enfermé dans une caisse, le corps fut religieusement conservé. On venait de tous les pays voisins le voir et le vénérer. Gardé dans une chapelle de l'égliss (l'inférieure) ce ne fut que vers l'année 1815 qu'il fut remis sous terre. Bien qu'il n'ait fait aucun miracle, on l'appelait : Le *Saint de Cancon*. La réputation de sa sainteté était si bien accréditée qu'en 1847 un homme, étranger au canton de Cancon, vint prier le Curé de la paroisse de lui faire voir le *Saint*. » (*Journal de l'église de Cancon*).

[2] Le maréchal d'Ornano et M. de Montespan, eurent à Agen une vive dispute ; mais on délibéra si longtemps, et l'on mit de plus tant de cérémonie pour désigner le lieu du combat, qu'un courrier du Roi eut le temps d'arriver pour empêcher le duel, d'après Boudon de Saint-Amans, qui rapporte le fait à l'an 1608 (*Hist. du dép. de Lot-et-Gar.*)

tespan, de quoy Vostre Majesté peult avoir cy-devant esté informée. Mais maintenant ils sont en termes à en venir au combat, choze qui me semble préjudiciable au service de Vostre Majesté et estre de mon debvoir de vous en advertir et y apporter tout ce que je pourray pour le bien de vostre service, ce que je fays ainsin que le sieur de Verdun vous fera entendre, s'il plaict à Vostre Majesté luy fére l'honeur de l'escouter, etc.

DE MONTFERRANT [1].

A Cancon, ce 28 may 1603.

Le 26 octobre 1597, l'évêque du diocèse Mgr Nicolas de Villars, vint visiter Cancon. Il y dit la messe, confirma 22 personnes et donna la tonsure à Charles, un des fils de « M. de Cancon [2] », son hôte.

Le lendemain, il confirma 180 communiants de Périllac et passa dans les paroisses voisines. Un rapport de ce prélat nous apprend qu'il y avait alors deux confréries à Périllac et cinq à Cancon, sept en tout. Dans les chapelles il y avait quatre autels dédiés l'un à N. D. de Pitié, les autres à St-Jacques, à St-Cosme et à St-Antoine. Un reliquaire renfermant une relique de St-Pierre et « un os avec un parchemin qu'on n'a pu lire estant probable que ce sont reliques sans savoir certainement de qui » était conservé dans le maître autel, (Arch. de l'Évêché : *Visites pastoraless*).

Le 31 juillet 1602 Charles de Gontaut, duc de Biron, pair et maréchal de France, convaincu du crime de haute trahison, fut décapité dans la cour de la Bastille. Cette mort tragique du puissant duc dont les immenses possessions confinaient au nord à notre territoire, eût un grand retentissement en Périgord et dans le Haut Agenais. Ceux qui savaient la part glorieuse qu'avait prise le maréchal aux victoires de Henri IV, blamèrent hautement ce prince de n'avoir pas su pardonner. Dans le peuple, une foule de chansons glorifiant Biron

---

[1] *Arch. hist du dép. de la Gironde*, t. XIV, 1873, p. 4.8.

[2] Pour éviter toute erreur il importe de savoir qu'à partir de 1595, François de Montferrand s'appela innifféremment M. de Cancon ou M. de Monferrand et abandonna la dénomination de Foncaude que son second fils Jean, s'attribua quelque temps après. Cancon était du reste, le principal fief de la branche des Montferrand de Guienne, que M. A Communay appelle les *Vicomtes de Foncaude*. C'est au château de Cancon qu'ils habitaient le plus souvent ; c'est dans l'église de cette ville qu'ils avaient leur tombeau.

et faisant ressortir l'ingratitude du roi, furent composées à cette occasion. Mais bientôt des ordonnances rendues par le maréchal d'Ornano, alors gouverneur de la Guienne, et d'autres plus tard, vinrent défendre de les chanter sous les peines les plus sévères. Pendant tout le siècle qui suivit, paraît-il, les délinquants furent poursuivis sur la voie publique, dans les auberges, jusque dans les maisons privées : il n'en fallait pas davantage pour faire passer leurs couplets à la postérité. De ces chansons, chaque pays paraît avoir eu la sienne. Une d'elles, en patois du Périgord, a été publiée par la *Mosaïque du Midi* et la *Guienne historique et monumentale*. Voici celle que l'on chante à Cancon :

> Dedans la ville de Paris,
> Y a des messieurs et des dames,
> Y a des comtes et des barons,
> Regrettant la mort de Biron.
>
> Quand Biron fut sur l'échaffaud
> Il demanda son petit page. —
> Petit page, venez, venez,
> Pour voir Biron exécuter. —
>
> Petit page, vas dire au Roi,
> Il est là-haut dedans sa chambre.
> Vas lui dire de s'habiller,
> Pour voir Biron exécuter.
>
> Le Roi revêt tous ses habits :
> Il met la tête à sa fenêtre
> Et s'appuyant sur son balcon
> Regarda la mort de Biron. —
>
> O Roi, o Roi, te souviens-tu
> Du temps que nous avions grand'guerre :
> Je t'ai sauvé la vie trois fois,
> Sauve-la moi pour une fois.
>
> Premièrement dedans Lyon,
> Secondement dans la Lorraine,
> Troisièmement dedans Paris.
> Trois fois je t'ai sauvé la vie. —
>
> Biron tu as trop tard parlé,
> J'en ai perdu la souvenance.
> Si tu avais plus tôt parlé,
> Moi, la vie je t'aurais sauvé.
>
> Ton poignard d'or, ton cheval blanc,
> Tout sera remis à ta mère.
> Biron va-t'en tranquillement,
> Tu vas mourir en ce moment.

11

Cette complainte où les rimes sont remplacées par des assonances, se chante à pleine voix sur un rythme dolent qui n'exclut pas la force. Entendu le soir, alors que l'ombre gagne les bois et le fond des vallons, elle nous a paru empreinte d'une naïveté touchante et d'une grandeur sauvage. Nous y avons senti vibrer les cris de douleur, de colère et de révolte des *Croquants* de l'Agenais et du Périgord pressurés, auxquels elle a servi souvent de ralliement au XVIIe siècle.

De 1602 à 1606 toutes les reconnaissances furent renouvelées à Cancon au nom du nouveau seigneur, pardevant Me Pierre Dellerm, notaire ; Barthélémy Benaud, maître d'hôtel du château, procureur « deument fondé » de François de Montferrand, stipulant et acceptant. La baronnie de Cancon était alors habitée par plusieurs nobles familles. En ville, noble Louis de Bony, sieur de Rouchou, près les Bardes, époux de Marie de Paloque (leurs fils François et Etienne), avait une maison sise rue de la *Lance* (?) ; M. Dupuy de Baillé en avait une autre dans la même rue ; M. Arnaud de Cours (des seigneurs de Paulhiac) demeurait rue Porte-de-la-Ville ; M. de Floissac, rue du Château, etc. Dans la juridiction, noble François Dagès, seigneur baron de Saint-Mame, Thouars et autres lieux (père de Jeanne future femme de Me Jacques de Mons, conseiller du roi en cour de Parlement de Bordeaux), avait une résidence au château de Millac et l'autre dans la curieuse maison gothique, sans contredit une des plus anciennes de la contrée, qui se voit encore au Mayne, près Cancon. Le château et la seigneurie de Roquegauthier appartenaient à noble Jean de Boyssonnade [1], écuyer, (époux de Paule Dugon ou d'Hugon), fils d'autre Jean et de Louise de Giscard. Noble Jacques Gédéon de Verdun, écuyer, « mestre-de-camp pour la personne du Roy en ses extraordinaires de guerre », époux de Jeanne de Beauregard, habitait dans la paroise de Millac [2]. Enfin, au château de Mou-

---

[1] Jean était parent des Boysonnade d'Agen, et le frère aîné de Guillaume, sieur de La Roque, près Baugas, époux celui-ci de Marthe de Cortète de Cambes. (Voir ma *Notice historique sur les seigneurs de Roquegauthier.*)

[2] Jacques-Gédéon de Verdun mourut le 29 septembre 1627 et fut enseveli dans l'église de Millac ; il laissait un fils, *Jean*-François-Emmanuel et trois filles Catherine, Jeanne et *Marie* ; il était frère de noble Jean-François de Verdun, écuyer, seigneur de Galaut, époux de damoiselle Marie Soreau. (*Reg. paroiss. de Millac.*)

Noble *Jean* de Verdun, écuyer, marié avec Antoinette de Cadouin, ne vivait

linet vivait noble Raymond de Montferrand, écuyer, sieur de Castres[1].

Un arpentement général de l'Agenais fut fait en 1604-1605. Dans le registre des procès-verbaux, nous lisons à l'article CANCON [2] :

Je soubzsigné, Bernard Ladebat, maistre arpenteur juré et ung des quatre qui ont entreprins l'arpentament général du pays d'Agenois, certiffie à tous qu'il appartiendra que, procédant au faict dud. arpentament général,

---

plus le 27 mai 1685, lors du mariage de son fils Gaspard ; il avait une sœur du nom de *Marie* qui assista à ce mariage. Noble Gaspard de Verdun, écuyer, sieur de Gallaut et de Sainte-Radegonde, épousait Jeanne de la Vayssières, veuve de Charles de Borrit, écuyer, co-seigneur de Pouymigan, et fille de noble Jacques de la Vayssière, chevalier, seigneur de Capchicot et de Verduzan, et d'Isabeau de Saint-Vincent, mariés le 18 décembre 1645. Ce Gaspard de Verdun, fit inscrire ses armes à Bordeaux le 29 septembre 1697 pour l'*Armorial général de France*, et les déclara : *d'azur, au lion d'or ; parti bandé d'argent et d'azur de dix pièces ; au chef d'azur brochant sur la partition, chargé de troix croix portirées d'argent.* (Communiqué par M. de B. de Laffore.)

Il est à supposer que ces Verdun avaient la même origine que les seigneurs de Cancon du même nom bien que leurs armes fussent différentes.

[1] Raymond, et parfois Robert, de Montferrand, écuyer, dit de Castres, était fils (seul survivant de David de Montferrand, seigneur de Roquetaillade et de Marie du Bédat. Il prit alliance vers 1580-1585 avec demoiselle Marthe de Cours, fille de noble Jacques de Cours, seigneur de Paulhiac, habitant la juridiction de Casseneuil en Agenais, et de noble Jeanne de Reissac de Cadrès. Il n'y eut pas d'enfants de ce mariage. Raymond testa au château de Moulinet, le 30 mars 1621. Après avoir déclaré vouloir être enterré au couvent de Saint-François de Villeneuve-d'Agenais, dans le même tombeau où gisait sa femme, légué une somme de 2250 livres à sa fille naturelle, Jeanne de Montferrand, issue de Marie Lamouroux, sa servante, et fait d'autres legs, le testateur nommait pour ses héritiers universels, par égales portions, ses cousins Jean de Montferrand, vicomte de Foncaude, et Charles de Montferrand, seigneur de Bayne ou de Bains (A. Communay, *loc. cit.* p. LVI.)

Demoiselle Jeanne de Montferrand, fille de ladite Marie Lamouroux, épousa vers 1638, Jean Jacques, sieur de Causse, habitant de la paroisse des Bardes, dont plusieurs enfants nés de 1640 à 1655. (*Registres par. des Bardes.*)

[2] Archives départementales, E. supplém. 590, f° 56.

sommes veneus en ceste ville de Cancon, y ayant esté adménés par sieur Jean Aiguier, consul de la ville de Tournon, et par icelle depputé pour faire procéder aud. arpentament, suyvant le règlement sur ce faict et en vertu de l'ordonnance de monsieur de Netz, conseiller du roy en sa cour des Aydes à Paris et commissaire pour Sa Majesté et lad. cour, depputé pour l'exécution des arrestz concernant led. arpentement général et règlement des tailhes sur ce requis, la coppie de laquelle est au pied du présent procès-verbal incérée ; où estant et parlant à honnestes hommes sires Gabriel Meynot, Huguet Destang et Tony Roques et en leur personne, à Guillaume de Jay, consulz de lad. ville de Cancon, leur avons faict entendre lad. ordonnance et commission sur ce expédiée, les requérant nous admener ou monstrer les extrèmittés et limittes de leurd. juridiction pour icelle arpenter, ce qu'il nous auraient offert et de faict nous auraient admenés sur l'extrèmitté de leur juridiction contre la juridiction de Castelnau de Gratecambes, sur ung carrefourc appelé à la Croix de Teuly, près laquelle il y a une borne de pierre, de laquelle en hors dessend tout le long d'un foussé et haye droict au ruisseau appelé de Laïguerous, et estant aud. ruisseau, lad. limitte déssend au long d'icelluy jusques au village appelé de La Mollière à ung ruisseau que se rencontre à main droite, au delà duquel est la juridiction de Cassencuil et là se laisse lad. juridiction de Castelnau, et après monte le long dud. ruisseau et par une colyne qui va finir sur le quanton de la vigne appartenante aux consortz de la Catherine Delfaure ; et là, traversant le chemin publiq, prend au long d'un foussé et puis au long d'une pièce de vigne appartenante à Jean Delpech et della dans ung chemin de service allant au villaige de Carbonnade ; et dud. villaige en hors dessend au long d'un terme et séparation de terres jusques au ruisseau appelé de de Mydon, où se rencontre la terre de Sainct-Pasteur, et là se laisse lad. terre de Casseneuil, et après monte au long dud. ruisseau et continuant icelui vers le hault s'appelle de La Boyguette, et jusques à une borne de pierre planté au fons d'une pièce de terre appartenante à maistre François de Lerm, et après tombe sur le carrefourc appelé des Loups de Joannes, et della au long du chemin qui va du château de Roque Gautié à Casseneuil et jusqu'à ce que à main gauche prend au long d'un foussé et haye qui se va rendre au ruisseau appelé la Sonne et puis monte le long dud. ruisseau jusques au chemin publiq qui va de Cancon à Sainct-Pasteur, et traversant iceluy chemin prend une colyne et forme de ruisseau appelé de La Maure jusques à autre chemin publiq tirant de Sainct-Pasteur à Monbahus, et après prend icelluy grand chemin en traversant le ruisseau de Toulouzac jusques au carrefourc appelé de... (en blanc) où il y a trois bornes de pierre, et descendant vers le levant, au long dung chemin jusques à autre colyne et ruisseau (de Mangane) où sont plantées deulx bornes de pierre, et après monte vers le nort le long de ceste colyne jusques au grand chemin qui va de Monbahus à Monflanquin (aux Pichoulis), lequel chemin en montant fait la division de la terre de Castilhonnès (Saint-Maurice), partans dud. chemin de Monbahus, et de la prend à main droite ung foussé qui descend au bois appelé de La Brosse (Labasque) et ruisseau de la Fontanelhe, et après suict icelluy ruisseau jusques à une pièce de pred appartenant à Jean Maynot et jusques à un gros arbre fresne, et après entrant dans une pièce de terre appartenant à feu Jean Mailhé (à Courrège, prand au long d'une grande ligne d'arbres montant vers le villaige de la Gleize de Roquedech, et laissant icelluy villaige à main droite en la présente juridiction, monte au long d'ung sillon de vignes jusques à ce qu'il se va rendre dans le grand chemin de Castilhonnès à Monflanquin, lequel chemin il prand descendant au ruisseau appelé del Cluzélou, et après descend par icelluy ruisseau, et dellaissant icelluy, continuant à dessendre par le ruisseau appelé de Sainct-Paou (le Rège), jusques à ce que estant au derrière le temple dud. Sainct-Paoul-le-Jeune, traverse une pièce de pred et monte vers le levant au long d'une colyne qui va finir sur le grand chemin de Sainct-Pasteur à Monflanquin et après monte par icelluy vers le couchant, laissant tousiours à main gauche la terre de Monflanquin et jusques à ce qu'il va rencontrer lad. terre de Castelnau à ung gros chesne appelé Las Trois Peyres, et de là va finir à la Croix del Rodié et borne près d'icelle où la présente description a esté faicte ; dans lequel enclos et limittes sont compris lad. ville et chasteau de Cancon, foussés, vacquantz d'icelle, temples et scimetierres, fons, ruisseaulx et chemins grandz et petitz, maisons, mollins, terres labourables et vaquantes, vignes, predz et bois et générallement toute sorte et nature de terre de la contenance de huict mille cinq cens quatre-vingtz six carterées ; à quoy faire nous avons procédé soubz notre foy et serement par art et forme d'arpenterie, assisté de Jean Lafargue, Anthoine Catet, Pierre Mathieu. aussi maistre arpenteur, à la mezure et carterée uzitées à Agen, mentionnées en lad. ordonnance. Faict aud. Cancon le xxive jour de febvrier mil six cens cinq. Ainsi signé, Ladebat, et plus bas sont escriptz ces motz :

Aujourd'huy xxive de febvrier mil six cens cinq, à Cancon en Agenois Bernard Ladebat, maistre arpenteur, ayant faict lecture et publiquation du procès verbal de l'arpentement qu'il a faict de lad. juridiction à maistre Guillaume Jay, Gabriel Meynot, Huguet Destang et Raymond Roques, consulz dud. lieu, qui ont déclaré que, dans les limittes dud. procès verbal est comprins ung territoire qu'est le villaige appelé des Perdus et des Métélia, qui est du taillable de Monbahus, bien que la justice en appartienne au seigneur dud. Cancon ou à la dame de Molinetz, est aussi comprinse dans les susd. limittes et icelluy territoire computé par led. Ladebat à la proportion de la carterée d'Agen qui faict au fort de quatre solz deulz deniers prins à raison de obolle et demye par carterée de la perche dud. Cancon, la quantité de cent dix carterées où environ. Auquel arpentement led. Jay a dit n'avoir assisté par ce qu'il était absant de lad. juridiction ;

de quoy et de tout ce dessus lesd. parties ont requis acte à moy notaire soubzsigné, que leur ai concédé, en présence de M⁰ Bernard de Lerm, procureur, et Jean Ribère dit Bureau et moy. Signés : *Jay*, consul, *B. de Lerm*, procureur et *P. de Lerm*, notaire royal.

L'hiver de 1607 à 1608 fut particulièrement rigoureux. Les vignes et la plupart des arbres fruitiers furent gelés.

En 1610, Mgr Claude de Gélas, évêque d'Agen, en tournée de diocèse, s'arrêta dans notre ville et y confirma plusieurs centaines de personnes. Il constate dans son rapport que le registre des mariages n'était ouvert à Cancon que depuis l'année même : ceux des baptêmes et des sépultures y étaient tenus depuis décembre 1593 seulement, bien que la tenue de ces registres eût été prescrite aux recteurs des paroisses par une ordonnance royale, dès 1530. Dans les chapelles, il y avait quatre autels dédiés, à N.-D. de Pitié, à saint Martial, à saint Sébastien et à la Couronne d'épines, (*Arch. de l'Evêché*).

Le 1ᵉʳ septembre 1613, François de Montferrand approuva la protestation rédigée par les gentils-hommes de l'Agenais, assemblés à Castillonnés, contre les prétentions des fermiers de la reine Marguerite qui voulaient soumettre les biens nobles de ce comté aux droits de vente et de prélation. Les signataires non-seulement protestaient de maintenir leurs droits, mais ils juraient de se soutenir mutuellement ; ils nommaient pour leur chef le comte de Lauzun et ratifiaient les démarches déjà faites par son ordre dans le procès porté devant le Grand Conseil [1].

Dans le courant d'avril et de mai 1614 « y ayant des menaces de guerre entre le roi et messieurs les princes », François fit réparer le château et les murailles de Cancon et de Casseneuil. Le traité de Sainte-Menehould (15 mai 1614) apaisa les esprits.

En 1615, vers le milieu du mois de mars, il plut de tels abats d'eau que tous les champs autour de Cancon en furent profondément ravinés. A propos de ces trombes, nous lisons dans les registres paroissiaux de Casseneuil : « Les 14 et 15 mars 1615, les rivières de Lot et de Lède se joignirent ensemble tellemant que, par curiosité, feusmes plusieurs qu'avec un batteau fismes le tour de la ville, tant du cousté

---

[1] A. Communay. *Les Montferrand de Guyenne*, p. LXI.

du foussé qu'autres lieux, tellemant la rivière estoit débordée et montoit jusqu'à la première fenestre de la tour du chasteau du cousté de la guarenne et jusques à demy toy de l'église Saint-Joseph et prenoit du travers toute la porte dudit Saint-Joseph, celle où est le poy *(sic,* pour poids)* ; brief, estoit douze pans pardessus le pon neuf. Monthurés, *vicq.* »

« Le 12 avril 1616, le malheur arriva sur les limites de Casseneuil et de Sainct-Pastour que deux frères, fils de M. de La Roque, se battirent en dueil et le jeune tua l'autre le plus vieux à ung lieu appelé à Pradié. » *(Reg par. de Casseneuil).* Cette horrible rencontre fit une grande impression dans le pays. Elle eut lieu à un endroit dit encore l'*Homme-mort.* Les deux frères étaient François et Jacques de Boyssonnade ; c'est François qui fut tué. Nous ignorons l'objet de la querelle ; mais le terrible dénouement qu'elle eut dut précipiter la mort du père, car celui-ci, noble Guillaume de Boyssonnade, sieur de La Roque, mourut quelques mois après, le 9 septembre 1616, à Casseneuil, où il habitait depuis quelques années : son corps fut enseveli dans l'église de Baugas.

Le 3 juillet de la même année décéda « noble dame Clere de Pellegrue, dame de Cancon, et ce environ les huict ou neuf heures après midy. Et a estée ensepvelie dans l'église dud. Cancon, le lendemain, quatriesme jour du susd. mois. » *(Reg. par. de Casseneuil).* Elle avait fait un testament le 16 juin 1615 dans lequel, après quelques legs et donations pieuses aux églises de Cancon et de Casseneuil, elle institue légataire universel « quelqu'un de ses fils, par rang de naissance, » et leur substitue (au cas où ceux-ci viendraient à mourir sans laisser de postérité) les enfants de sa fille, Marie-Marguerite, dame d'Arblade.

On sait que la neuvième guerre de religion eut lieu sous Louis XIII, de 1620 à 1622, et qu'elle se termina le 19 octobre de cette dernière année par la confirmation de l'Edit de Nantes à Montpellier. Bien que les opérations en aient été faites, presque toutes, en Guienne, notre pays eut relativement peu à en souffrir.

En 1620, la misère fut très grande à Cancon : dans la paroisse la mortalité, qui était en moyenne de 25 à 35 par an, s'éleva, cette année-là à 52.

En 1622, au mois de janvier, le baron de Castelnau, fils du maré chal de La Force, occupait Monflanquin avec un corps de protestants. Ces rebelles poussaient des incursions fréquentes jusques sous les murs de notre ville et des places avoisinantes. Dans une battue aux vivres qu'ils firent aux environs de Casseneuil, ils massacrèrent sept paysans de cette seigneurie à la porte de leurs maisons et de leurs granges dévastées et incendiées [1]. Il était urgent d'en débarrasser le pays. François, de concert avec plusieurs seigneurs du voisinage, le baron de Fumel et autres dévoués au roi, entreprit de les déloger de leur repaire ; mais ce projet n'eut pas de suite « sur quelque mécompte ou difficulté qui les obligea de s'en retourner sans s'être beaucoup approchés [2]. »

Un froid excessif se manifesta en Agenais pendant l'hiver de 1623-1624 : « Le Lot, la Garonne et toutes les autres rivières se gelèrent à tel point qu'on les traversait sur la glace avec des charrettes chargées ; on y allumait même du feu sans la faire fondre [3] .»

« Le 20 juillet 1625, décéda noble François de Montferrand âgé de huitante-neuf ans et feust ensepvely à Cancon le lendemain, » au tombeau de ses ancêtres *(Reg. par. de Casseneuil)*. Son testament, conçu dans le même sens que celui de sa femme, est du 1er septembre 1617. Il était alors haut et puissant seigneur, chevalier de l'Ordre du roi, capitaine de cinquante hommes d'armes de ses ordonnannances, premier baron de Guienne, vicomte de Foncaude, baron de Cancon, de Casseneuil, de Montferrand, de Frespech, seigneur de Gontaud, de Moulinet et autres lieux. En effet, par contrat de mariage il avait reçu de sa mère la vicomté de Foncaude ; à la suite d'arrangements de famille la seigneurie de Casseneuil lui était restée ; la baronnie de Cancon et partie de celle de Gontaud [4] lui étaient adve-

---

[1] Registres par. de Cancon et de Casseneuil.

[2] A. Communay, *les Montferrand de Guyenne*, p. LXI. Monflanquin qui avait été occupé un peu par force par le baron de Castelnau en janvier 1622, se rendit au roi de France dans le courant de juin de la même année *(Samazeuilh)*.

[3] *Annales de Villeneuve*, loc. cit.

[4] Le 10 juillet 1597 il avait racheté pour la somme de 9,000 livres la *place* de Gontaud qu'il avait engagée à Louis Stuer de Caussade, baron de Tonneins Dessous afin de payer les legs de son frère Jean *(Contrat reçu par Me Fabre, notaire à Casseneuil)*.

nues par le testament de son frère Jean ; sa sœur Marguerite, après avoir fait quelques legs à ses neveux et nièces, lui avait donné également par testament du dernier Février 1607, la maison noble et seigneurie de Moulinet ; enfin, l'extinction de la branche aînée de sa maison lui avait permis d'acquérir, en sa qualité de plus prochain lignager, la plus grande partie des biens de cette branche et de devenir *premier baron de Guienne*, titre attaché à la possession de la baronnie de Montferrand [1].

Il avait eu de sa femme Claire de Pellegrue :

1° FRANÇOIS III, qui suit ;

2° JEAN DE MONTFERRAND, chevalier, capitaine de cinquante hommes d'armes, dit le vicomte de Foncaude, qui fit son testament le 30 avril 1634 et décéda le 9 octobre suivant « âgé de cinquante-un ans, jour de lundi, environ soleil couché, muni des sacrements de l'église. Son cœur a été enseveli dans l'église de Cassenenil et son corps dans l'église

---

[1] Charles, baron de Montferrand, de Langoiran et de Frespech, était mort sans enfants ; son frère Guy le huguenot, avait hérité de tous ses biens, mais le décès de Gédéon, fils de ce dernier, avait mis aux mains de Jeanne d'Eschelles, sa mère, et de Catherine de Laminsans, sa cousine, tous les biens de la branche aînée des Montferrand. Le 15 août 1591, par acte reçu de Destivals, notaire à Bordeaux, ces deux dames vendirent, pour 38,133 écus un tiers, la baronnie de Montferrand, y compris tous les droits, à la municipalité de Bordeaux. Quelques années après, Matignon, gouverneur de Guienne, voulut forcer les jurats de Bordeaux a lui vendre cette seigneurie, *la première de Guienne*. Les magistrats, menacés dans leur propriété, invoquèrent l'appui du Parlement qui, par arrêt, déclara la vente consentie par Jeanne d'Eschelles, bonne et valable. En 1594, François de Montferrand de Cancon essaya, invoquant le *retrait lignager*, de rentrer en possession de la baronnie ; Henri IV s'opposa au succès de cette affaire, mais François ayant fait sa soumission, la rétrocession de la seigneurie des Montferrand lui fut consentie (A. Communay). Pendant ces débats, le 21 mars 1594, le seigneur de Cancon avait transigé pour la terre de Frespech avec Jeanne d'Eschelles ; celle-ci lui en avait cédé l'entière propriété, moyennant indemnité, ne s'en réservant que l'usufruit sa vie durant.

de Cancon, le jeudi douzième dudit mois [1]. »(*Registres par.
de Casseneuil*) ;

---

[1] Un paquet de lettres trouvées par M. le Chanoine de Carsalade du Pont
aux archives du château de Puységur, canton de Fleurance (Gers), a permis à ce délicat érudit d'écrire sur ce Montferrand, sous forme de communication à l'Académie de Bordeaux, un charmant opuscule rempli d'esprit,
de judicieuses remarques et de traits piquants [*].

A la page 5, il nous présente le gentilhomme : « Jean de Montferrand,
vicomte de Foncaude, deuxième fils de François de Montferrand, etc.,
était un familier du château de Cadillac, un ami du duc d'Epernon, ami
des jours heureux et des jours d'infortune. Il n'épargna pour le servir ni
son temps ni sa peine. Avec le plus grand désintéressement et sans nul
souci de son avancement, il s'exposa librement aux rigueurs de la Cour,
pour seconder le duc dans sa chevaleresque prise d'armes de 1619, en faveur de Marie de Médicis ».

Plus loin, pages 7, 8 et 9, il nous fait connaître l'homme : « Foncaude
était un cadet de Guienne, possédant deux ou trois mille livres de rente,
maigre portion que la constitution de la famille sous l'ancien régime lui
avait attribuée, tandis que son frère aîné, François, marquis de Montferrand, était entré en possession de la presque totalité des biens paternels.
Cette inégalité, qui aurait dû, ce semble, séparer les deux frères en laissant quelque amertume jalouse dans le cœur du cadet, les unit au contraire et créa entre eux une affection fraternelle très particulière et très
touchante, toute faite de protection et de tendre sollicitude de la part de
l'aîné, et de respect, de dévouement et de générosité de la part du cadet.
Cette tendresse, commencée dès leur enfance, ce respect, ce dévouement,
trouvaient leur explication dans un sentiment rare qui n'est plus de notre
temps : l'esprit de famille. Le marquis était l'aîné, le chef de la race ; sur
lui reposaient les gloires du passé et les espérances de l'avenir, et Foncaude
qui aime sa race, n'a qu'une préoccupation, c'est de la perpétuer en favorisant, même à ses dépens, le mariage de son frère. Il s'y emploie avec un
détachement personnel dont l'expression touchante revient fréquemment
dans ses lettres, etc. .

« Cet homme, qui mettait tant de force et de générosité dans ses dévoue-
ments, qui prodiguait son affection avec une tendresse et une douceur
presque féminines, apportait dans ses antipathies, par un contraste natu-

---

[*] Jean de Montferrand, *vicomte de Foncaude*, Paris, Honoré Champion,
1891, gr. in-8' de 11 pages.

3° CHARLES DE MONTFERRAND, écuyer, prieur de Bains, qui fit à Agen, devant M° Bellanger, notaire royal, le 20 janvier 1620, « bail à ferme et arrantement » en faveur de noble Bernard de Causse, sieur des Peyroux, acceptant, de la seigneurie de Bains (?) au pays de Verdun (?) Il était curé de Casseneuil en 1614 et de Cancon en 1616.

« Le honsiesme aoust 1621, sur le soleil couché, expira noble Charles de Montferrant, aagé de trente et quatre ans ou environ, prieur de Bains (et duquel prieuré il portait le nom), recteur de Saint-Pierre de Peyrillac, de Cancon et de toutes ses annexes. Fust inhumé, led. sieur, le lendemain à midy ; à la sépulture duquel furent convoqués tous les prebtres de la présente jurisdiction de Cancon, ceux de Saint-Pastour, de Cassaneul et le soubs prieur des religieux de Sainte-Livrade, comme aussi de quatre pères cordeliers de Villeneufve, qui tous s'y trouvèrent. Led. sieur feut assisté de sa maladie du R. père Chambon, jésuiste, et du R. père Saint Donnez, cordelier. Lequel sieur mourut en constant et entier bon esprit, ayant été muni de tous les saints Sacrements. *Jay*, premier vicaire dud. sieur. » (*Reg. par. de Cancon*) ;

4° ANTOINE, mort jeune ;

5° FRANÇOIS DE MONTFERRAND, chevalier, né au château de Cancon le 22 mars 1596, à minuit, mort à Casseneuil le 30

---

rel, une violence et une impétuosité extraordinaires. Ce côté du caractère du vicomte de Foncaude n'est pas le moins curieux à étudier ; il nous fait voir notre héros dans son allure vraie, méridionale, bien gasconne, avec son esprit caustique et sa verve endiablée.

« Foncaude avait un ennemi, et cet ennemi était une femme. Il détestait la maréchale de Roquelaure. Il avait avec elle un procès dans lequel il s'agissait de la moitié de son bien et un peu de son honneur. La Maréchale poursuivait l'affaire avec une âpreté normande. Elle traînait Foncaude devant toutes les juridictions, du sénéchal d'Armagnac au Conseil du Roi. Il est vrai que celui-ci lui rendait avec usure ses bons procédés, car non content de la mettre aux prises avec les gens de justice et de l'embrouiller dans les ruses et les détours de la chicane, il la lardait de brocards, de traits mordants et lui jouait cent mauvais tours. »

Le reste est assurément fort intéressant, mais il sort trop de notre cadre. Nous devons borner nos citations à ces quelques extraits.

juin 1620 et enseveli le lendemain « devant le grand autel de l'église paroissiale de ceste ville ez tombeau de ses précesseurs. » (*Reg. par. de Cancon et de Casseneuil*).

6° MARGUERITE-MARIE DE MONTFERRAND, mariée par contrat du 26 septembre 1608 à noble Jacques de Luppé, seigneur baron d'Arblade en Armagnac et autres lieux ;

7° ANTOINETTE DE MONTFERRAND, filleule de Marguerite de Montferrand, dame de Moulinet. dite *Mademoiselle de Casseneuil*, « laquelle feut misse en terre le 14 décembre 1613. »

XVII.

François III de Montferrand (de 1625 à 1660). —Fin des Guerres de Religion. — Les troubles de la Fronde.

François III de Montferrand, héritier de tous les biens de ses auteurs, aux termes mêmes des testaments de ceux-ci, avait servi de 1617 à 1619 en qualité d'enseigne de la compagnie de cent hommes d'armes des ordonnances du roi, sous la charge du maréchal de Roquelaure, lieutenant-général en Guienne. Il prit part à toutes les guerres de la province et fut nommé maréchal-de-camp, pour servir en Languedoc, à la suite du prince de Condé, le 15 mars 1628 [1].

Cette même année 1628, en exécution de la déclaration du roi Louis XIII, ordonnant le « rasement des villes de guerre, châteaux et forteresses qui n'étaient pas situés sur la frontière », les principales places fortes de l'Agenais furent démantelées. Des corvéables de Cancon travaillèrent à la destruction des tours et des bastions de Monflanquin ; mais. notre ville toujours dévouée au roi et au catholicisme, fut épargnée. Un titre postérieur reconnaît à plusieurs habitants le privilège d'avoir leur maison appuyée aux remparts, à condition de ne gêner en rien la défense de ceux-ci et de payer certains droits au seigneur.

Les troubles religieux, dernières convulsions du protestantisme expirant, qui se manifestèrent en France à deux reprises différentes

---

[1] Voir : A. COMMUNAY, *Les Montferrand de Guyenne*, p. LXII.

de 1625 à 1629, n'atteiguirent pas plus la ville de Cancon que la *contagion* qui éclata au mois de mars 1628 [1]. Cette maladie épidémique fit beaucoup de victimes en avril à Sainte-Livrade ; mais elle n'alla pas plus loin, à ce que disent les registres paroissiaux de Casseneuil. Il n'en fut malheureusement pas de même de la peste de 1631. Celle-ci se compléta d'une famine et fit de tels ravages dans notre pays que beaucoup d'habitants, terrifiés par l'intensité du fléau, s'enfuirent éperdus, abandonnant leurs parents et leurs biens. Les enfants et les jeunes gens en furent particulièrent atteints. Elle commença fin février et fit à Casseneuil cinquante-deux victimes en mars, quarante-huit en avril, soixante-quinze en mai, et cinquante-cinq en juin. Un jour, le 25 mai, il fut enseveli jusqu'à sept cadavres. (*Reg. par. de Casseneuil* et autres doc.).

Vers 1635, beaucoup de reconnaissances furent renouvelées tant à Cancon qu'à Casseneuil. François de Montferrand était alors haut et puissant seigneur, chevalier de l'ordre du roi, maréchal-de-camp de ses armées et premier baron de Guienne. Jean-Marie de Boyssonnade était son procureur et maitre d'hôtel à Cancon.

Les habitants de la Guienne, si éprouvés par les guerres religieuses, eurent encore à souffrir de l'anarchie financière et administrative. Écrasés d'impôts, livrés aux exactions des seigneurs et des traitants, ils prirent les armes à plusieurs reprises pour secouer un insupportable joug. En 1635, les contribuables de Bordeaux, d'Agen, de Villeneuve et de Monflanquin avaient donné l'exemple. Le peuple du Périgord se souleva lors de la mise en exécution du nouveau tarif des gabelles [2]. Comme leurs devanciers de 1590, les révoltés, auxquels s'étaient joints beaucoup de paysans de notre contrée, reçurent

---

[1] Non en 1629, comme le dit M. Cassany-Mazet dans *Annales de Villeneuve-sur-Lot*, p 258. Du reste, cette épidémie qui fut observée dans une grande partie de l'Europe, sévit à Agen avec une particulière rigueur, de 1628 à 1631. Voir *La ville d'Agen pendant l'épidémie de 1628 à 1631 d'après les registres consulaires* par M. Ad Magen. Agen, 1862.

[2] « La gabelle était un impôt sur le sel qui, dans certaines provinces, portait le prix de cette substance si nécessaire à la vie jusqu'à 62 livres le quintal (environ 700 francs de notre monnaie), sans qu'il y eût d'économie possible pour personne, chacun étant obligé d'en consommer une quantité donnée. Il occasionna des séditions fréquentes. » (F. Moulenq, *Episode de l'Histoire de la ville d'Auvillars*). Il était illégal en Guienne, à cause des

le surnom de *croquants*. Un gentilhomme des environs de Périgueux, Lamotte-La-Forêt, prit le commandement de ces bandes indiciplinées, sous le nom de « général des communes du Périgord. » En 1637, le duc de La Valette, aidé de François de Montferrand qui rappelé en Guienne depuis peu venait de réunir une petite armée à Marmande, marcha sur eux, les écrasa à la Sauvetat, reprit les villes dont ils s'étaient emparés, les dispersa et, par l'entremise du duc de Duras, reçut la soumission de leurs chefs [1].

En 1638 on trouve François successivement qualifié, dans un acte du 12 avril, lieutenant de la compagnie de gendarmes du duc d'Eper-

---

franchises de cette province, où il avait été racheté, sous Henri II, au prix de grands sacrifices.

Une émeute sanglante éclata à Agen à cette occasion le 7 Juin 1835. M. Ad. Magen en a publié et annoté le récit fait par des témoins oculaires dans le *Recueil des travaux de la société des sciences, lettres et arts d'Agen*, tome VII, 1re série.

[1] Avec ces quelques notes, M. O. Bouyssy nous a communiqué sur ces évènements l'intéressante lettre qui suit :

> *A Monsieur le Marquis (sic) F. de Montferrand,*
> *mareschal des camps, lieutenant de la compagnie des gens d'armes.*

Monsieur,

« S'en allant le sieur de Saint-Quentin devers Monseigneur le duc d'Epernon à Cadillac, je ne le veulx point laisser se départir sans lui donner lettres pour vous asseurer que d'après ses commandemens, j'ay dressé promptement ma compagnie, pourveu à la deffanse et conservation de cette dicte ville de Castillonnès dans laquelle j'ay establi garnison de XXXX carabins des bons et meilleurs que j'ay pu trouver sous les ordres de mon lieutenant le sieur Fontanilles, assemblé les gentilzhommes et forces de mon gouvernement, et vous tesmoigner le contentement et satisfaction que j'ay de pouvoir faire prompte et bonne obéissance à ses ordres et faire montre de mon affection et fidellité au bon service de Sa Majesté et ne manqueraye de vous retrouver en la ville de Marmande après demain de ce jourd'huy, vous priant, Monsieur, me croyre toujours, votre bien affectionné à vous faire service. »   CARBOUNIÉ.

De Castillonnès, ce 20. de May 1637.

Le signataire de cette lettre était Jean de Carbonnié, gouverneur de Castillonnès, capitaine au régiment des chevaux légers du roi Louis XIII, qui fut tué au combat de la Porte-Saint-Antoine devant Paris, en 1652. Il était né en 1601 à Castillonnès.

non et, dans un procès verbal portant la date du 10 juillet, « chevalier de l'ordre du roi, âgé d'environ cinquante six ans et possédant 40,000 livres de rente », revenu alors très-considérable [1].

Vers le même temps beaucoup de tenures furent abandonnées dans la seigneurie de Cancon. Après une enquête et des informations qui prouvèrent qu'il n'aurait pas été impossible de retrouver les anciens détenteurs parmi les vaincus de La Sauvetat, la plupart de ces terres furent données à nouveau bail à cens, de 1638 à 1643 à des voisins ou à des immigrants. Me Bernard Dellerm, avocat, était juge ordinaire de Cancon ; Me Arnaud Dellerm, lieutenant en l'ordinaire ; Me Michel Dellerm, procureur d'office ; Pierre Arnaud, époux de Jeanne Dellerm, greffier. En somme, toutes les places de la magistrature à Cancon, étaient aux mains de la famille Dellerm et ce n'est pas tout : Me Pierre Dellerm était alors procureur au présidial d'Agen ; Me Martial Dellerm était « enquesteur commissaire-examinateur de la ville de Castillonnès ». Enfin Raymond Dellerm était consul de Cancon ; Me Arnaud Dellerm, *le vieux*, était notaire et Jean Dellerm était chapelain et vicaire de l'église de notre ville. Cette famille si nombreuse et vraiment trop encombrante avait pour chef Me Bernard Dellerm, procureur d'office du seigneur de Cancon au commencement du xviie siècle, né en 1564 de François Dellerm, greffier.

François de Montferrand avait épousé, par contrat du 27 octobre 1626 passé au château de Grammont en Lomagne, Jacquette de Beauxoncles, veuve de François de Voisins, baron de Montaut et de Grammont, fille d'Antoine de Beauxoncles [2], seigneur de Bourguerin et de Jeanne de Montmorency-Fosseux [3].

L'admirable position du château de Cancon, la commodité qu'offrait son habitation, sa situation exceptionnelle dans un pays riant et pittoresque dont la population était pauvre, mais soumise et de mœurs paisibles, avait plu tout de suite à la nouvelle dame. Aussi, tandis que son mari était à peu près constammnt en campagne pour le service du roi, ou résidait plus communément à Casseneuil ou Bordeaux, elle avait vécu retirée à Cancon avec les deux filles qu'elle avait eues

---

[1] A. Communay, *Les Montferrand de Guyenne*, p. LXII.

[2] La maison de Beauxoncles était du Maine orléanais ; elle existait encore en 1789.

[3] *Archives départementales*, Registre B. f° 358.

de son premier mariage et une nombreuse maison [1]. Ces deux filles, Henriette et Marie-Félice de Voisins de Montaut, étaient parait-il d'une grande beauté. C'est dans notre modeste église qu'elles se marièrent. la première avec messire Jean de Baudéan. chevalier, seigneur marquis de Parabère, le 17 janvier 1643 (le contrat était du 30 octobre 1642) et la seconde, l'année suivante, avec messire Jean-Paul de Gourdon de Genouillac, seigneur comte de Vaillac. (*Reg. par. de Cancon* et autres doc.).

Immédiatement après son mariage. Henriette quitta Cancon pour aller se produire à la Cour où elle fut fort bien accueillie, du reste ; sa sœur, au contraire, se fixa auprès de sa mère et de François de Montferrand. Ce dernier la prit en grande affection, comme on le verra par la suite.

Les années qui suivirent jusqu'aux troubles de la Fronde, n'offrent rien de particulier pour notre contrée si ce n'est que les impôts doublèrent pendant le gouvernement oppressif du duc d'Épernon, de 1644 à 1651. Les tailles de la juridiction avaient été en 1627 de 2,056 livres et en 1642 de 3,106 livres ; elles furent en 1652 de 6.140 livres, 16 sols, les impositions communales non comprises.

Lors du soulèvement de la Guienne en faveur du prince de Condé contre la Cour et Mazarin en 1651, François de Montferrand fit réparer et armer le château de Cancon et en confia la garde à une garnison éprouvée qu'il mit aux ordres de sa femme et de la comtesse de Vaillac ; lui-même, prétextant son grand âge, s'enferma dans Casseneuil. Peut-être ne voulait-il pas combattre les rebelles à la tête desquels se trouvaient, en Agenais, avec les seigneurs de Galapian et de Moncaut, les seigneurs de Laugnac et de Pardaillan, ses parents. Les consuls de Cancon se préoccupèrent, de leur côté, de mettre la ville en état de défense. La jurade, après une longue délibération ¡mposa la communauté d'une somme d'argent suffisante « pour payer les frais qu'il convenait faire pour la guarde de ladite présente ville et pour le service du Roy à cause des guerres qui sont au présent pays » et ordonna la démolition des maisons des sieur Jean Crozat. procureur d'office, et Pierre Arpheille « joignantes au murs de la ville du costé de la Porte-faulse » et aussi des galeries des maisons

---

[1] Les cessions du droit de prélation, à peu d'exception près, faites à Cancon de 1630 environ à 1655, sont signées de sa main Bosmfer, abréviatif des mots Bosoncles-Montferrant, ainsi qu'elle signait quelquefois.

Baillé et Salbaing, les matériaux devant être employés à la réparation des fortifications ou vendus [1]. Etaient consuls : Pierre Dellerm, marchand, Raymond Bruguière, Pierre Teyssonnières et Martial Floissac ; jurats : Me Antoine Nauville, le vieux, Jean Auzeral, Raymond Lassaigne, Me Pierre Arnaud, notaire, Jean Royre, Jean Meynot, hôtelier, Jean Germa, Me Raymond Dellerm, notaire à Soulaudre, Jean Dellerm, François Floissac, Isaac Floissac, sieur de la Fondouce, Jean Terrisse, Pierre Marsillac, Michel Boyer, Pierre Dastic, Guilhem Gary, Jean Guirbal, Me Antoine Nauville, le jeune, notaire à Vinsou, Méric Arpheuille, Mathieu Boule, Martial Rouchou, Couly Delmas, Charles Nauville (*Acte de jurade.*)

Au moment où la guerre civile avec toutes ses horreurs allait se déchaîner encore une fois sur notre malheureux pays, que le comte d'Harcourt faisait le siège de Villeneuve [2] et que le marquis de Sauvebeuf obtenait la soumission de Castillonnès, une peste tout aussi terrible que celle de 1631 éclata à Cancon. La grande misère, la mauvaise nourriture des habitants des campagnes, leur réunion en trop grand nombre dans les murs de notre petite ville à l'ouverture des hostilités, en furent les principales causes. Elle se manifesta vers le mois de juin 1652 [3], acquit toute sa force dans les mois de septembre et d'octobre et s'affaiblit aux premiers froids pour enfin disparaître complètement durant le mois de décembre. Un vœu des habitants, des prières que Madame de Montferrand et la comtesse de Vaillac firent dire, à la fin de juillet, dans l'église de Périllac, des processions qui furent faites dans le courant de septembre en l'honneur de saint Roch, le patron des pestiférés, ne purent conjurer le fléau. Nobles, bourgeois et manants en furent atteints indistincte-

---

[1] Les deux maisons furent payées à leurs propriétaires l'une 350, l'autre 400 livres. Les sieurs Dupuy de Baillé et Salbaing reçurent 15 livres d'indemnité.

[2] Henri de Lorraine, comte d'Harcourt, général en chef de l'armée royale, après avoir forcé le prince de Condé par des combats heureux et des manœuvres habiles à battre en retraite sur Agen, avait porté la guerre ne Agenais au moment précis où son adversaire obligé d'aller en hâte rejoindre sa principale armée à Chatillon-sur-Loing, abandonnait le commandement de ses troupes à ses lieutenants.

[3] Cette peste devint générale en Agenais l'année suivante 1653 et y fit périr près de la moitié de la population.

ment : elle frappait à toutes les portes. Au mois de juin deux notaires de la ville, Bernard Dellerm et Pierre Arnaud, succombèrent. En août, Jean Daymes, séminariste, frère du curé de Cancon ; M. de Scomps (?), gentilhomme d'Auvergne, en garnison au château, et le curé de Saint-Paul-le-Vieux, Abraham Floissac, moururent coup sur coup. Jean Derey, vicaire de l'église de Cancon, décéda le 5 septembre, après avoir enregistré encore le 30 août, d'une main déjà bien tremblante, la mort d'un de ses paroissiens. Le 26 du même mois on ensevelit une pauvre mère de famille, la femme Rigot (des Faures), avec deux de ses enfants morts le même jour qu'elle. Bref, dans l'espace de sept mois, le nombre des décès, qui était alors tous les ans de dix à vingt, s'éleva jusqu'à cent trois et encore tous ne sont peut-être pas inscrits sur les registres paroissiaux, très mal tenus à Cancon, comme du reste un peu partout à cette époque. Les villages des Bidous, des Pétrous, des Parrinots et des Gamots furent les plus atteints.

Cependant les belligérants occupaient tout le nord de l'Agenais et s'en disputaient avec acharnement les points fortifiés. Cancon dut à la peste — à quelque chose malheur est bon — d'être peu inquiété ; il était du reste à l'abri d'un coup de main, grâce aux moyens de défense qu'y avaient accumulés son seigneur et ses consuls, au début de la guerre. Il n'en fut pas de même de Saint-Pastour. Cette petite ville, à l'exemple de toutes celles de la contrée, Villeneuve, Castillonnès, Monflanquin, Villeréal, Lauzun, etc., avait ouvert ses portes aux troupes de la Fronde et avait même reçu un moment dans ses murs, au début du siège de Villeneuve, le prince de Conti, frère de Condé. En septembre 1652, Jean de Pons, cornette dans le régiment du comte de Lauzun, en commandait les défenseurs. Assiégée par Duplessis-Bellièvre sur l'ordre du duc de Candale, un des chefs de l'armée royale, elle fut prise de force le vendredi 27 septembre et n'échappa au pillage et à l'incendie qu'après s'être engagée à payer aux vainqueurs une forte somme d'argent. Son premier consul, Jean Jaubert, livré en otage, et son commandant, furent amenés prisonniers [1]. Enfin

---

[1] Cassany-Mazet, *loc. cit.* et *Attestation judiciaire* de M. le juge royal de Castelnau-de-Grattecambe signée entr'autres de Jean Blanchaud, chanoine de Cancon, de M⁰ Arnaud Dellerm, lieutenant de l'ordinaire, de M⁰ Jean Nauville, notaire, etc. en date du 21 octobre 1664 communiquée par M. Charles de Pons.

Duplessis Bellièvre y mit en garnison les régiments d'infanterie et de cavalerie de M. le comte de Vaillac, qui ne quittèrent Saint-Pastour que pour entrer à Villeneuve, le 13 août 1653, peu après la soumission de cette ville.

Le 2 novembre 1652 les consuls de Cancon reçurent de M. de Pontacq, « premier président en la Cour des aides, intendant de la Justice, Police et Finances de l'armée du Roy en Guienne », deux ordonnances (en date du 31 octobre) de Messieurs les généraux de l'armée royale, dont la première leur enjoignait d'avoir à verser, chaque jour pour la subsistance des gens de guerre qui tenaient garnison dans la ville de Saint-Pastour, « la somme de huict livres pour l'infanterie et trois livres et demy quintal de foin pour la cabalherie » ; les versements devant s'effectuer jusqu'à nouvel ordre de huit jours en huit jours et d'avance entre les mains du gouverneur et commandant de ladite garnison. La deuxième leur ordonnait de remettre, en outre, une somme de 2,477 livres à M. le comte de Vaillac [1]. Le tout devant leur être tenu à compte sur la taille et deniers royaux de l'année courante (*Actes de jurade* des 3 et 24 décembre 1652).

La guerre se continua en 1653, mais les opérations en furent transportées un peu plus au sud, sur les rives du Lot et de la Garonne. Cette année-là Casseneuil, longtemps menacé par les troupes de la Fronde, ne dut son salut qu'aux soins jaloux que le comte de Vaillac prit de sa sécurité, comme du reste de celle de Cancon à la même époque. Que ne pouvait-il les dispenser des contributions de guerre ?

Le 26 janvier les consuls reçurent une ordonnance du duc de Candale, pair et colonel général de France, leur mandant d'envoyer 700 livres à « une compagnie du régiment de Marin [2] » logée au Temple-sur-Lot. Les consuls firent la sourde oreille ; mais M. de Sauvage, commandant ladite compagnie, les ayant menacés s'ils n'obtempéraient immédiatement aux ordres de son chef, d'aller avec ses gens

---

[1] Sur la proposition de Madame de Monferrand, cette somme de 2,477 livres fut remise le 24 décembre entre les mains de la comtesse de Vaillac qui s'engagea à les faire passer à son mari. Celui-ci servait avec distinction dans l'armée royale.

[2] Il s'agit du régiment de M. de Marin (Jean du Bouzet).

d'armes faire des courses dans la juridiction de Cancon, comme cela se faisait, en cas pareil, ils lui firent tenir à Casseneuil la somme demandée, le 14 mars suivant. (*Acte de jurade* du 30 mars 1653).

Le 25 mars arriva à Cancon une nouvelle demande du duc de Candale de 1,000 livres et d'une fourniture de vivres et de fourrages, avec ordre de transporter le tout incessament jusqu'au Port-Sainte-Marie à destination d'une compagnie du régiment de cavalerie du Grand'Maitre. Les consuls réclamèrent disant que Cancon était bien loin du Port-Sainte-Marie et que les récoltes avaient été nulles. Finalement ils obtinrent d'être déchargés des subsistances, mais ils durent fournir les 1,000 livres. Celles-ci n'arrivant pas encore assez tôt, M. de Saint-Victor, commandant la compagnie, écrivit aux consuls de les lui porter le 18 avril dans la ville de Sainte-Livrade, faute de quoi il irait établir ses quartiers à Cancon. Cette fois les consuls obéirent (*Acte de jurade* du 17 avril 1653).

Mazarin était rentré dans Paris le 3 février 1665 ; Condé avait fui à l'étranger. Bordeaux se soumit le 31 juillet ; toute la Guienne ne tarda pas à suivre le même exemple. La guerre se termina dans nos contrées par la soumission de Villeneuve que le comte de Vaillac, alors commandant de l'Agenais pour le roi, sous les ordres du duc de Candale, obtint par la persuasion et des négociations habiles. Néanmoins les contributions de guerre n'avaient pas pris fin.

Le 20 septembre, il fut ordonné par le duc de Candale, aux consuls et habitants de Cancon, que, des deniers des tailles, ils eussent à donner une première somme de 2,000 livres au comte de Vaillac en paiement de partie de celle de 10,913 livres, due pour le prix des avances de munitions de guerre et de bouche faites par ce seigneur aux troupes de Sa Majesté qu'il commandait au siège de Villeneuve, et une deuxième de cinquante livres pour les taxations ordinaires du sieur P. Leclercq, trésorier général de l'extraordinaire. Mais la communauté n'avait plus assez de ressources ; elle dut emprunter pour s'acquitter et encore ne put-elle payer qu'en décembre et sur les instances et menaces réitérées du sieur P. Leclercq. Etaient consuls : M⁰ Raymond Dellerm, Pierre Auzeral, François Laborde, et Guilhem Gary ; juge de l'ordinaire : M. Bernard Dellerm, avocat ; procureur d'office : M. Jean Crozat (*Acte de jurade* du 9 déc. 1653).

Nous laissons à penser le triste état dans lequel devaient être alors Cancon et sa juridiction.

Pour en finir avec ces souvenirs affligeants ajoutons que les comptes de 1652 et de 1653, bien que remis parfaitement en règle, soulevèrent de nombreuses contestations ; les consuls durent même soutenir un procès qui, à peine terminé à leur honneur vers 1671, menaça de se rouvrir sous une autre forme et de s'éterniser quand la fille et unique héritière du sieur Jean Terrisse, le bailleur de fonds de la communauté, exigea le paiement immédiat des sommes avancées par son père et non encore payées.

Jacquette de Beauxoncles, baronne de Cancon et de Casseneuil, dame de Montferrand, mourut au château le 5 septembre 1655 et fut ensevelie le lendemain dans l'église Saint-Martial.(*Reg. par. de Cancon*).

Cinq ans après, son mari la rejoignit dans la tombe ; il était âgé de quatre-vingts ans environ : « Le 22 octobre 1660 dans le château de Casseneuil, environ les six heures après midy, est mort noble François de Montferran, premier baron de Guienne, seigneur de Cancon, Casseneuil et autres places, a été enseveli dans le cœur (*sic*) de l'église Saint-Martial de Cancon. » Son corps fut en effet porté à Cancon par quatre prêtres et mis en terre le 26, en grande pompe, dans le tombeau seigneurial (*Reg. par. de Casseneuil* et autres doc.). En lui s'éteignirent les Montferrand de Cancon qui, s'ils n'ont pas brillé dans l'histoire d'un aussi vif éclat que ceux des autres branches de leur maison, n'en ont pas moins porté leur nom avec grand honneur et peut-être avec plus de dignité.

Nous avons dit que François aimait beaucoup Marie-Félice, la plus jeune des filles de sa femme. En signe « d'affection particulière » non-seulement, le dernier d'octobre 1642, à Bordeaux, il lui fit don de la baronnie de Frespech à la charge pour elle de n'en jouir que quand elle se marierait et de ne rien prétendre sur la succession de son père « ni sur l'augment gagné par la dame, sa mère, par le prédécès dud. seigneur de Montaut, son père, » mais encore par testament en date du 17 août 1655 il la fit son héritière universelle : « Au nom du Père, du Fils et du Saint Esprit, Jean-François de Montferrand, sain d'esprit et de corps, etc... veut être enterré dans l'église de Cancon et être porté en icelle par les chanoines de la dite église à laquelle il donne 3,000 livres [1]; pour les honneurs funèbres s'en

---

[1] « Et, d'autant que lesdictz chanoines de ladicte ésglize de Cancon n'ont assès de revenu de la fondation faite par mes prédécesseurs pour se pou-

remet à dame Jacquette de Beauxoncles, sa femme, ou à dame Marie-Félice de Voisins, comtesse de Vaillac ; fait des legs et fondations ; créé pour son héritière générale et universelle sa très chère épouse, dame Jacquette, ci-dessus nommée, qui sera tenue d'achever de payer les dettes de messire Jean de Montferrand, frère du testateur ; au cas où elle ne pourrait recueillir son héritage il lui substitue Marie-Félice de Voisins, etc... ; enfin, il veut que son hérédité soit remise, après le décès de la dame de Vaillac, à messire Jean-François de Gourdon de Genouillac (son filleul), qui sera tenu de prendre le nom de Montferrand et d'en porter les armes écartelées de la maison de Gourdon de Genouillac, etc. Fait à Casseneuil en présence de nobles Pierre et Jean-Jacques Dupuy, écuyers, Mᵉ Jean Vidal, procureur d'office, Dominique Dorie, Jean-Jacques, sieur de Causse et autres ; Bessières, notaire royal [1]. »

Ces dispositions dépossédaient les enfants de Marguerite-Marie de Montferrand [2], qui, aux termes des testaments de François II et de Claire de Pellegrue, eussent dû hériter des biens délaissés par leur oncle. Dès qu'elles furent connues, les déshérités protestèrent et firent faire sommation à la comtesse de Vaillac de délaisser à leur profit l'héritage sur lequel elle avait déjà mis la main, la rendant responsable des dépens survenus et à survenir, etc. Celle-ci résista, offrant de prouver que François de Montferrand, le dernier décédé, était en droit de lui donner tous ces biens, le testament de Claire de Pellegrue ne pouvant lui être défavorable, celui de François II non plus ayant été fait par l'auteur dans un moment d'incapacité morale bien reconnue ; que du reste, Marguerite-Marie de Montferrand avait renoncé à tous ses droits à la succession de ses père et mère, par acte spécial, le jour de la signature de son contrat de mariage, etc. Un procès « long et fastidieux » allait suivre lorsque intervin-

---

voir nourrir, je lègue à ladite esglise de Cancon la somme de trois mille livres pour estre en fondz et rante constituée et veux que le revenu qui en proviendra soit distribué annuellement aux susditz chanoines, à la charge de faire les honneurs ordonnées par la fondation ; et en outre de dire, chacun d'eux, tous les jours, pendent l'an apprès mon décès, une messe pour le salut de mon âme. »

[1] *Archives départementales*, reg. B., 74 fol. 135.

[2] C'étaient Jean de Luppé (seigneur baron d'Arblade depuis le décès, sans enfants, de son frère aîné François) et Françoise de Luppé, femme d'Antoine de Pardaillan, seigneur baron de Durfort et de Bonas.

rent des amis communs : Mre Pierre-Gaston de Foix, comte de Rabat, de Castelneau, etc., Mre François de Narbonne, seigneur de Birac et d'Aubiac et noble Alain de Bosredon, sieur de la Garennie. Sur les bons avis et sages conseils de ceux-ci, les parties s'en remirent du soin de régler leur différend à un exécuteur testamentaire et à quatre arbitres, choisis deux par la dame de Vaillac, deux par le baron d'Arblade. L'accord se fit le 3 juillet 1661 devant Me Cluzel, notaire royal à Agen, et un acte public en consacra le résultat. La vicomté de Foncaude et la maison noble de Gontaud furent données au baron d'Arblade et à sa sœur, moyennant quoi le seigneur d'Arblade faisant tant en son nom que pour la dame de Bonas. sa sœur, en ce qui la concernait, renonça en faveur de lad. dame de Vaillac à tous les droits et prétentions qu'il avait ou pourrait avoir sur la susdite hérédité [1].

XVIII.

Jean-Paul de Gourdon de Genouillac, comte de Vaillac et Marie-Félice
de Voisins de Montaut (de 1660 à 1670).

Haut et puissant seigneur, messire Jean-Paul de Gourdon de Genouillac, comte de Vaillac, baron de Montferrand, Cancon, Casseneuil, Frespech, seigneur d'Etauliers, le Boisset, la Barrière et autres places, premier baron de Guienne, premier écuyer et capitaine des gardes françaises de Philippe de France, duc d'Orléans, puis chevalier d'honneur de Madame, duchesse d'Orléans, lieutenant-général des armées du roi et chevalier de ses ordres, né le 12 mai 1621 de Louis de Gourdon de Genouillac, troisième du nom. et de Françoise de Cheiradour, dame d'Aubepeyre, était d'une famille considérable en Quercy [2].

Nous savons qu'il s'était marié à Cancon. Peu après nous l'avons vu, pendant les guerres de la Fronde, se montrer officier habile et dévoué au parti de la Cour, et obtenir des Villeneuvois, par la douceur et par la persuasion, plus qu'un habile général, Henri de Lorraine,

---

[1] Transaction communiquée par Madame la comtesse de Raymond.

[2] ARMES : *Parti d'azur à trois étoiles d'or rangées en pal et de gueules à trois bandes d'or ;* l'écu entouré des colliers des deux ordres du roi et timbré d'une couronne de comte.

n'avait pu faire par la force. Pendant les hostilités, dans le but sans doute de protéger sa femme, sa belle-mère et son viel ami, François de Montferrand, il se tint à peu près constamment aux environs de Cancon et surtout de Casseneuil. Cette dernière ville lui dut même d'avoir été épargnée en maintes circonstances.

Aussi, le 10 juillet 1661, la jurade de Casseneuil, réunie en la maison commune, considérant « les obligations que toute la communauté doit à M. le comte de Vaillac, pour avoir conservé la jurisdiction des gens de guerre pendant tous les désordres passés, et tant d'autres faveurs et advantaiges que ladite communauté a reçus de luy, reçoit tous les jours et espère recepvoir, sans avoir jamais recognu lesd. obligations, et, à présent que ledit seigneur comte de Vaillac est sur le point de s'en aller à Paris » lui fit don d'une somme de cinquante pistoles, qu'elle augmenta de cinquante autres le 11 septembre suivant [1].

A ce moment, le différend qui s'était élevé entre sa femme et le baron d'Arblade au sujet de la succession de François III de Montferrand venait d'être réglé et l'on refaisait les reconnaissances. A Cancon elles furent toutes passées, de 1661 à 1662, au nom de J.-P. de Gourdon de Genouillac, etc., et de Marie-Felice de Voisins de Montaut, « icelle agissant en sa qualité d'héritière testamentaire » du seigneur précédent, « maistre Jehan de Crozat, leur procureur dheument fondé de leur procuration expresse du vingt quatriesme du mois de juin mil six cens soixante-un, signé Germa, notaire royal dudit Cancon, stipulant et acceptant pour lesdits seigneur comte et dame. »

De 1662 à 1670 le château de Cancon et celui de Casseneuil furent le rendez-vous de toute la noblesse de la contrée attirée par la grâce accueillante de la belle comtesse de Vaillac. Ces huit années s'écoulèrent au sein des fêtes et des plaisirs. Au commencement de 1671 Marie-Félice fut atteinte d'une maladie très grave. Sentant sa fin approcher, elle prit des dispositions testamentaires : après avoir fait plusieurs legs, un entr'autre à l'église de Périllac qu'elle avait en grande vénération, elle émancipa son fils aîné, Jean François, et lui céda tous les biens qu'elle tenait des Montferrand, entendant

---

[1] Archives de Casseneuil, *Actes de jurade.*

qu'il en jouît de suite. Elle vécut encore plusieurs mois et mourut à Casseneuil dans le printemps de l'année 1672 [1].

Son mari épousa en secondes noces dame Elisabeth de la Vergne-Montemart de Tressan, sœur de Louis, évêque du Mans ; il « mourut à Paris et y fut enseveli le 18 janvier 1681, âgé de soixante ans environ. Pour le repos de son âme on fit faire une neuvaine en bas dans l'église paroissiale de Casseneuil. » (*Reg. par. de Casseneuil.*)

Il avait eu de son premier lit de nombreux enfants :

JEAN-FRANÇOIS, né en 1645, dit marquis de Vaillac, qui continua la descendance ;

JEAN-PAUL-HENRY, dit vicomte de Vaillac : « Jean-Paul-Henry de Gourdon et de Genouillac, lisons-nous dans les registres paroissiaux de Cancon, filz de Jean-Paul, comte de Vaillac et de Marie-Félice de Voysins, est né le 14 de juillet de l'année mil six cents quarante sept et feust baptizé à Cassaneul ; son parrain est Monsieur l'abbé de Vaillac et sa marraine Madame la marquise de Parrabère et les cérémonies du baptesme feurent faites audict Cancon le 8 décembre 1654 par moy Raymond Daymes, pb[re] et curé dudict Cancon ; et a tenu, pour Monsieur l'abbé de Vaillac, Monsieur le marquis de Vaillac, son petit nepveu et frère dudict Jean-Paul-Henry et Madame la marquise de Parrabère sa marraine. » Il fut pendu ou eut la tête tranchée le 11 avril 1680 à Bordeaux pour crimes divers, rapts, viols, meurtre, etc. ; nous y reviendrons. Ses parents déshonorés par sa mort infamante, après avoir fait disparaître à peu près toutes les pièces du procès à la suite duquel il avait été condamné à mort, répandirent le bruit qu'il avait été frappé pour crime d'Etat ; puis ils le rayèrent sans doute des généalogies de la famille. Toujours est-il que d'Hozier, Moréri et autres généalogistes ne le mentionnent pas. A moins, toutefois, qu'on ait simplement changé son nom et que ce soit le même qu'Alexandre ci-après ;

---

[1] « Le 12 avril 1672, dans le château de Cassaneul, vers les onze heures du matin, décéda haute et puissante dame Félice de Montaut, femme de haut et puissant seigneur, etc..., et fust ensevelye le 13 avril 1672 dans l'église de Cancon, âgée environ de 50 ans.» (*Reg. par. de Cancon.*)

ALEXANDRE, vicomte de Gourdon, mort sans alliance ;

FRANÇOIS, comte de Vaillac, seigneur de Montferrand, colonel du régiment de cavalerie de son nom, chevalier de l'ordre de Saint-Louis l'an 1694, lieutenant-général des armées du roi en 1704, mort sans alliance le 22 juin 1707 en sa 55ᵐᵉ année ;

JOSEPH, né le 19 septembre 1652, mort le 13 avril 1661, enseveli dans l'église de Cancon ;

MICHEL-ANGE, capucin ;

CHARLES-GASTON, chevalier de Malte ;

JEAN-BAPTISTE, abbé de Saint-Romain de Blaye, né le 12 avril 1654 au château de Cancon ;

MARIE-GALIOTE, coadjutrice de l'hôpital de Beaulieu, morte le 22 octobre 1701 ;

CLAUDE, prieure de la Motte-Sainte-Héraye en Poitou, puis grande-prieure de l'hôpital de Beaulieu ;

MARIE-MADELEINE née le 1ᵉʳ avril 1661, femme de François de Lestang, seigneur de Pommerol et de Belpech ;

MARIE-FÉLICE, dame de Montaut, mariée à Gaspard le Secq marquis de la Motte-Sainte-Héraye, comte de Montaut, morte en 1705 :

GUYONNE de Gourdon, prieure d'Espargnac, puis des Filles de Rouen.

La naissance, le baptême ou la mort de la plupart de ces enfants sont mentionnés dans les registres paroissiaux de Cancon ou de Casseneuil, encore que ces livres soient très incomplets.

XIX.

Jean-François de Gourdon de Genouillac, marquis de Vaillac-Montferrand (de 1670 à 1696). — Le vicomte de Vaillac, ses crimes, sa condamnation à mort, son exécution à Bordeaux. — Guillaume de Crozat-Bonayme. — Situation religieuse de Cancon à la fin du XVIIᵉ siècle.

De la fin de 1671 à 1675 les reconnaissances furent renouvelées à Cancon et Casseneuil au nom de « messire Jean-François de Gourdon

de Genouillac, marquis de Vaillac-Monferrand, premier baron de
Guienne, pourvu en survivance de la charge de capitaine des Gardes
de Monsieur frère unique du Roy, procédant au nom et comme héritier testamentaire de feu haut et puissant seigneur messire François
de Montferrand, seigneur dudit Cancon, Casseneuil, etc, et sous le
bon plaisir de haut et puissant seigneur messire J.-P. de Gourdon de
Genouillac, comte de Vaillac, son père, etc. »

Le nouveau seigneur de Cancon et le vicomte, son frère, avaient
été élevés en enfants gâtés dans un milieu uniquement préoccupé de
divertissements et de jouissances. De bonne heure leurs caprices
et plus tard leurs passions juvéniles, s'étaient donnés pleine carrière.
Une semblable éducation devait avoir pour eux des conséquences
désastreuses dans un avenir prochain.

En compagnie de quelques écervelés ou de débauchés comme eux,
parmi lesquels Jean Crozat de Laprade, Antoine Fabre de Parrel,
Pierre de Bruguière[1], seigneur de Roquadet, Marc-Antoine de
Bourgoin[2], seigneur de Roquegauthier, le sieur de Saint-Erailles ou
Saintarailles, etc., ils organisaient de grandes parties de plaisir,
de chasse ou de pêche, qui le soir et la nuit venus, après de copieux
repas et d'amples libations, dégénéraient souvent en d'infâmes
orgies. En dehors de ces excès, les Vaillac se faisaient un jeu de
l'honneur de leurs tenanciers: non contents de mettre à mal des
vertus faciles qui ne demandaient pas mieux que d'avoir pour eux
toutes les faiblesses, ils se permettaient d'enlever les filles et les
jeunes femmes du pays qui leur plaisaient, les amenaient ou les faisaient porter par leurs valets dans le château de Cancon ou dans
celui de Moulinet où on leur infligeait les derniers outrages.
D'autres fois, quand l'argent venait à leur manquer, ils ne se gênaient
nullement pour dévaliser ceux de leurs vassaux chez qui ils comp-
taient en trouver. Rien ne les arrêtait. Pour eux, la vertu, l'honneur, le bien d'autrui, le respect de soi-même et des autres, n'étaient
que de vains mots. L'état misérable du peuple était alors tel que nul

---

[1] Pierre de Bruguière était fils de messire Jean de Bruguière, habitant de
Castelnau-de-Grattecambe, qui le 24 mai 1650 avait acquis la terre de
Roquadet, de Pierre Géraudie, procureur du roi en la cour d'Agen ; il fut
l'époux de demoiselle Anne de Laval, veuve en 1724. (*Actes de la famille de
Loze*).

[2] Voir ma *Notice sur les Seigneurs de Roquegauthier.*

à Cancon n'osait se révolter ou même se plaindre de ces derniers vestiges des humiliantes soumissions et des droits arbitraires imposés par les seigneurs au moyen-âge. Néanmoins tant de forfaits devaient avoir un terme.

Vers 1675, semble-t-il, le vicomte s'éprit d'un violent caprice pour la femme d'un sieur Boisset, disent MM. Cassany-Mazet et Béchade-Labarthe [1], pour la femme d'un de ses parents nous a-t-on affirmé d'autre part ; toujours est-il qu'il enleva cette malheureuse, l'emporta au château de Cancon et ne la renvoya qu'au bout de quelque temps à son mari qui la reprit et ne souffla mot. M. Guillaume de Crozat-Bonayme ou Croisac-Bonneyme (le nom comporte ces deux orthographes), gouverneur de la Sauvelat-du-Dropt. était alors dans sa maison de Saint-Paul-le-Vieux. Indigné de l'odieuse conduite du vicomte et de la lacheté du mari dont il était l'ami ou le voisin. « il adressa au chancelier de France un mémoire dans lequel il fit ressortir toutes les atrocités dont le vicomte de Vaillac se rendait journellement coupable. Ce mémoire parut au chancelier empreint d'une grande exagération ; toutefois il le renvoya au procureur général du Parlement de Bordeaux en lui demandant des renseignements. »

A cette nouvelle, le vicomte entra dans une colère extrême et jura de se venger. Pour cela il poussa son frère, le marquis, à attirer M. de Bonayme dans un rendez-vous aux portes d'Agen, sous un prétexte que l'on ignore. Celui-ci s'y rendit sans méfiance : c'était un guet-apens. Il y trouva le vicomte de Vaillac en compagnie du seigneur de Roquadet, de M. de Sainte-Erailles, de M. du Caillaudier, seigneur de Roquegauthier, et de quelques valets qui se jetèrent sur lui à l'improviste, le lardèrent de coups d'épée (en particulier le vicomte), et, le croyant mort, le jetèrent tout sanglant dans les fossés de la ville. Au lieu de tomber dans l'eau et de se noyer, il eut la chance de choir sur la vase dont la fraicheur le ranima. Recueilli le lendemain par des passants que ses gémissements avaient attirés, il fut porté dans une auberge où il revint lentement à la vie. Cependant. ses assassins. réfugiés au château de Cancon, continuaient leur vie déréglée se croyant sûrs de l'impunité.

A peine rétabli, M. de Crozat-Bonayme porta plainte en justice, remua ciel et terre et finit par provoquer des enquêtes qui trainèrent

---

1 *Annales de Villeneuve*, p. 275 et *Revue d'Aquitaine*, (le Château de Moulinet, par M. Béchade-Labarthe), p. 172, tome XIII.

en lougueur et n'auraient même peut-être pas abouti, tant était grand le crédit et l'influence de ses ennemis, si le vicomte n'avait eu la maladresse de les faire reprendre à la suite de nouveaux méfaits. A la fin de 1676, M. de Crozat, sieur de Fléchou (juridiction de Monflanquin), officier aux Mousquetaires gris et cousin de Bonayme, s'étant pris de querelle avec son voisin M. Antoine Fabre de Parrel, qu'il accusait, à tort ou à raison, d'avoir trempé dans l'assassinat de son cousin, l'avait tué de deux coup de mousquets à la porte de sa demeure de Parrel[1]. Or, le vicomte était l'ami de la victime ; il dénonça le meurtrier, qui avait fui aux armées, et pour se venger, dans sa fureur, il ne trouva rien de mieux que d'ameuter, à prix d'argent, toute la lie de la population de Cancon contre M. de Bonayme qui n'en pouvait mais, de lui susciter tout espèce d'ennuis et de vexations, et enfin d'aller lui-même avec ses sbires, jusqu'après les récoltes de 1678, piller les métairies de son adversaires et en tuer le bétail et les chevaux.

La situation devenait intolérable pour M. de Bonayme ; il partit pour La Réole où siégeait alors le Parlement de Bordeaux et ne revint qu'en compagnie de commissaires députés qui commencèrent des informations en décembre 1678, les continuèrent l'année suivante et jusqu'en 1680. Dès le début un décret de prise de corps avait été lancé contre le vicomte et ses complices ainsi qu'il suit :

DÉCRET DE PRISE DE CORPS *décerné par M. Roquard, commissaire commis pour informer, du 14 février 1679.*

Alexandre Pierre Roquard, con^{er} du Roy en sa cour de Parlement, comm^{re} député pour l'exécution de son arrest du 17me décembre dernier au premier huissier delad. Cour ou autre huissier ou sergent royal par ce requis, Veu les charges et informations faites pardevant nous à la requeste de Monsieur le procureur général du Roy, VOUS MANDONS prendre, saisir au corps, le sieur vicomte de Vaillac, le sieur de St Erailles, fils aîné du sieur de St Erailles, le nommé Antoine son valet, les nommez Caillaudier et Laurent son valet et les nommez Roquadet, gentilhomme soy disant du sieur de Vaillac, et Lafleur, son valet, iceux mener et conduire sous bonne et seure garde ès prisons de la ville d'Agen pour y estant fournir à droit, si pris et appréhender peuvent être, sinon les assigner à la quinzaine à comparoir

---

[1] Actes de la famille Fabre de Parrel.

par leur propre personne pardevant nous en notre hostel en lad. ville d'Agen, cependant saisir et annoter leurs biens pour être régis et gouvernez suivant l'ord^ce. De ce faire vous donnons pouvoir en vertu de celui à nous donné par lad. Cour. Donné à Agen le 14 février 1679. Signé Roquard, comm^ro, et Betbeder, greffier.

Collationné à l'original estant entre mes mains, par moi conseiller du Roy en ses conseils, maistre des requestes ord^res de son hostel, commissaire député pour l'exécution des ordres de Sa Majesté en la Généralité de Bordeaux

Fait à Bordeaux le XX février 1679.

Signé : FAUCON [1].

Un décret à peu près semblable avait été lancé contre le marquis ; mais, averti à temps, celui-ci avait pris la fuite et s'était réfugié en Espagne, où, un an après, il apprit la condamnation à mort et la décollation de son frère à Bordeaux, le 11 avril 1680 — juste punition d'infamies sans nombre — et aussi sa propre condamnation, par contumace, à la même peine pour rapts, viols et complicité d'assassinat qualifié. Vaillac courba la tête et laissa passer l'orage, puis il se pourvut en grâce auprès de Louis XIV. Son pourvoi d'abord rejeté, fut repris et signé en décembre 1680, après intervention d'amis puissants. Enfin, malgré l'opposition de M. de Crozat-Bonayme, les lettres de rémission et pardon furent intérinées au Parlement de Toulouse, le 21 juin 1681, en audience publique, où le grâcié dut assister à genoux sur le parquet et la corde au cou tenue par le bourreau. De Crozat obtint, en compensation, 3,000 livres de dommages-intérêts, le remboursement de tous les frais du procès, et de plus que ses biens seraient distraits de la directe du marquis :

« Samedi 1681, en la Grand'Chambre, présens MM. de Fieubet, premier président, etc...

Entre Messire Jean-François de Gourdon de Genouilhac Montferran, *comte* de Vailhac (le titre de marquis ne lui était pas dû régulièrement), prisonnier ès prison de la Conciergerie du palais en Tolose, demandeur en la cause renvoyée par le Roy, impétrant et requérant l'inthérinement des lettres de grâce, rémission et pardon, à lui accordées par Sa Majesté, données

---

[1] Pièce communiquée par M. H. de Gourdon de Genouillac.

à Saint-Germain-en-Laye le mois de décembre dernier, et aultres fins, d'une part ; et Guilhaume Crozat Boneymé et le procureur général du Roy, deffendeur, d'aultre. — Et entre ledit Crozat Boneymé, suppliant par requête faite en jugement du 15° du moys d'avril dernier, à ce que, sans avoir esgard auxdites lettres visiblement surprises, il soit ordonné que le procès sera fait et parfait audit comte de Vailhac, sur tous les crimes y mentionnés ; ce faisant, pour les cas résultant du procès, le condamner aux peines du droit, et en cinquante mille livres d'amende, et en tous les dépens, domages et inthéretz du suppliant, de toutes les procédures faites, tant contre ledit comte de Vailhac, le feu vicomte, Sentaraille et aultres leurs complices ; et néanmoings metre le dit suppliant soubs la protection et sauvegarde du Roy et de la Cour, avec défenses à toute sorte de personnes de lui meffaire en sa personne et biens, à peyne de la vie et des contreventions enquis ; ce faisant, distraire le suppliant, sa familhe, domestiques et métayers, de la justice du dit comte de Vailhac, et déclarer leurs biens exempts de toutes rantes, à perpétuité, et autres fins de lad. requête, d'une part ; et ledit comte de Vailhac, défendeur d'aultre.

Veu le procès ; playdes du 17 d'avril dernier ; procédures faites d'authorité du prévost de Guienne et par les commissaires députés par le parlement de Guienne, le 8 et 9 décembre 1678, 9 10, 11, 12, 15, 18, 19, 20, 21, 22, 23 février, 10 et 22 mars 1679, 1er, 11, 18, 21, 22, 25 et 29 février et 3 mars 1680 ; arrests du Conseil d'Estat des 13 mars et 6 novembre 1676, 13 mars, 3 juillet et 17 aoust 1679, 14 février et 20 mars 1680 ; arrests du dit parlement de Guienne des 11 et 30 dudit moys de mars ; récollements des témoings des dites procédures ; audition des prévenus y compris et nommés ; aultres arrests dudit parlement de Guienne des 10° et 11° avril audit an 1680 ; lettres de grâce, rémission et pardon obtenues du grand sceau par le *marquis* de Vailhac, le moys de décembre 1680 ; remise volontaire dn dit marquis aux prisons des Hautsmurats, le 6 mars 1681 ; arrests de rétention de la cause renvoyée par le Roy par lesdites lettres de grâce, du 27 dudit moy ; audition du dit marquis, du 24 avril suivant ; le dire et conclusions du procureur général du Roy et aultres productions des dites parties.

La Cour a ordonné et ordonne que les dites lettres de rémission et pardon seront enregistrées en ses registres pour jouyr par l'impétrant de l'effect et contenu en icelles, suivant leur forme et teneur ; et néanmoings, faisant quant à ce, droit sur la requeste du dit Crozat, a condamné et condamne le dit impétrant à payer au dit Crozat la somme de trois mil livres pour ses dommages et inthéretz. Sy a déclaré et déclare tous les biens que le dit Crozat possède dans la jurisdiction des terres du dit marquis de Vailhac, exemptz à l'advenir de la justice et directe du dit de Vailhac ; et a mis et met le dit Crozat, ses domestiques et métayers, tant qu'ils resteront à son service, soubz la protection et sauvegarde du

Roy et de la Cour, les déclarant de mesmes que le dit Crozat exemptz de la dite justice ; et a condamné et condamne le dit marquis aux dépens envers le dit Crozat, par lui exposés, tant en la Cour que au parlement de Guienne, pour l'obtention de l'arrest de contumace du 11. avril 1680 (la taxe réservée), aultres toutes foix que ceux qui se trouveront avoir esté exposés par les fermiers du domaine du Roy. DE FIEUBET, *signé*.

Cejourd'huy, 8ᵉ juillet 1681, la somme de trois mille livres en laquelle le dit sieur comte de Vailhac demeure condampné par le présent arrest envers le dit Crozat, pour ses dommages et inthérestz, a esté payée par Mᵉ Antoine Ouvrier, procureur en la Cour, faisant pour le sieur comte de Vailhac, au dit Crouzat, suivant l'acte contenant quittence de ladite somme de 3,000 livres faicte par le dit Crozat au dit sieur comte de Vailhac, reteneu par Fontès, notaire de Toloze, cejourd'huy [1].

M. de Crozat-Bonayme, l'homme honnête et courageux auquel Cancon dut d'être délivré d'un de ces odieux tyrans seigneuriaux malheureusement encore trop communs dans le midi de la France au XVIIᵉ siècle, était né à Saint-Paul-le-Vieux. Sa famille, bien que d'origine roturière, a eu l'honneur de donner aux armées du roi Louis XIV plusieurs braves officiers dont beaucoup sont morts surle champ de bataille. Son frère aîné Guillaume de Crozat-Millac, capitaine d'infanterie, lieutenant au gouvernement du château de Cognac, fut anobli le 20 novembre 1666 sous le nom de *Croisac*, en récompense de ses services militaires, tandis que ses fils : Jean, sieur de Belot, capitaine au régiment Royal-Infanterie, Guillaume, sieur de Suquet, capitaine au régiment du Gua, Michel, sieur du Colombier, capitaine au régiment du Poitou, et Bertrand-Joseph, sieur de Labaissenède, sous-lieutenant au régiment du Gua, combattaient vaillamment en Flandre et en Hollande [2].

Bonayme était le fils de Jean Crozat, notaire royal, procureur d'office du seigneur de Cancon, de 1646 à 1665, et de Marguerite Plantou ; son nom lui venait d'une métairie située entre Saint-Paul-le-Vieux et Maisonneuve, dont les bâtiments d'exploitation ont été

---

[1] *Arch. de la Haute-Garonne*, série B. — Parlement, (Reg. de la Tournelle).

[2] Michel, seul, a laissé une postérité dont un des derniers représentants habite Saint-Pastour. C'est à l'obligeance de celui-ci que nous devons la communication de la plupart des titres que nous citons.

démolis et transportés à Grangeneuve après leur incendie par les gens du vicomte de Vaillac. Il prit du service de bonne heure dans la cavalerie. Lieutenant de la compagnie de chevaux-légers du sieur Deslandes, le 16 août 1674, il fut nommé capitaine dans le même corps le 29 octobre de l'année suivante et fit campagne en cette qualité pendant la guerre de Hollande, en Flandre, en Lorraine et le long du Rhin (1872 et 1673) auprès du roi même. Le 7 décembre 1673, il fut nommé par le maréchal d'Albret, capitaine gouverneur de la ville et du château de la Sauvetat-de-Caumont en Agenais, sur le vu de lettres patentes qui lui avaient été délivrées par le roi, ainsi qu'il suit : « Louis, etc..., désirant gratifier et favorablement traiter le sieur Guillaume de Croizac, sieur de Bonaime, l'un de nos gardes-du-corps, en considération des services qu'il nous a rendus en plusieurs occasions et pour la confiance que nous prenons en sa fidélité et en son affection, nous lui avons donné et octroyé, donnons et octroyons par ces présentes, signées de notre main, la charge de Capitaine et Gouverneur de nos ville et château de la Sauvetat-de-Caumont en Agenais sur la rivière du Dropt, vacante par le décès du sieur de Charcujat, dernier possesseur de ladite charge, pour icelle avoir, tenir et exercer pendant trois ans, etc. » Il fut installé selon les règles ordinaires, le 19 décembre 1673, par les consuls et jurats de la Sauvetat. A cette date il était noble, mais depuis peu de temps, ainsi qu'il résulte d'un certificat du maréchal d'Albret.

En 1674, il fit toute la campagne de Roussillon comme volontaire dans l'armée du duc de Schomberg, comte de Mertola. C'est en 1675 que commencèrent ses démêlés avec le marquis et le vicomte de Vaillac. En 1677 complètement remis de ses blessures et désespérant de vaincre la haine de ses puissants ennemis, il sollicita du roi la permission d'aller en Pologne guerroyer contre les Turcs ; il y fut autorisé par un brevet du 8 avril 1677. Les graves événements qui survinrent, s'ils l'empêchèrent de mettre son projet à exécution, lui permirent de trouver la paix. Il dut mourir à Saint-Paul-le-Vieux dans un âge fort avancé : son nom figurait encore en 1725 sur le rôle des tailles de sa paroisse où, à côté de ses biens nobles, il possédait quelques biens roturiers.

Le marquis de Vaillac avait été ruiné par sa vie licencieuse, par les frais énormes que coûta son procès, par les sacrifices d'argent que nécessitèrent la délivrance de ses lettres d'abolition et les indemnités auxquelles il fut condamné. A peine sorti de prison, criblé de dettes

qu'il était, il ne put pas faire face à ses affaires. Son principal créancier,
M. le duc de Roquelaure, obtint contre lui un premier jugement à la
suite duquel le château de Cancon et les domaines en dépendants furent
saisis par l'office de M. de Narse, huissier de la Cour, vers le 15 septembre 1682. Ses revenus seigneuriaux ne tardèrent pas à subir le même
sort. Divers reçus de rente nous apprennent, en effet, que les fruits
et revenus des terres et seigneuries de Cancon, Casseneuil et Moulinet, appartenant à M. le comte de Vaillac, furent adjugés de 1687 à
1692 (six ans) par le bail judiciaire de « nosseigneurs des Requestes de l'hostel de Paris, à messire Jonathan de Garisson,
seigneur de Lustrac et de Bressols, ancien conseiller et secrétaire du Roy, Maison et Couronne de France, habitant Montauban, le sieur Grelleau, fondé de procuration dudit Garisson, receveur »; de 1693 à 1701 (neuf ans) à M. Pierre Larroche, fermier judiciaire de Cancon, etc., Lamarque, son fondé de pouvoir, Arpheille,
Grimaud (notaire à Casseneuil), ou Auzeral, receveurs ; et de 1702
à 1710 (huit ans) à M. Jean Dubois, fermier judiciaire, Lamarque ci-
dessus nommé, procureur fondé, et Auzeral ou Garrigue, receveurs.

Du jour où le marquis se vit privé de ses revenus, c'est-à-dire en
1686, il quitta Cancon pour ne plus y revenir et se retira à Montauban, où sa situation devint bientôt assez précaire. Vers 1695, il se vit
même obligé d'attaquer ses créanciers pour en obtenir une pension
alimentaire. Après enquête, le Parlement, faisant droit à sa demande,
ordonna en août 1696 qu'une rente annuelle de six mille livres lui
fût allouée « en manière de provision alimentaire et sans préjudicier
du droit des parties au principal, sur les prix des baux judiciaires
des terres de Cancon, Casseneuil, Moulinet, Montferrand, etc » [1]. Il
n'en profita guère, car il termina son existence le 16 décembre de
cette même année 1696, à peine âgé de cinquante-un ans. Il avait
épousé le 19 décembre 1683, Marie-Louise de Cambout, fille d'honneur de Mademoiselle, duchesse de Montpensier, et fille de Pierre,
marquis de Cambout, comte de Corbeil, et de Jeanne Raoul, morte
en 1693. Il ne laissa qu'un fils en bas-âge, *Armand*, et une situation
des plus obérées.

Dans ces dernières années des troubles religieux, promptement
réprimés avec la plus grande énergie, s'étaient manifestés dans la

---

[1] Extrait des registres du Parlement. Expédition sur parchemin en
date du 9 août 1696. Pièce communiquée par M. Gourdon de Genouillac.

province à la suite des ordonnances rendues par le roi Louis **XIV**, contre le libre exercice de la *Religion prétendue Réformée* et lors de la révocation de l'Edit de Nantes (1685). Tandis que près d'ici, dans la juridiction de Monflanquin, les protestants en grand nombre s'agitaient en désespérés [1], à Cancon, où les adeptes du protestantisme ont toujours été extrêmement rares, tout était resté calme et l'évêque d'Agen, Mgr Jules de Mascaron, avait pu louer les habitants de leur soumission à l'Eglise, déclarant dans les registres de ses visites pastorales qu'ils étaient « *religieux et instruits dans la vraie foi* [2]. »

Quelques années après, en 1699, Jean Derey, curé de Cancon, interrogé par une circulaire de son évêque, répondit que dans sa paroisse et son annexe (900 communiants environ), il avait non des hérétiques, mais deux protestantes converties. L'une était la femme de Sarrazin, hôtelier : elle faisait son devoir. L'autre était la veuve

---

[1] L'on porte à 5,000 le nombre des protestants convertis dans la juridiction de Monflanquin par les missionnaires ou par la peur des dragons de Boufflers (Samazeuilh, *loc cit.*)

[2] Dans ces brèves notes écrites au jour le jour par l'éminent prélat nous avons relevé en outre les remarques suivantes : L'église de Cancon est dans un bourg composé d'une cinquantaine de maisons. Le château est à cent pas sur une éminence. Cette église est longue de seize cannes, large de cinq, haute de huit ; elle a une nef, un bas-côté et une tribune au fond. Le sanctuaire est voûté. La nef, où se voient plusieurs bancs avec titres, n'a d'autre voûte que la charpente et les tuiles ; elle est mal carrelée en pierre. Dans le bas-côté, il y a deux chapelles voûtées et pavées de pierres ; la première est sous le nom de N.-D. de Pitié et la seconde sous celui de N.-D. du Rosaire. Le sanctuaire a besoin d'une balustrade « pour en éloigner les ordures des chiens ». Les murs sont fort sales. La tribune est rompue. Le clocher menace ruine. Le campanile des chapelle est en mauvais état. Le service des chapelles porté par la fondation y est très diminué et très négligé, ce dont les paroissiens se plaignent vivement. En finissant l'évêque conseille des réparations et ordonne aux curé et chapelains de porter toujours la soutane et non des habits civils.

Ailleurs, il dit en parlant de l'église de Périllac aujourd'hui disparue : « C'est une église champêtre, longue de douze cannes, large de trois, haute de cinq ; elle est voûté au sanctuaire et non ailleurs. Il y a une chapelle du côté de l'Evangile, sous le nom de Notre-Dame. L'autel est nu et sans fondation ».

de Jean Aguillié, boucher : celle-ci, originaire de Monflanquin, n'assistait pas aux offices et s'opiniâtrait dans sa religion. Le régent Damon était un ancien et bon catholique ; le juge Jean Benaud l'était également.

XX.

Armand de Gourdon de Genouillac (de 1696 à 1708). — Erection en fief dominant de la seigneurie de Moulinet.

Lorsque Armand de Gourdon de Genouillac accéda à la baronnie de Cancon il n'avait guére plus de dix ans et était orphelin ; il avait pour tuteur Mre René Grivellé.

Nous avons dit que son père avait abandonné le château en 1686, après que ses biens eurent été donnés à bail judiciaire. Ce départ avait été pour Cancon comme le signal de nouveaux malheurs. D'abord, la nombreuse maison du marquis avait été congédiée et le château s'était fermé pour toujours, entraînant la ruine de beaucoup de marchands et de petits industriels de la ville ; puis, certains nobles de la seigneurie et de celle de Casseneuil, profitant de l'absence du seigneur dominant, n'avaient pas tardé à abuser de leur situation et même à s'arroger le droit de chasse, au grand mécontentement des paysans dont ils foulaient les terres et les vignes avec des meutes nombreuses et des chevaux. Il semble même que la nature se fût mise de la partie : dans les dernières années du siècle, le temps fut des plus mauvais ; en 1698 surtout, les gelées du printemps et les orages de l'été détruisirent les foins et firent manquer « la récolte du vin, qui était alors avec les bestiaux le plus grand revenu de la juridiction [1]. » Pour comble de mauvaise fortune, les tailles royales montaient sans cesse dans des proportions extraordinaires et les fermiers judiciaires se montraient d'une exigence et d'une rapacité

---

[1] DÉCLARATION faite le 23 juin 1698, signée par les recteurs des paroisses de la juridiction, par le juge, et son lieutenant, et par Germa, Auzeral, Couzier et Dellerm, consuls, Blanchaud, Dellerm, Auzeral, Nauville, Bouyssy, Vincent, Malespine, Arpheille, Guirbal et autres jurats.

sans bornes. La misère était si grande que, vers 1700, plusieurs tenanciers de la paroisse de Périllac quittèrent le pays, abandonnant leurs terres où ils ne pouvaient plus vivre et payer les impôts, tandis que d'autres, heureusement en très petit nombre, ayant perdu dans leur détresse tout sentiment moral, se rendaient coupables de méfaits et de lâchetés que nos annales de la fin du xviie et du commencement du xviiie siècle relatent, par malheur, trop souvent. Mais passons sur ces mauvaises actions, pour ne parler que de celles qui firent le plus de bruit, (c'est-à-dire, des vols commis dans les propriétés privées du seigneur, en particulier au château de Cancon,) à cause des aperçus curieux que leur instruction nous ouvre sur les mœurs de ces temps.

Le 20 février 1703 [1], Michel Aynard, dit Raymond, « métayer de la métairie du seigneur de Cancon, située dans le faubourg de ladite ville, » remarqua que le château était ouvert « qu'on avait enlevé la serrure de la seconde porte de l'entrée qui le fermait et mesme que les autres portes des chambres estaient ouvertes et qu'on pouvait entrer partout. » Il en avertit le procureur d'office, Me Pierre Dellerm, sieur de Laplanèze, qui demanda aussitôt un permis d'informer à Me Jean Benaud, juge civil et criminel de la ville et juridiction, et, en outre, le requit de verbaliser. Le juge, faisant droit à cette demande, se transporta le lendemain, au château en compagnie de son greffier, Raymond Dellerm, du procureur d'office, de Me Jean Laborde, procureur postulant, de Pierre Damon, régent, de Pierre Terrisse, marchand boucher, de Bernard Daunou [2], maître-chirurgien, de P. Turmel, maître sergeur, et de G. Mensac, maître serrurier. Ils constatèrent que « des personnes de mauvaise vie et mal famées, peut estre du présant lieu ou du voizinage, dans le dessin de voler ce que bon leur semblait » s'étaient introduites nuitam-

---

[1] Charles Bruguière, Armand Mouysset, Jean Maynot et Jean Bouyne, consuls de l'année.

[2] Probablement l'aïeul de l'illustre érudit P.-C.-F. Daunou, dont le père, chirurgien estimé, qui exerçait à Castelnau-de-Cancon, alla s'établir dans le Boulonnais et s'y maria. On sait que Daunou, d'abord oratorien, fut membre de la Convention, président du conseil des Cinq-Cents et de l'Institut, secrétaire perpétuel de l'Académie des Inscriptions et directeur des Archives Nationales. Né en 1761, il mourut, pair de France, en 1840.

ment dans le château et en avaient enlevé les serrures et pantures des portes intérieures, les grilles de plusieurs fenêtres, les garnitures de fer de divers coffres et armoires, jusqu'aux énormes verroux qui assujettissaient les portails extérieurs ; et cela par force et depuis peu à l'aide de ciseaux, marteaux, tenailles et autres outils de forgegeron ou serrurier. « Dans le cabinet attenant à la chambre de Monsieur, ajoute le procès-verbal, on a forcé le couvert d'un grand coffre à bandes de fer pour enlever icelui, l'ayant fait relacher d'environ deux travers de doigtz, sans que nous ayons pu recoguaistre s'il a esté toutefois ouvert ou non et avons aussi trouvé un grand cabinet (armoire) où il y avait beaucoup de papiers ouverts, y en ayant proche dud. cabinet beaucoup par terre se cognoissant qu'ilz avaient esté remués. Dans laquelle chambre de Monsieur il y a quelques méchantz effaitz et mousquetz, et dans le susd. cabinet qui est joignant il y avait ci-devant tous les titres et papiers dud. chasteau et quelques autres effaitz qui ont appartenuz à feu le dernier seigneur, ne pouvant savoir si on y a volé quelque chose ou non, nous ne sachant quels effaitz il y pouvait avoir, ni dans lad. chambre ; nous en rapportant pour cest effait au sieur de Vayssière, avocat en parlement, qui en a fait l'inventaire et qui avait les clefz de lad. chambre et dud. cabinet et qu'il estait chargé de tout, etc. »

Après ces constatations. commença une longue enquête qui fit découvrir que depuis le commencement du bail judiciaire il avait été fait dans les châteaux de Casseneuil et de Moulinet de nombreux larcins à peu près semblables à ceux qui s'étaient produits à Cancon. On avait été jusqu'à « dégarnir les rateliers de fer qui servaient pour la défense des dits chasteaux ; » plusieurs meubles, quantité d'effets d'habillements, du linge et autres avaient été soustraits ; on avait même coupé et abattu un grand nombre d'arbres dans les terres particulières du seigneur. Mais la justice ne put mettre la main sur aucun coupable, les témoins s'entêtant à ne rien dire. A bout de patience, Me François de Belair, qui informait par procuration du comte de Vaillac, porta plainte en la Cour ; il obtint du sénéchal qu'il lui fut permis de « faire procéder par censures ecclésiastiques aux termes de droit et même de faire fulminer. » Un monitoire de l'évêque d'Agen suivit et du haut de la chaire les pasteurs de toutes les paroisses des deux juridictions menacèrent de l'excommunication tous ceux qui, ayant quelque connaissance des vols et des voleurs, s'obstineraient à garder le silence. Dès lors les dénonciations ne tardèrent pas à se produire et les recteurs purent faire des révélations importantes. Chacun d'eux remit sa déposition écrite et cachetée, entre les mains du lieutenant-général criminel de la Cour de la Sénéchaussée d'Agen. On apprit ainsi par M. Derey, curé de Cancon, que le sieur Berdayrou avait volé des chenets en fer, trois lits, un timbre en cuivre, deux plats d'étain et autres objets mobiliers du château ; un autre avait dérobé un cabinet d'Allemagne en bois de noyer ; Philibert Simon s'était emparé d'un petit tapis feuille morte d'un grand prix ; le sieur Grelleau, receveur des rentes, avait fait couper et emporter sous divers prétextes cent chênes du bois de Valens et huit de la Barrouille, etc. M. de Fleurans, curé de Casseneuil, dénonçait Pierre Localie et le sieur Grelleau, déjà nommé. Le premier avait volé au château de Casseneuil un lit en laine verte à franges de soie et aussi une table, des chaises, etc.; le second avait fait main basse sur les tableaux, les rideaux de lit en taffetas ou en laine, les chaises garnies d'étoffe de soie, les draps de Hollande, les chemises et autre linge de corps, la vaisselle marquée aux armes de Vaillac, etc. et en avait chargé un bateau à destination de Bordeaux. Les dernières dévastations opérées au château de Cancon, en 1703, l'avaient été par deux forgerons de la juridiction de Saint-Pastour aidés de quelqu'autre de Sénéselle. Les coupables furent arrêtés et condamnés à des peines sévères, ce qui produisit le meilleur effet.

Pendant toute cette procédure le château de Cancon avait été sommairement restauré par les soins de M. de Paulhiac « agissant comme procureur de Monsieur le comte de Vaillac. » Une partie de l'entrée et quelques tours en avaient été supprimées ; mais les portes intérieures avaient été relevées et les grilles des fenêtres replacées.

En 1705 et 1706 eut lieu le renouvellement des reconnaissances. Les dernières sont passées en faveur de « haut et puissant seigneur, messire Armand de Gourdon de Genouillac-Montferrand, chevalier, comte de Vaillac, premier baron de Guienne, premier baron d'Armagnac (sic), baron de Montferrand, de Cancon, de Casseneuil et de Montant (en Armagnac), seigneur de Moulinet, le Bosset, la Barrière, Reilhac, Railhaguet, Genouillac, Etauliers et autres places, émancipé d'âge, procédant sous l'autorité de M⁰ René Grivellé, son curateur, absent, mais messire Jean-François de Cours, écuyer, seigneur de Paulhiac, habitant dans son château de Paulhiac, paroisse de Sainte-Livrade, juridiction de Casseneuil, fondé de procuration du dit seigneur comte de Vaillac, en date du septième septembre 1702, passé pardevant Dupont et Carnot, notaires au Châtelet de Paris, scellé ledit jour, etc., présent, stipulant et acceptant pour lui, etc. »

Deux ans après, en 1708, la situation de fortune du comte de Vaillac s'embarrassa définitivement. Les baronnies de Cancon et de Casseneuil furent saisies, mises en adjudication et vendues au duc de Roquelaure. La seigneurie de Moulinet, saisie en même temps, fut agrandie des paroisses de Lentignac et de Loupinac (partie), du territoire de la *capelle* de Gabaldot, du domaine de la Barouille et d'un pré dit des Ormes, aux dépens de celle de Cancon, érigée en fief dominant et adjugée, le 24 mai 1708, à messire Joseph-Philippe-François de Mathieu, conseiller du roi en parlement de Bordeaux, « seigneur des maisons nobles de Sainte-Claire, de Gibeaud, fief des Hébrards et autres places, » habitant de la ville de Bordeaux. En même temps la métairie du Mayne fut acquise de M. de Croisac et donnée aux chapelains de la chapelle N.-D. de Pitié en échange du domaine de Mérigou qui, englobé dans la nouvelle seigneurie de Moulinet, en fit dès lors partie intégrante [1].

[1] Lors de cette aliénation, une tour délabrée, qu'on appelait le *Castellas*, reste de l'ancien fort de Valens, se voyait encore dans un bois qui portait ce dernier nom. A Moulinet il y avait un pavillon de forme carrée, auquel était adossé un petit donjon très élevé, et quelques autres bâtiments accessoires inhabités : le tout servait de rendez-vous de chasse. Le nouveau seigneur fit élever le château actuel sur un plan bizarre. En effet, l'édifice, de proportions modestes, a, comme tous ceux de cette époque, un étage, des fenêtres à doubles ventaux, une toiture à mansardes couverte en ardoises, un escalier monumental à degrés de pierre dure et rampe de fer ouvragée; mais sa façade est en fausse équerre et l'ancien pavillon et le donjon y ont été incorporés : on a exhaussé l'un et abaissé l'autre. Au delà d'une cour, M. de Mathieu fit construire, en outre, de belles écuries voûtées pouvant recevoir 20 à 30 chevaux. Tout le long du Tolzat et aux abords du château, il créa plus de 200 quartonats de prairies (exactement 28 hectares 44 ares 22 centiares) qui donnèrent, bon an mal an, 2,400 quintaux de foin environ; ce foin fut, par la suite, consommé sur place par un détachement de cavalerie qu'on y envoya tous les ans. Pour rompre la monotonie de leur existence les cavaliers faisaient de fréquentes visites aux auberges de notre ville et donnaient à Cancon une animation alors peu ordinaire. (*Le château de Moulinet*, par M. Béchade-Labarthe, *loc. cit.* et *Documents inédits*).

XXI.

Antoine, duc de Roquelaure (de 1708 à 1738). — Cancon au commencement du XVIIIᵉ siècle.

Très illustre, très-haut et très-puissant seigneur monseigneur Gaston-Jean-Baptiste-Antoine, duc de Roquelaure [1], né à Lectoure en 1656 de Gaston (l'homme le plus laid de France) et de Charlotte-Marie de Daillon, fille de Timoléon de Daillon, comte du Lude, était lors de son entrée en possession des baronnies de Cancon et de Casseneuil, pair de France, lieutenant-général des armées du roi, commandant en chef en Languedoc, gouverneur de Lectoure, marquis de Biran et de Lavardens, comte d'Astarac, Gèdre, Montfort, Pontgibaud, baron de Puyguilhem, Capendu, Montesquiou, Saint-Barthélemy, etc., etc. Il habitait en son hôtel de la ville de Paris, rue Saint-Dominique ; il avait été un des grands capitaines convertisseurs de Louis XIV après la révocation de l'Edit de Nantes.

A son avènement et par grâce spéciale du nouveau seigneur, les reconnaissances qui venaient d'être refaites ne furent pas renouvelées : il est vrai de dire que Roquelaure était un des grands personnages du royaume et que la misère du peuple était alors extrême.

On était à la fin du règne de Louis XIV. Les armées du grand roi avaient été battues en plusieurs rencontres, encore tout récemment à Oudenarde ; la France pliait sous le poids des calamités. Vaincue au dehors, ruinée au dedans, il arriva par surcroît de malheur que dans l'hiver de 1709 le froid fut des plus rigoureux. En Guienne, les fortes gelées ne commencèrent que dans les premiers jours de janvier et durèrent à peu près un mois pendant lequel la Garonne et le Lot se prirent dans toute leur largeur et sur une épaisseur considérable. Le pain et le vin, la plupart des récoltes sur pied, les vignes, les arbres même se gelèrent. Dans la nuit on entendait ces derniers éclater et se fendre en produisant un bruit pareil à celui d'un coup de canon [2]. « Jamais peut-être en Agenais, dit M. Boudon de Saint-

---

[1] Armes de la maison de ROQUELAURE : *D'azur à trois rocs d'échiquier d'argent.*

[2] Actes de la famille Dellerm.

Amans, on n'éprouva un pareil froid. Presque tous les oiseaux, et tout le gibier périrent ; le bétail mourut dans les étables. Les hommes même ne furent pas épargnés ; grand nombre de vieillards succombèrent à cet horrible fléau. » A la fin de février il se fit encore de grandes gelées. Pendant le reste de l'année la disette fut continuelle ; le blé se vendit jusqu'à trois et quatre fois plus cher que dans les années ordinaires : un moment il devint si rare que la Cour elle-même fut obligée de manger du pain d'avoine. Le vin était hors de prix. Partout en France les populations menaçaient de se révolter. Les grains ne circulaient que sous bonne escorte. Tous les citoyens sans exception furent tenus de déclarer leurs approvisionnements de grains et légumes, sous peine de galères ou de mort [1]. Des maladies épidémiques (charbon, scorbut) éclatèrent avec les fortes chaleurs. La mortalité prit dans plusieurs endroits des proportions effrayantes. A un certain moment, une émeute sanglante éclata dans la juridiction de Castillonnès, dit M. Bouyssy. Une troupe de paysans affamés ravagèrent une partie de la juridiction. Le comte de Montmon, gouverneur, les écrasa en plusieurs rencontres, et, par ordre de la cour royale, six de ces malheureux furent pendus aux justices.

Vers le même temps « les guerres que soutenait le Roi, et qui duraient depuis si longtemps, obligèrent le Pouvoir à créer des régiments provinciaux que les communautés durent armer et équiper à leurs frais. L'Agenais fournit un régiment qui porta son nom. Il fut, à cette occasion, divisé en plusieurs circonscriptions, à la tête desquelles fut placé un fonctionnaire qui prit le titre de subdélégué. Castillonnès devint le siège d'une subdélégation et fournit trois hommes. Cancon en fournit deux, Saint-Pastour un, etc. [2].

En 1710, « sur la Requeste présentée au Roy en son Conseil par Joseph Mathieu, conseiller du Roy en parlement de Bordeaux, seigneur de Moulinet, CONTENANT que par une sentence des requestes de l'hôtel du 24 may 1708, le suppliant s'est rendu adjudicataire de la terre et seigneurie de Moulinet en toute justice... ; que les terres de Moulinet et Cancon *étaient autrefois distinctes* et séparées par des mandemens particuliers, pour l'assiette et collecte des impositions, mais, que les seigneurs de Cancon ayant depuis réuni la terre de Moulinet à leur justice, les habitans de cette seigneurie et dépendan-

____

[1] Arrêt du Conseil du mois d'avril 1709.
[2] *Histoire de Castillonnès* p. 98.

ces ont esté depuis compris dans une seule et même commission avec ceux de la baronnie de Cancon et comme l'une et l'autre de ces terres sont d'une grande étendue, les habitans de la terre de Moulinet qui estaient obligés de se rendre à Cancon pour tout ce qui concerne la nomination des collecteurs et le recouvrement des impositions se sont trouvés exposés à cause de l'éloignement et des mauvais chemins à beaucoup de fatigues, de dépense et de frais ; que pour prévenir cet inconvénient également à charge aux habitans et nuisible au recouvrement, les habitans de Cancon et ceux de Moulinet ont, par deux délibérations des 14 et 21 octobre 1708, nommé des arpenteurs pour mesurer, borner et diviser le territoire des paroisses de Moulinet, de Lentignac, Loupignac, bois et domaine de la Barrouille, chapelle de Gabaldot, pré des Ormes et autres lieux démembrés de la seigneurie de Cancon et unis à celle de Moulinet ; qu'en conséquence de la fixation qui a été faite par cet arpentage de l'étendue de ces territoires, les mêmes habitans ont arresté par une troisième délibération du 27 septembre 1709, que l'on se pourvoirait incessamment pour faire ordonner la désunion de ces paroisses pour l'assiette et levée des impositions, à l'effet de quoi lesdits habitants ont constitué des procureurs pour la requérir ; que sur ces consentemens il a esté rendu une sentance en l'élection d'Agen le 26 novembre 1709, qui a ordonné cette désunion ; mais comme ces délibérations, ni cette sentance ne sont pas des titres suffisans pour autoriser ladite désunion, (laquelle pour ce qui concerne l'assiette et levée des tailles et autres impositions ne peut estre ordonnée que par Sa Majesté), le suppliant a recours a son autorité pour lui estre sur ce pourveu et lui représente tres humblement que cette désunion est d'une nécessité indispensable, etc. etc.

« Le Roy en son Conseil ayant égard à la dite requeste et conformément à l'avis du sieur de Courson, commissaire départy pour l'exécution des ordres de Sa Majesté en la Generalité de Bordeaux », ordonna la disjonction des deux seigneuries de Cancon et de Moulinet pour la collecte, le paiement de la taille et autres impositions et rendit ainsi définitif le démembrement de la baronnie de Cancon par *arrêt du 15 juillet 1710,* donné à Marly et contresigné Desmaretz et Phelipeaux de Beauvillier.

La baronnie de Cancon comprit dès lors les paroisses entières de Cancon, Périllac, Millac, Saint-Paul-le-Vieux et Monibal, la moitié de celles de Baugas, Saint-Paul-le-Jeune et Sénéselle, le quart de Roquadet et une petite partie d'Aiguevive. Elle ne donna plus à ce moment que 5,000 livres de revenu (30 à 40,000 francs de notre monnaie), tandis que la seigneurie de Casseneuil en rapportait 6,000 environ [1].

Au mois de juin 1713, de grandes réjouissances publiques eurent lieu à Cancon, comme dans toute la France, du reste, à la nouvelle de la paix qui était survenue, après la victoire de Denain, entre la France, la Grande-Bretagne, le Portugal, la Prusse, la Savoie et les Provinces unies. La joie fut d'autant plus grande que la misère était générale et qu'on était fatigué de l'état de guerre qui, en se perpétuant, menaçait de laisser le pays complètement dépourvu d'hommes, d'argent et de vivres. Le peuple se crut enfin débarrassé de tous ses maux.

Durant les dernières années, les bras avaient manqué à l'agriculture. Beaucoup de biens étaient tombés en non valeur. Les consuls réclamèrent, vers la fin de 1715, une révision des rôles de la taille dans l'espoir d'arriver ainsi à une répartition plus équitable de l'impôt. La jurade se réunit le 22 novembre et décida en séance, en présence de Jean Benaud, juge civil et criminel, et d'Antoine Arpheille, procureur d'office, que les jurats Bernard Dellorm, sieur de Lamotte, Raimond Benaud, bourgeois, Jean Joube et Léonard Bertrand, visiteraient toute l'étendue de la juridiction et dresseraient un état des nouvelles non-valeurs. Les commissaires déposèrent leur rapport le 30 décembre suivant. Ce rapport fut approuvé et la jurade délibéra que les nombreux articles y mentionnés seraient immédiatement rayés du cadastre. Il fut arrêté en outre que des deniers royaux et sur les frais municipaux il serait payé à titre d'appointement au sieur Desvignes, régent, établi à Cancon par la communauté, la somme de cent livres, et ce, quartier par quartier conformément à l'acte d'établissement du dit régent. Étaient consuls : Claude Blanchaud, bourgeois ; Jean Labaysse, dit Jeanet ; Jean Gary et Raymond Cheyrou. jurats : Jean Bruguière, notaire royal ; Raymond Anzeral, bourgeois ; Charles Bruguière, bourgeois et marchand ; Antoine Teuly, marchand ; Guilh. Bouyssy ; Jean Amouroux ; Ant. Bonnal ; Claude Laviole ; Jean Joubes ; Étienne Bonnal ; les quatre commissaires déjà nommés et autres. (*Actes de jurade*).

---

[1] *Nos pères sous Louis XIV*, par M. Faugère-Dubourg, p. 87.

Le 5 juillet 1717, la jurade, après mûre délibération, nomma régent le sieur Jean Lassort, aux appointements de cent livres par an, et décida l'achat d'une horloge. Voici, dans sa naïveté, l'acte de jurade qui l'atteste. Avec la liste des habitants se disant non roturiers, l'état des biens nobles et quelques menus faits que nous reproduirons après, il achèvera de nous donner une idée de la situation générale de Cancon au commencement du xviiie siècle :

PARDEVANT nous, Jean Benaud, juge civil, criminel et de police de la ville et jurisdiction de Cancon en Agenais, ce jourd'huy cinquiesme du mois de juillet mil sept cens dix-sept, estant dans la maison où les actes de jurade ont accoutumé de se faire[1], escrivant soubz nous Me Raymond Dellerm, secrétaire de la communauté, a comparu Jean Blanchaud, sieur Dheure, premier consul et chef collecteur de la présente jurisdiction l'année présente, lequel a dit et représenté en présence de Me Anthoine Arpheille, procureur d'office et Raymond Auzeral, bourgeois et marchand, Raymond Benaud, aussi bourgeois, Bernard Dellerm, sieur de Lamothe, lieutenant au présent ordinaire, Anthoine Plaigniard, bourgeois, Claude Blanchaud, bourgeois, Raymond Benaud, Me chirurgien, Jean et autre Jean Gary, père et fils, Jean Joube, Pierre Sarrazin, sergeur, Claude Laviole, Jean Maynot, charron, Armand Mouysset, Me cordonnier, Charles Bruguière, bourgeois, Joseph Nauville, jurat, Pierre Auzeral, sieur de la Garenne et Pierre Floissac, les tous principaux jurats, compozant la majeure partie de la présente communauté, qu'il a fait convoquer la présente assemblée pour lui exposer qu'il y a déjà cinq mois ou environ que la Régence (*sic*) est vacante, que Pierre Desvignes qui avait esté establi régent au présent lieu a pris parti au lieu de Castelnau et que par ainsi n'y ayant pas de régent cela porte un grand préjudice aux enfans de la présente jurisdiction et à d'autres ; à quoi estant nécessaire de pourvoir, ledit sieur Blanchaud, consul et chef collecteur propoze à ladite assemblée, Jean Lassort, praticien, capable d'exercer la dite charge de régent catholique, apostolique, romain et de bonne vie et mœurs, conneu dans le présent lieu pour un homme de bien, et demande si la présente assemblée n'est pas d'avis de prendre et recevoir ledit Lassort, pour régent, pour un bien public, et qu'il lui sera payé les mêmes gages que la communauté donnait audit Desvignes ; comme aussi ledit sieur Blanchaud représente à l'assemblée qu'il y a un orloge chez Mensac, maistre serrurier du présent lieu, lequel orloge ledit Mensac veut vendre à la présente communauté, et, comme il est d'une nécessité, pour

----

[1] La communauté était si pauvre qu'elle ne pouvait avoir une maison commune. La jurade se réunissait dans le logis de Raymond Dellerm, son secrétaire.

le bien public et satisfaction de la présente communauté, qu'il y ait un orloge au présent lieu, mesme à cauze des grands marchés qu'il y a en la présente ville tous les lundis, demande si elle ne serait pas d'avis d'acheter ledit orloge. Lesdits sieurs Arpheille et jurats ci-dessus, après avoir meurement considéré les raisons dudit sieur Blanchaud à l'égard tant de ladite Régence vacante que de l'orloge dudit Mensac, ont convenu et délibéré que ledit Lassort, présenté par ledit sieur Blanchaud pour régent, demeurera receu pour exercer ladite charge de régent, attandeu sa capacité, religion et bonne vie et mœurs, auquel il sera payé cent livres, par ledit sieur Blanchaud, premier consul et chef collecteur ou ses successeurs à l'avenir, de gages annuellement, quartier par quartier, que ladite communauté s'oblige de tenir en compte au dit sieur Blanchaud et ses successeurs à l'avenir, sur le surpied [1] qui se lève dans la présente jurisdiction, lequel Lassort sera obligé de faire dire la leçon aux escoliers et estre assideu à l'escole, leur apprendre le Cattiscime (sic) et les prières qu'un bon chrétien doit faire soir et matin, leur faire entendre messe tous les jours et leur montrer bon exemple ; et outre lesd. gages lui sera payé cinq sols pour les escoliers qui commenceront à lire, dix sols quand ils escriront, quinze sols quand ils apprendront l'alematique (sic) ; et à l'égard de l'orloge propozé par ledit sieur Blanchaud, lesdits sieurs juratz aiant fait venir Géraud Mensac, maistre serrurier, ils ont tous conveneu et délibéré du prix d'icellui, avec ledit Mensac, pour la somme de trente livres que ledit sieur Blanchaud s'oblige de payer au dit Mensac, et ce du premier jour, sur ce que ledit sieur Blanchaud peut avoir en main des gages qui devaient revenir au régent pendant le temps que ladite régence a esté vacante (cinq mois environ) ; lequel orloge ledit Mensac doit remettre à la présente communauté, bien net, avec sa monstre ; et reste d'accord, la dite assemblée, que ledit orloge sera placé au clocher de l'église du présent lieu pour la faire sonner sur la grand cloche de la paroisse de Cancon, et que pour la dépance qu'il conviendra faire pour placer ledit orloge audit clocher, il se fera une quette volontaire dans la jurisdiction. Des quelles réquisitions et délibérations, ledit Arpheille, procureur d'office, aiant consenti, les dits sieur Blanchaud et juratz ont requis acte que nous, juge susdit, leur avons octroyé, etc. [2].

----

[1] Contribution communale dite aussi *collecte* établie *sur le pied* de un, deux ou trois sols la livre des tailles royales d'un chacun.

[2] Nous trouvons dans cet acte la preuve indiscutable que nous étions encore bien au-dessous de la vérité quand nous portions à 6 francs de notre monnaie, la valeur intrinsèque de la livre au commencement du xviiie siècle (voir pages 56, 57 et 68) ; c'est à 8 et 10 francs que nous aurions pu la porter. En effet, aujourd'hui, quel est l'instituteur qui se contenterait de

En 1726[1] un édit du roi Louis XV ordonna de rechercher tous les usurpateurs de titres de noblesse, de les punir d'une amende de 2000 francs et de les imposer comme roturiers dans leur paroisse. A tort ou à raison (nous ne saurions rien préciser), beaucoup de personnes se disaient nobles et prenaient alors la particule dans les seigneuries de Cancon et de Moulinet. C'étaient : Messire Jean de Bony, écuyer, seigneur de Boudy ; M. de Croisac-Millac, capitaine au régiment d'Albigeois ; noble Pierre Dupuy. écuyer. demoiselles Françoise et Marie Dupuy ; noble Jean de Croisac-Fléchou ; noble Jean de Blanchaud, sieur de Dheure ; M. Dellerm de Lamothe, lieutenant du juge ; M. Claude de Blanchaud, sieur des Prochereaux, tous domiciliés ou ayant domicile dans la ville ; noble Jean de Constantin, écuyer, sieur de Montégut. à Lamoutte-Basse ; noble Marc de Bellot, sieur de Beaujardin, à Chavié ; noble Jean de Granié, écuyer, sieur de Lagolse, aux Aguels ; messire François de Galaup, seigneur de Roquegauthier ; messire H.-G. de Larroque de Nauville, Marc-Antoine, Jacqueline, Foy, etc. de Nauville à Nauville ; noble Joseph de Pons. sieur de Latour, à Lapeyre ; M. de Gervaisie et M. de Mellet aux Pichoulis ; M. de Gramond, lieutenant de police de Castillonnès, à Bouyne ; Anne de Fagette, demoiselle, veuve du sieur de la Coste, à Paga ; Gabriel de Jay, sieur de Lentignac et Joseph de Jay, sieur de Loupinac. La plupart de ces personnes, à Cancon, ne détenaient que des biens roturiers. Les rôles de tailles de cette époque n'admettent que relativement très peu de biens nobles. Nous lisons dans ceux de 1726 :

---

6 à 700 francs d'appointements, et où est l'horloger qui consentirait la vente d'une horloge au prix infime de 180 francs ?

A la même époque on payait 4 ou 5 sols la journée d'un manouvrier et 8 sols celle d'un ouvrier d'art (maçon, tonnelier, etc.), plus le pain, rarement le vin, (*Mémoire* fourni en 1732 au fermier de la terre de Cancon).

Me Arnaud Guirbal, notaire à Cancon, vendit son office *265 livres* à Jean Lamartigne, praticien, le 17 février 1721.

1 Consuls en 1725 : Jean Dellerm, Pierre Mensat, Jean Lafaurie, Bernard Maynot. Consuls en 1726 : Jean Lassort de Maisonneuve, Joseph Lapeyre, dit Dunal, Jacques Autagne, Jean Germa à Saint-Paul-le-Jeune. — Jurats : R. Auzeral, R. Benaud, B. Dellerm de Lamothe, Michel Durieu sieur de Lafon, J. Maynot, Raymond Royre dit Sarlat, Guillaume Villeneuve, Etienne Couderq, Michel Destang, Jean Benaud del Roc, Jean Queille, J. Dellerm, P. Mensat, J. Lafaurie, B. Maynot, etc.

Estat dés biens nobles qui sont dans la jurisdiction de Cancon :

PREMIÈREMENT, Monseigneur le maréchal, duc de Roquelaure jouit et possède noblement un grand domaine où il se sème annuellement 30 ou 32 saqs de froment, consistant en terres labourables, prés, vignes, friches et bois. Comme aussi un vignoble de 60 ou 70 quarthonats et environ 35 quarth. de prés qui sont séparés dud. domaine. De même aussi quantité de friches et de terres abandonnées en plusieurs et divers endroits de la présente jurisdiction qui n'ont jamais été encadastrés n'en pouvant par conséquent sçavoir la contenance.

PLUS, messieurs les Chapeleins de la chapelle N. D. de Pitié du présent lieu jouissent et possèdent aussi noblement, deux domaines d'environ tous les deux de 30 à 40 saqs de semence ; consistant lesd. domaines en terres labourables, prés et fort peu de vignes, bois de haute futaie, bois taillis et friches ; n'en pouvant sçavoir aussi la contenance à cause qu'ils n'ont jamais esté encadastrés, ayant esté donnés par un des anciens seigneurs du présent lieu aux chapelains, lors de la fondation de lad. chapelle. Y en ayant au moins le tiers, desdits deux domaines, en friche ou autres terres incultes.

PLUS, le seigneur du fief de Roquegauthier jouit et possède aussi noblement, dans la présente jurisdiction et dans la paroisse de Monnibal, les trois quarts d'un domaine, l'autre quart estant roturier, lequel domaine est fort ingrat, consistant en terres labourables, vignes, bois taillis et de la moitié en friche, n'en pouvant sçavoir la contenance à cause qu'il n'a jamais esté encadastré ; y en ayant dans ledit domaine de roturier environ huit sexterées et demi. Comme aussi jouit un petit fief qui lui peut donner annuellement douze saqs de rente, bled ou avoine, dans lequel fief il y a aussi beaucoup de friches ou biens abandonnés qui n'ont jamais esté encadastrés.

Depuis l'année 1680 il n'y avait plus pour faire le service de la chapelle de N. D. de Pitié que deux chapelains dont le curé était le premier: or. l'acte de fondation en exigeait quatre. De plus, ce service était très négligé. Vers 1726 le deuxième chapelain mourut. Pour le remplacer M. le duc de Roquelaure présenta à l'évêque diocésain un certain Bertrand Renaud, qui était *laïque* et *étranger à la paroisse*, contre toutes les règles établies par le fondateur lui-même. M. Jean Guirbal, curé de Cancon et archiprêtre de Monclar, s'opposa de toutes ses forces à cette nomination et finit par obtenir que le choix du prélat se portât sur un prêtre de Cancon, M. Pierre Auzeral. Pour se venger, le duc intenta un procès au curé et au nouveau chapelain, exigeant, en sa qualité de successeur de Jean III de Verdun et de patron de la chapelle, que le service y fût fait comme jadis par quatre chapelains et rigoureusement ainsi que le portait l'acte de fondation. MM. Guirbal et Auzeral résistèrent et firent traîner l'affaire jusqu'en 1728. Ils allaient être condamnés, lorsque, sur le conseil de leur avocat et en désespoir de cause, ils soumirent leur cas à l'évêque d'Agen dans une supplique, où, après avoir allégué que, les revenus de la fondation n'étant pas assez élevés pour subvenir à l'entretien de quatre chapelains, le nombre de ceux-ci et le service de la chapelle devaient être nécessairement réduits, ils demandaient « pour la décharge de leur conscience », qu'à eux deux « ils pussent satisfaire aux obligations de la fondation en disant tous les jours une messe basse des morts dans lad. chapelle et en chantant quatre messes l'année, qui seraient célébrées par un des chapelains et chantées par l'autre et le vicaire de Cancon. » L'autorité diocésaine approuva ces demandes, leur donna par le fait une consécration quasi officielle et les fit triompher. Mais le duc ne se déclara pas battu : n'ayant pu avoir raison de ce côté, il attaqua d'un autre, et, l'acte de fondation toujours en main, il exigea des chapelains l'abandon de tous les biens de la chapelle en échange d'une rente de cent livres qu'il promettait de leur servir tous les ans. L'affaire ainsi transformée fut portée en cour de sénéchaussée d'Agen où l'influence active de l'évêque empêcha qu'elle se réglât.

M. le curé Guirbal mourut le 20 janvier 1729. Son remplacement fit naître de vifs démêlés entre « les sieurs Boudon, curé de Bruniac. Chalvès, curé de Saint Pastour, Pastex, curé de Saint-Sixte et Preyssas, chapelain de Montpezat, tous originaires et les plus anciens gradués du diocèse. » Chacun d'eux s'étant pourvu de droit pour obtenir le titre de curé de Cancon, leur compétition dégénéra en procès et en chicanes de toute sorte qui jetèrent le trouble dans la paroisse. Finalement et *contre toute attente*, M. Guillaume Chalvès obtint gain de cause et fut nommé en 1731.

L'hiver de 1729 fut presque aussi froid que celui de 1709. Il y eut en été de fréquents orages. Au moment des semailles, des pluies continues ravinèrent les terres : les blés ne levèrent pas. L'année suivante beaucoup de tenanciers, quoique vivement poussés, ne purent payer qu'une partie de leurs impositions. La misère fut générale ainsi quil appert du [rapport des consuls Auzeral, Pierre Guitard, Courborieu et Gary.

Le duc de Roquelaure était très jaloux de ses droits ; il entretenait à Casseneuil un capitaine de ses chasses, messire Pierre Dufort, écuyer, et deux gardes qui recevaient très souvent de lui des ordres sévères pour la répression du braconnage. Non moins jaloux était le seigneur de Moulinet. Bien que conseiller au parlement de Bordeaux, M. de Mathieu était presque toujours dans sa seigneurie où il se plaisait beaucoup. Il s'y livrait surtout au plaisir de la chasse. Un jour, en juin 1733, comme il suivait avec intérêt les recherches de ses chiens favoris dans les fourrés de la forêt qui limitait ses propriétés du côté de Gondon et de Monbahus, il se trouva tout-à-coup en présence d'un homme armé d'un mousquet, qu'il savait être un incorrigible braconnier. D'un caractère hautain et emporté, M. de Mathieu invectiva violemment le chasseur et il s'élançait déjà pour le frapper du fouet qu'il tenait à la main, lorsqu'il tomba grièvement atteint en plein corps d'une balle que l'autre tira à bout portant. Toutefois, tandis que le meurtrier s'enfuyait vers Bordeaux où il devait s'embarquer pour l'étranger, M. de Moulinet était trouvé sanglant, mais respirant encore, par des bûcherons qui le relevèrent et le transportèrent à son hôtel. Il y languit pendant trois mois, y mourut le 20 septembre 1733, et fut inhumé dans l'église des Bardes, sa paroisse [1].

---

[1] M. de Mathieu avait épousé demoiselle Charlotte de Sacreste de Tombebœuf dont il n'eut que des filles. Après sa mort, la terre de Moulinet appartint d'abord à sa veuve jusque vers 1744 ; puis à messire Jean-Baptiste d'Albessard, conseiller du roi, premier avocat du parlement de Bordeaux, et au frère de ce dernier; en 1756 elle était aux mains de M. Jean de Sacreste, comte de Rolie, seigneur de Pontin, etc. ; vers 1763, elle fut vendue à M. Paul-Marie-Armand, marquis de Lavie, seigneur du Taillan, conseiller au Parlement de Guienne. Ce seigneur vint assitôt après l'acquisition, visiter ce château qu'on lui avait fort vanté, mais, l'ayant trouvé en mauvais état, il repartit et ne reparut plus à Moulinet : il mourut en 1801. Le partage de sa succession entre ses enfants — il n'avait pas émigré — n'eut lieu qu'en 1816. Le château (avec quelques terres autour), préalablement mis en vente fut acquis par M. Loubat, de Sainte-Livrade, qui le revendit à son gendre M. Cazet, en 1821. Il passa, en 1840, à M. Ernest Cazet, fils, qui le fit restaurer avec goût et intelligence. Aujourd'hui, M. Martinaud en est le très obligeant propriétaire et habitant. (BÉCHADE-LABARTHE, *loc. cit.* — *Archives de M. Bruguière*, années 1744, 1749, 1756 et 1761. — *Documents inédits.*)

En 1734 les fièvres paludéennes sévirent autour de Cancon et y firent beaucoup de victimes. Pour en obtenir de Dieu la cessation, on alla en procession à l'église de Périllac où une nouvelle confrérie fut fondée l'année même.

Des questions au sujet des foires furent adressées aux consuls par l'autorité supérieure dans le courant de 1735. Il fut répondu que des foires étaient tenues à Cancon le 7 janvier, le 1er juillet, le 26 août, le 10 décembre, le lundi de Pâques, le lundi de la Pentecôte, cela depuis fort longtemps. De pareils établissements existaient à Castelnau-de-Grattecambe, à Saint-Pastour et à Monbahus, distants d'une lieue, à Monflanquin, distant d'une lieue et demie et à Villeneuve et Castillonnès, situés à deux grandes lieues. « On y porte, était-il dit, très peu de froment, du menu grain, du drap, du coton, de la quincaillerie, des bijoux. Les habitants et les étrangers y trouvent tous également leur avantage. »

Le duc de Roquelaure mourut à Lectoure le 16 mai 1738. Il avait été fait maréchal de France le 2 février 1724. Marié le 20 mai 1683, à Marie-Louise de Laval, fille d'Urbain de Laval, marquis de Lesai, etc, et de Françoise de Sesmaisons, il en avait eu :

1° Françoise, qui épousa, le 29 mai 1708, Louis-Bretagne de Rohan-Chabot, prince de Léon, puis duc de Rohan ;

2° Elisabeth, mariée, le 1er mars 1714, à Louis de Lorraine, prince de Pons.

C'est à cette dernière qu'échurent après la mort du maréchal les deux baronnies de Cancon et de Casseneuil.

Roquelaure n'a fait que de rares apparitions à Cancon : les cessions du droit de prélation de son temps que nous avons pu découvrir, sont presque toutes signées par sa femme, timbrées du sceau de la duchesse (écu de Laval brochant sur les armes de Roquelaure) et datées de Paris ; deux ou trois seulement sont datées de Casseneuil et signées de lui. Il en avait affermé les revenus :

De 1714 à 1719 (six ans) au sieur Jacob Balguerie, sieur des Paillères, habitant de Galapian ; receveur, Daniel Sageran, sieur des Baudous, bourgeois et négociant, habitant du château d'Escandaillac, paroisse de Saint-Eutrope ;

De 1720 à 1726 (six ans) au même (receveur, Delcagnes) qui, cette fois résilia son bail avant terme, en 1725, pour cause de recettes insuffisantes ;

De 1726 à 1734 (neuf ans) au sieur Jean Chaudruc, bourgeois de Clairac ; receveur, Daniel Sageran des Baudous ;

Enfin de 1735 à 1765 (trente ans) au sieurs Jean et Etienne Ville-neuve, frères, bourgeois et négociants de Casseneuil. Ceux-ci aussi durent abandonner leur bail avant terme, en 1757 ; nous y reviendrons.

XXII.

Charles-Louis de Lorraine, prince de Pons (de 1738 à 1755). — Démêlés des habitants de Cancon avec l'évêque d'Agen. — La famine de 1751.

Très-haut , très-puissant et très-illustre seigneur Monseigneur Charles-Louis de Lorraine, prince de Pons, de Mortagne, marquis de Mirambeau, Puyguilhem, comte de Marsan, baron de Saint-Barthélémy , Cancon , Casseneuil, Pontgibaud, Montel-de-Gélat, souverain de Bédeille, chevalier des ordres du roi, maréchal de ses camps et armées [1], né le 19 novembre 1696 , habitait le plus souvent à Paris, en son hôtel, rue de l'Université.

Toutes les reconnaissances furent refaites à Cancon et à Casseneuil de 1740 à 1743. En l'absence du seigneur, « Monsieur Mᵉ Jean Fabre, avocat en Parlement, conseiller du Roy, juge royal de Saint-Pastour et de la baronnie de Cancon, habitant dudit Saint-Pastour », les accepta « suivant sa procuration du 9 novembre 1739, signée

---

[1] ARMES : *Coupé de quatre pièces en chef, soutenues de quatre en pointe, au* 1 *de* HONGRIE *au* 2 *de* NAPLES-SICILE *au* 3 *de* JÉRUSALEM, *au* 4 D'ARAGON, *au* 5 *et* 1 *de la pointe* D'ANJOU-ANCIEN, *au* 6 *de* GUELDRES, *au* 7 *de* JULIERS, *au* 8 *de* BAR, *et sur le tout d'or, à la bande de gueules, chargée de trois alérions d'argent qui est de* LORRAINE : *brisé, en chef, du lambel de gueules de la branche de* GUISE *et de la bordure de gueules chargée de huit besants d'or des branches* D'ELBEUF *et* D'ARMAGNAC ; *entouré des colliers des ordres du roi ; timbré d'une couronne ducale.*

(Ce sont ces armes qui, *par méprise*, ont été brodées sur la bannière de la Fanfare de Cancon : relevées sur un cachet de cire apposé à la suite d'une cession du *droit de prélation*, elles ont été prises pour les armes de la ville !)

Meny et Delan, notaires à Paris », aidé de M° Jean Salbaing, procureur d'office de Cancon.

Un des premiers actes du nouveau seigneur fut de faire détruire tout ce qui s'était conservé des anciennes fortifications et une partie des bâtiments accessoires du château. On répara « convenablement » le reste ; néanmoins, pour plus de sûreté, les archives de la seigneurie furent transportées au château de Casseneuil [1], où elles dormirent oubliées, en attendant la Révolution qui ne manqua pas de les détruire.

L'évêque d'Agen, Mgr Joseph-Gaspard-Gilbert de Chabannes, ayant projeté de fonder dans sa ville épiscopale une maison de retraite pour les prêtres vieux, pauvres ou infirmes, obtint de Sa Majesté, au mois de janvier 1740, des lettres patentes qui l'autorisaient à faire ladite fondation et « à ces fins, d'employer les moyens permis par les Conciles et les ordonnances, par unions de Bénéfices, jusques à concurrence de la somme de 5.000 livres par an. » Au surplus, il fut ajouté que pour « accélérer ce nouvel établissement, M. l'Evêque d'Agen pourrait unir à cette maison de retraite une portion des revenus de la Cure de Cancon et de Périllac, son annexe, à concurrence de la somme de 2.000 livres [2]. »

Cette dernière union ne pouvait porter aucun préjudice à M. Chalvès, alors curé de Cancon, puisqu'elle ne devait avoir son effet

---

[1] « Pour faire porter les Archives à Casseneuil, — lisons-nous dans les comptes du juge Fabre de Parrel ; — faire démonter le cabinet qui les renferme ; le faire remonter à Casseneuil ; deux bouviers ; ou dépenses pour ranger lesdits papiers dans ledit cabinet : 24 livres. »

[2] Nous avons pris souvent mot à mot, les renseignements qui vont suivre dans un *MEMOIRE pour le syndic et les habitants de la Ville et Paroisse de Cancon et de Périlhac, son annexe, appelans comme d'abus de l'union d'une somme de 2,000 livres quittes, à prendre sur les revenus de leur cure, pour les attribuer à certaine maison de retraite non édifiée. — Monsieur et Madame le Prince et la Princesse de Pons, en qualité de Seigneur et Dame de la Baronnie dudit Cancon, et M° Beaulieu de Laspeyre, prêtre, curé de la même paroisse intervenants et adhérents à cet appel et aux conclusions des syndics et habitants. — Contre M. Joseph-Gaspard de Gilbert de Chabanne, évêque d'Agen, intimé et M° Ant. Bourrière, aussi prêtre et syndic du Clergé du même Diocèse, reçu partie intervenante pour prendre le fait et cause de M. son Evêque.* Nous en devons la communication à l'obligeance de M. Henri de Groussou.

qu'après sa mort ; d'un autre côté ce titulaire avait pris jadis [1] des engagements qui le liaient, aussi ne pût-il refuser un acte de consentement.

« Cet acte passé, le sieur Charrière, promoteur, comparut le **23** août même année 1740, devant le sieur Bourrière, vicaire-général, lui présenta les lettres-patentes dont on vient de parler, exposa qu'elles permettaient d'unir à la future maison de retraite non pas une portion indéterminée des revenus de la cure de Cancon, comme ces lettres le portent en effet, mais, nommément une somme de **2.000** livres franches et quittes, et requit qu'il plût au vicaire-général d'ordonner qu'il serait tout de suite procédé à l'union ; qu'en conséquence il fut fait une enquête *commodo aut incommodo* et qu'il fut permis d'assigner des témoins pour être ouïs, et tant les curés que les syndics de Cancon et Perillac, pour répondre à ses conclusions. » Ce qui lui fut accordé.

Les témoins furent pris à Casseneuil ; leur déposition fut reçue le **30** août. « On fit tenir à ces manants cabalés non pas un langage propre à gens de leur état, mais un discours de canoniste, ou plutôt on les fit parler non en témoins mais en juges, car au lieu de les faire déposer des simples faits de leur connaissance, on leur fit décider qu'il ne s'agissait pas d'éteindre le titre de la cure, ni de diminuer aucunement le service divin ; que le service qui devait se faire à Cancon était le service ordinaire qui se faisait dans les autres paroisses ; que le démembrement d'une partie de ses revenus ne porterait aucun préjudice aux paroissiens attendu qu'il y aurait toujours un curé titulaire, un vicaire et un chapelain ; que le bénéfice produisait chaque année 4.000 livres selon les uns, 3.500 selon d'autres, sauf à déduire les cas fortuits, 150 livres pour un vicaire et 500 livres de décime ; en sorte qu'il resterait toujours 14 ou 1500 livres au curé. »

Le curé de Cancon et le syndic comparurent le **7** septembre au palais épiscopal, devant le sieur Bourrière. Le sieur Benaud, syndic de Cancon, forma opposition à l'union proposée et en demanda acte ; puis ayant été assigné devant l'Official, il fit signifier au Promoteur une Requête, que, pour éviter la diffusion, nous avons pris la liberté de diviser en cinq points, et dans laquelle il fit voir :

---

[1] Ne serait-ce pas lors de sa nomination à la cure de Cancon ?

1° Qu'il n'y avait aucune cause ni raison valable pour procéder à une telle union ;

2° Qu'il n'était point permis de démembrer les revenus des cures ni de les unir à d'autres bénéfices [1] ;

3° Que les paroissiens de Cancon avaient un notable intérêt à s'y opposer et leur seigneur encore plus : « Les revenus d'une cure sont le patrimoine des pauvres ; le curé n'y doit prendre que son nécessaire, il est obligé de distribuer le surplus aux indigents de sa paroisse, en sorte qu'il n'en est que l'économe et le dispensateur, suivant les Canons, les Pères de l'Église et les autres Auteurs, entre autres ceux rapportés par *Thomass. Discipl. Eccl. tom. III, part. 4. liv. 4*. En effet, les pauvres de Cancon ont toujours trouvé de grandes ressources chez leurs curés ; sans eux ils seraient mille fois morts de faim et dans bien des occasions, une bonne partie des autres habitants, qui, sans être mendiants, ne sont pas riches, n'ensemenseraient pas ses champs si le curé ne fournissait les semences ; le fait a été « coarté » (constaté).

« Les deux paroisses unies sont d'une très grande étendue ; elles contiennent environ deux mille habitants (aujourd'hui il y en a 1200 environ) dont plus du quart ne sçaurait vivre sans les aumônes du curé, et si les autres peuvent s'en passer pour le moment, il n'en est aucun qui ne puisse en avoir besoin dans la suite, dans un lieu où le commerce et les arts étant, pour ainsi dire, inconnus, tel qui se trouve aujourd'hui dans quelque aisance laisse un nombre d'enfants qui ne peuvent vivre sur la petite portion de l'héritage paternel.

« Suivant tous les Auteurs et l'usage, le curé décimateur est obligé d'entretenir les églises et les presbytères, d'en faire les réparations, de fournir les ornements, le luminaire, linge, croix, calices et autres choses nécessaires au service ; une partie des fruits qu'il perçoit y étant destinée, surtout lorsque la fabrique est pauvre, comme l'est celle de Cancon qui n'a rien. Si, par l'union on enlève les revenus destinés à tout cela, la charge en retombera sur tous les paroissiens ; par conséquent, voilà un autre intérêt qu'ils ont de s'opposer à cet enlèvement.

---

[1] Le développement de ces deux points est curieux et intéressant, mais nous n'avons pas à le retenir ici.

« Cancon est une ville murée, où suivant les lois ecclésiastiques il doit y avoir un gradué ; c'est-à-dire un pasteur éclairé, qui doit être d'autant plus capable, que, comme on vient de le dire, il y a deux grandes paroisses à conduire. Il y a toujours eu deux vicaires avec lui, et ce nombre ne suffit même pas ; si l'union était prononcée, si les revenus de la cure étaient enlevés, non-seulement le curé ne saurait avoir deux vicaires, mais encore les paroissiens ne pourraient pas même espérer des curés habiles ; ils ne pourraient plus avoir que des prêtres peu instruits, faibles mercenaires qui ne sauraient garantir le troupeau des dangers, et que la pauvreté pourrait même engager à chercher des ressources onéreuses à la paroisse, soit par un casuel exorbitant (qu'un curé au-dessus de la nécessité ne prend pas), soit par d'autres voies moins canoniques. »

Si les habitants ont intérêt à s'opposer à l'union, à plus forte raison le seigneur, quand on ne le considérerait que comme principal paroissien et non comme réputé patron. « Il a le plus sensible intérêt de conserver les revenus du bénéfice, puisqu'il supporterait la plus grande portion des réparations et autres charges qui retomberaient sur la paroisse ; que le soin des pauvres le surchargerait encore ; que sa terre même pourrait se dépeupler si les habitants n'y trouvaient plus les secours ordinaires ; que par conséquent, ses droits seigneuriaux en souffriraient. »

4° Que la cure de Cancon ne donnait pas, il s'en fallait bien, les revenus qu'on croyait ; que le bénéfice ne s'affermait que 2 500 livres, déduction faite des cas fortuits, et que si l'union avait lieu, en suivant même le système des parties adverses, il ne resterait pas une obole au curé de Cancon ; « car sur les 3.500 livres à laquelle deux des témoins ont porté la valeur des revenus, il faudrait au moins déduire les cas fortuits que l'on ne peut fixer à moins du quart ; ainsi le quart de 3.500 livres qui est 875 étant déduit sur le total, il le réduit à 2.625 livres sur lesquelles déduisant 500 livres de décimes, 300 livres pour deux vicaires amovibles, autant pour la portion congrüe, et 60 liv. pour le Prédicateur, il ne resterait que 1465 livres ; sans compter même les réparations, l'entretien des églises, les aumônes et les autres charges extraordinaires...

« On a parlé d'une chapelle dont le curé perçoit les revenus. — En premier lieu, cette chapelle fondée par les prédécesseurs de Madame la princesse de Pons, ne fait pas partie des revenus de la cure, ni n'est sujette à l'union : par un acte du *(en blanc)* 1523, le seigneur de Cancon fonda quatre chapelains auxquels il délaissa en jouissance les revenus de certains fonds, avec clause que lui ou ses successeurs pourraient retirer ces fonds, toutes fois et quantes, en délaissant aux chapelains 100 livres de rente; et il voulut, à la vérité, que le curé de Cancon put prendre une cinquième partie des revenus, en faisant en personne le service divin comme un des autres chapelains, mais il ajouta que si ledit curé refusait de résider et de faire le service divin dans la chapelle, comme un des autres chapelains, il ne pourrait rien prétendre dans les dits revenus ; en sorte que l'on voit que si le curé ne veut pas faire le service, il ne peut rien prétendre dans ces revenus, que par conséquent il n'y a rien d'acquis à la cure. — En second lieu, feu M. le duc de Roquelaure, quelque temps avant sa mort exerça la faculté que le seigneur de Cancon se réserva par le titre de fondation de retirer et réunir à son domaine les fonds qu'il avait laissés par une espèce d'engagement, jusques à ce qu'il eut délaissé aux chapelains pour 100 livres de rente, et sur cela, il y a actuellement une instance au sénéchal d'Agen ; en sorte qu'à l'avenir le curé et les quatre autres chapelains ne pourront prendre que les 100 livres chaque année, c'est-à-dire 20 livres pour chacun. »

5° Enfin qu'il n'y avait dans le diocèse aucun ecclésiastique qui fut dans la nécessité de chercher une retraite, moins encore dans l'idée de l'accepter ; qu'il n'y en avait pas eu d'exemple et que ce que l'on avait exposé à cet égard n'était qu'un prétexte imaginaire. Le titre clérical, qui est de 150 livres, doit suffire pour faire subsister un prêtre parvenu à un âge avancé, même sans avoir été pourvu de bénéfice : « 150 livres de rente, dans une campagne, peuvent bien faire vivre un homme ; on l'a jugé ainsi en fixant le titre clérical à cette somme ; beaucoup d'honnêtes familles n'en ont pas autant pour chacune des personnes qui les composent, etc. »

« Des raisons aussi solides, dit le mémoire, méritaient sans doute que l'Official y fît quelque attention ; cependant, par son appointement du 22 décembre 1740, il débouta le syndic de son opposition, et tout de suite, le vicaire-général rendit une ordonnance en date du 5 janvier 1741, au bas d'un réquisitoire du Promoteur ; par cette ordonnance, il unit à la future maison de retraite 2000 livres franches et quittes, à prendre chaque année, sur les revenus de la cure de Cancon et de Périllac, son annexe, pour en jouir après le décès du sieur Chalvès, alors curé et non plus tôt.

« L'union ainsi prononcée, M. l'Evêque d'Agen obtint le 18 juin suivant des secondes lettres patentes de sa Majesté ; un arrêt les enregistra sans appel des parties et homologua l'union. » A cette nouvelle les habitants de Cancon se soulevèrent et tinrent, dit-on, des propos malséants contre leur évêque ; il paraît même que par deux fois, M. le curé Chalvès, menacé de mort ou tout au moins de mauvais traitements, dut prendre la fuite ; le prêtre qui fut nommé à sa place, M. Jean-Louis Dubernat, docteur en théologie, favorable à l'union, fut obligé d'en faire autant au bout de quelques mois pour les mêmes raisons[1]. On ne reconnaissait plus ce peuple de Cancon bien pauvre sans doute, mais si doux, si résigné et si facile à mener d'habitude : c'est que ses intérêts étaient en jeu cette fois plus que jamais et que l'exaspération où conduit la misère était à son comble.

Cependant « le sieur Benaud, syndic, avait assemblé sa communauté, et après avoir pris avis du Conseil, il fit appel comme d'abus, tant de l'appointement de l'Official que du décret d'union et de toute la procédure ; et sur cet appel il fit assigner en la Cour, M. l'Evêque d'Agen. »

Le syndic du clergé, prenant fait et cause pour l'évêque, donna une requête où il affirmait qu'en semblable matière les évêques étaient maîtres absolus, qu'ils pouvaient agir en dehors des paroissiens, que d'ailleurs les lettres patentes autorisaient cette union et ne permettaient pas de l'attaquer.

A ce moment, « le Seigneur de Cancon, sa dame et le sieur Beaulieu de Laspeyres, curé actuel de la paroisse, qui avait tout d'abord accepté l'union [2], adhérèrent à l'appel comme d'abus et aux conclusions des habitants ; et alors, tous ensemble, ils formèrent opposition envers les arrêts qui avaient enregistré les lettres patentes : ils s'opposèrent aussi à tout autre enregistrement. »

La cause fût plaidée de part et d'autre pendant plusieurs audiences et les exposants eurent la satisfaction, dit le mémoire, de voir le public, surtout le barreau, manifester en leur faveur. Quel fut le prononcé du jugement ? Nous l'ignorons ; néanmoins, il nous est permis de croire que l'évêque fut débouté de ses prétentions, car

---

[1] Le 12 septembre 1742 (Arch. de l'Evêché, H. 104-120).
[2] Actes de la famille Benaud.

son projet de maison de retraite ne fut pas mis à exécution [1]. Toujours est-il qu'à la veille de la Révolution la cure de Cancon avait encore la réputation d'être une des plus riches du diocèse.

Durant ces démêlés et pendant les années qui suivirent, le dénuement des habitants de Cancon, dont le syndic Benaud nous a fait un si sombre tableau, ne fit que s'accroître ; du reste, les impôts augmentaient toujours et les récoltes étaient souvent nulles. Nous n'en voudrions pour preuve, à défaut de toute autre, que les plaintes navrantes insérées dans les nombreuses suppliques ou demandes d'allègement de charges de cette époque qui nous sont passées sous les yeux [2]. C'est surtout à partir de 1748 que la misère devint extrême :

AUJOURD'HUY, premier jour du mois de novembre mil sept cens cinquante, dans la ville de Cancon et où les actes de jurade ont accoutumé de se tenir et au son de la cloche, aux formes ordinaires, se sont capitulairement assemblés pardevant Me Antoine Bertrand, procureur d'office, écrivant le secrétaire ordinaire de la communauté, Sr Jacques Benaud, premier consul, Jean Joube, Jacques Courborrieu, Jean Pimouguet, autres consuls, Sr Pierre Auzeral, Sr Jean Lassort, Raymond Benaud sieur de Fontanelle, Sr Raymond Dellerm, Jean Auzeral sieur de Monplaisir, Sr Bernard Floissac, Antoine Magné, Pierre Lafaurie, Laurent Mensat, Gabriel Maynot, Sr Jean Benaud, Pierre Bouyne, Jean Bouyne, les tous jurats et principaux habitants de ladite jurisdiction et faisant la majeure partie d'icelle, lesquels ont dit que la grande disette de grains qu'il y a eu par rapport aux blés, fait qu'il se trouve une grande quantité de particuliers qui n'ont point de semence pour ensemencer leurs biens, la semence de plusieurs desdits particuliers ayant été enlevée par les collecteurs des années 1748, 1749 et 1750, ce qui porte un grand préjudice, attendu qu'il sera impossible que ces particuliers puissent payer la taille ni autres impositions s'il n'y est mis un prompt remède. La présente assemblée, savante du triste état desdits particuliers et après avoir mûrement réfléchi et d'une commune voix, a délibéré qu'elle donne pouvoir auxdits sieurs consuls de se pourvoir devant Monseigneur le marquis de Tourny, Intendant en Guienne, pour supplier sa grandeur de vouloir ordonner qu'il sera fourni de semences aux dits particuliers sur l'état que les dits sieurs consuls lui fournirent, sans quoi les collecteurs de chaque paroisse, quelles précautions qu'ils prennent, ne pourront être payés du montant des impositions des dits particuliers. De quoi et de tout ci-dessus avons dressé le présent acte, etc.

---

[1] Voir à ce sujet la REVUE DE L'AGENAIS, n° de juillet-août 1890, p. 325 : *Antiquités d'Agen*, par J. Labrunie.

[2] Nos annales, dit M. O. Bouyssy dans sa *Notice sur Castillonnès*, p. 102, sont remplies, durant les dernières années du règne de Louis XV, par le récit des désordres dus à la cherté du blé et à la misère qui en résultait.

Les semences furent fournies par l'administration, mais pas en quantité suffisante. Pour comble de malheur « il survint une grêle dans le mois de may du dit an 1751 accompagnée d'une grande inondation d'eau *(sic)* qui gâta une grande partie des récoltes et même amena les labeurs des terres et vignes et causa un grand dommage. » Une autre grêle, qui tomba le 20 juin, compléta le désastre : la moisson fut des plus médiocres[1], et les vendanges réussirent encore moins que la moisson. Une nouvelle épidémie de fièvre éclatait en même temps.

Il était bien difficile, pour ne pas dire impossible, de soulager tant de maux ; néanmoins, dans ce but et sous les instigations de M. Beaulieu de Laspeyres, mesdames Marie Dellerm, veuve Lascrozes, Madeleine Benaud, Catherine Plaigniard, Marthe Dellerm, veuve Lartigue, Rose Amblard, épouse Benaud, Marthe et Marie Auzeral, Marie Taurel, épouse Cazard, Marie Pouyade, Françoise Coste, épouse Geneste et Isabeau Pauquet s'organisèrent en société de bienfaisance, ce que nous appelons *Dames de Charité*. Distribuant des secours autour d'elles et fondant un hospice où furent recueillis les vieillards et les infirmes les plus besoigneux, elles eurent le grand mérite, sinon de subvenir à tous les besoins, du moins d'empêcher les morts par inanition.

Les années 1752 et 1753 ne furent guère meilleures que les précédentes. La situation fut des plus tendues à Cancon et dans quelques juridictions voisines.

Divers actes des jurades de Cancon et de Casseneuil à partir de 1754, arrêtent, par ordre de Sa Majesté, la nomination de syndics des corvées royales, le recensement et la convocation des corvéables, des bestiaux, des chars, etc., pour travailler à la construction d'une route qui, allant à travers bois de Castillonnès à Villeneuve, devait faire suite à une autre qui venait de Paris pour aboutir à Barèges, sur la frontière d'Espagne. Cela nécessita pendant de nombreuses années de grands transports de pierres et de terre. Un

---

[1] Le 15 août 1751, les consuls de Casseneuil exposèrent à la jurade de cette ville « qu'attendu la grande disette qu'il y a dans la juridiction, de grains de toute espèce et le murmure du peuple à cause de l'avenir, il était bon et à propos de retenir les grains et farine qui se trouvent actuellement dans la présente ville, tout comme ceux qui peuvent aussi se trouver des dîmes des paroisses de la jurisdiction, le tout sous le bon plaisir de Monseigneur l'Intendant, pour la subsistance et l'entretien des habitants. » (Arch. de Casseneuil, Actes de jurade).

état daté de 1768 accuse pour toute la juridiction 132 corvéables ,
36 paires de bœufs, 109 paires de vaches pouvant être attelées, enfin
17 syndics , les sieurs Mensat, Sarrazy, Villard, Floissac, Royre
Boule, André Roches, Destang, Flayat. Gary, Couzier, Dellerm,
Teuly, Boutou, autre Dellerm, Maisonneuve et Moulignié.

Charles-Louis de Lorraine mourut en 1755 ; il avait eu de feue
Elisabeth de Roquelaure, sa femme :

1° Gaston-Jean-Baptiste-Charles, dit Camille-Louis de
Lorraine, comte, puis prince de Marsan, né le 7 février 1721;

2° Louis-Joseph, dit le chevalier de Lorraine, né le 3 juillet 1724 ;

3° Léopoldine-Elisabeth-Charlotte, demoiselle de Pons, née
le 2 octobre 1716, épouse de Mgr Joachim-Jacques-Charles-
Joseph - Dominique- Lopez de Zuniga-Castro-Guzman-Soto-
mayor et Mendoza, duc de Béjun, comte de Belcazar, chevalier de la Toison d'Or et de l'ordre royal de Saint-Janvier;

4° Louise-Henriette-Gabrielle, demoiselle de Marsan, née
le 3 octobre 1718 ;

5° Françoise-Marguerite-Louise-Elisabeth, demoiselle de
Mirambeau, née le 1er janvier 1723.

Ses héritiers à Cancon et à Casseneuil furent, par indivis, Camille-
Louis, Léopoldine-Charlotte et Françoise-Marguerite ; mais nous
n'avons à nous occuper que du premier auquel les co-partageants
déléguèrent tout d'abord leurs pouvoirs.

XXIII.
Louis-Camille de Lorraine, sire de Pons, Léopoldine et Françoise de
Lorraine, co-seigneurs de Cancon de 1755 à 1764.

Très-haut, très-puissant et très-illustre prince Monseigneur Louis-
Camille, prince de Lorraine, sire de Pons, prince de Mortagne,
marquis de Mirambeau, souverain de Bédeille, seigneur baron de
Cancon et de Casseneuil, etc., chevalier des Ordres du roi, lieutenant-général de ses armées, demeurait à Paris en l'hôtel de Bouil-
lon. Pour lui, pour ses sœurs et pour son beau-frère il fit « les foy
et hommage [1] » qu'il devait et était tenu de faire au roi de France
« pour raison de la terre et baronnie de Cancon, de la terre et seigneurie de Casseneuil, leurs circonstances et dépendances... aux-

____

[1] *Archives nationales*, P. 856, cote 1.

quels foy et hommage ledit sieur Camille-Louis, prince de Lorraine, a été receu, sauf en autres choses notre droict et l'autruy en toutes ; » le reste comme dans tous les actes semblables.

Nous avons dit que le duc de Roquelaure avait affermé les terres de Cancon et de Casseneuil, pour trente ans, à partir de la Saint-Jean 1735, aux sieurs Jean et Etienne Villeneuve. A la mort du prince de Pons, ceux-ci étaient très en retard pour leurs annuités. Le 25 juin 1757 le nouveau seigneur exigea un règlement de compte et le paiement immédiat de l'arriéré. Jean Villeneuve, héritier de son frère défunt, eut beau invoquer les difficultés qu'il éprouvait à faire rentrer la rente par ces mauvaises années, Camille-Louis fut inflexible: il lui demanda la résiliation du bail et commença immédiatement des poursuites contre lui, après avoir « constitué pour son procureur et domicile au sénéchal d'Agen, Me Jean-Bernard Dayrie, procureur ès cours dudit Agen, y habitant, rue du Temple. » En même temps il obtenait des lettres-patentes autorisant la confection d'un nouveau terrier et nommait régisseur de ses terres le sieur Guillaume Salbaing. La Cour fit droit à ses demandes, rompit le bail, condamna le fermier à s'acquitter dans un bref délai et à faire rentrer lui même les arrérages de rente et autres qui étaient encore dus depuis le 24 juin 1735 jusqu'au 24 juin 1757, mais non sans lui avoir fait verser au préalable une caution suffisante. Fort de sa condamnation, Jean Villeneuve commença aussitôt contre les tenanciers en retard une série d'âpres poursuites. Pour se faire payer, encore en 1762, il faisait « des frais immenses, il mettait des huissiers aux trousses » de tous ses malheureux débiteurs qu'il faisait saisir avec la dernière rigueur et expulser de leur demeure par des procédés inhumains[1].

A ce moment, profitant des malheurs du temps, de la difficulté des communications et des troubles occasionnés par les luttes entre Louis XV et les Parlements, des bandes de contrebandiers, faux-sauniers, déserteurs et autres malandrins pillaient les campagnes, rançonnaient les gens du fisc, les voyageurs, les riches habitants ; ils marchaient sous les ordres de chefs dont Mandrin, arrêté et supplicié en mai 1755, a été le plus audacieux et le plus célèbre. Le 15 août 1761, la communauté de Cancon assemblée à l'issue des vêpres, aux formes ordinaires, devant les sieurs Jean Auzeral à Peyrebère, Jean Mayzonie, Pierre Boutou et Jean Brunet, consuls, nomma capitaine, Jean Dellerm, sieur du Bousquet, ancien volontaire au ré-

---

[1] Lettre de M. Bousquet-Dellerm, en notre possession.

giment de Royal-Artillerie; lieutenant, Joseph Fabre sieur de Rigal ;
premier sergent, George Joube, ancien cavalier au régiment de Mau-
giron ; second sergent, Charles Bonnet, ancien grenadier royal ; ca-
poraux, Jean Villard, ancien soldat au régiment de Marine, Pierre
Robert, maître cordonnier, ancien milicien au bataillon de Villeneuve;
François Coste, ancien milicien audit bataillon et Coulaud, gendre
de Bagoury, aussi ancien milicien, pour commander une compagnie
de quarante hommes qu'elle créa, séance tenante, à l'effet de veiller
la nuit à la sûreté des routes, conformément à l'ordonnance de Mgr
le maréchal duc de Richelieu, gouverneur de la Guienne, en date du
1er juillet de ladite année.

Cependant, par les soins du régisseur Guillaume Salbaing, des
réparations « urgentes » avaient été faites à la halle, aux moulins, à
une tour et au corps-de-logis du château qu'on préparait ainsi pour
une vente prochaine. En effet, le 28 juillet 1764, la cession « 1º de la
terre, seigneurie et baronnie de Cancon, consistant en la ville de ce
nom, en un château avec ses édifices, cour, basse-cour, écurie, pi-
geonnier, granges et autres bâtiments, en jardin, en haute, moyenne
et basse justice, greffes, foires, marchés, halle, boucheries, fief et
arrière-fiefs, vassaux et arrière-vassaux, cens, rentes, redevances,
péages, moulins, domaines, terres, prés, vignes, bois taillis et forêts
et autres biens et héritages, droits féodaux et seigneuriaux, utiles et
honorifiques, y attachés ; 2º de la *terre, seigneurie et baronnie de
Casseneuil* aussi située en Agenais consistant en la ville de ce nom,
en un château avec les batiments, cour, basse-cour, écuries et autres
édifices en dépendant, en un jardin, en haute, moyenne et basse justice, greffe, foires, marchés, fief et arrière-fief, vassaux et arrière-
vassaux, maisons, métairies, terres, prés, bois taillis et forêts et autres biens et héritages, droits féodaux et seigneuriaux et autres droits
utiles et honorifiques, y annexés et généralement tout ce que le ven-
deur possède dans l'Agenais, fut consentie moyennant 421.000 livres
par très-haut, très-puissant, etc., en faveur de Jean-Joseph de Laborde, écuyer, seigneur de la Ferté-Vidame, du vidamé de Chartres,
de Removille, du Châtelet, de Sainte-Escobille et autres lieux, Conseiller-secrétaire du Roy, Maison et Couronne de France et de ses
Finances, devant Bioche et Duclos, notaires à Paris[1]. »

---

[1] Archives du Bureau de l'enregistrement de Cancon, *Registres du centième
denier*, 7 septembre 1764.

XXIV.

Jean-Joseph de Laborde (de 1764 à 1783). — Derniers coups portés
aux libertés communales de Cancon.

Messire Jean-Joseph de Laborde habitait à Paris en son hôtel de la
paroisse et de la rue Saint-Eustache. C'était un fermier-général sorti
de charge avec une très grosse fortune qu'il cherchait à augmenter
encore en trafiquant des seigneuries. Ainsi le 19 décembre
1766, il rendit hommage au roi, non seulement pour les baronnies
de Cancon et de Casseneuil, mais encore pour les seigneuries de
Sainte Escobille, de Boutervilliers et de Mérobert, dans le baillage
d'Etampes, qu'il avait achetées presque en même temps, et pour
vingt-sept autres fiefs situés en Orléanais et dans l'Ile-de-France,
notamment Bouviers, Villiers, Morigny, Crosnes, les Châtelets, Cha-
taincourt, Menou, etc., qu'il venait d'acquérir du comte de Maille-
bois et d'autres [1].

Quelque mois avant cet hommage, il avait baillé, par contrat de
ferme du 11 juin 1766, retenu par Guillaume Salbaing, notaire royal
à Cancon, consenti par G. Périer, avocat au Parlement de Paris, son
fondé de procuration générale et spéciale, « à titre de ferme et prix
d'argent, pour neuf années entières et consécutives, aux sieurs Jean
Villeneuve et Jean Peyrebrune, bourgeois et négociants de Casseneuil, y habitant », tous les revenus quelconques des baronnies de
Cancon et de Casseneuil, et leur avait abandonné de plus les arrérages des rentes qui lui étaient dus encore des années 1764 et 1765 [2].

---

[1] Archives nationales, P. 856, cote 42.

[2] Cette fois-ci l'entreprise fut bonne pour les fermiers, sans doute, car
vingt-deux ans après, en 1787, le fils du sieur Peyrebrune possédait une
charge de « Conseiller-secrétaire du Roy, Maison, Couronne de France et
de ses Finances » (tout comme M. de Laborde) qu'il avait acquise à chers
deniers ; il habitait à Paris, un hôtel qui lui appartenait et se faisait appeler *messire de Peyrebrune, écuyer.*

Le sieur Villeneuve était à la même époque négociant à Agen et son fils
était *président* de la Cour de cette ville.

Durant l'hiver de 1766, le thermomètre descendit à Cancon à 17 degrés
Réaumur.

Enfin il nomma M⁰ Henri Salbaing, juge, M⁰ Guillaume Salbaing, procureur d'office, et M⁰ Jacques Besse, procureur postulant, en la cour ordinaire de Cancon et ne s'occupa plus, ou à peu près. de cette seigneurie jusqu'au jour où le moment de la revendre serait venu.

Dans ces circonstances et à l'exemple de bien plus puissants que lui. le nouveau juge en prit à son aise à l'égard des consuls. En effet, ses prédécesseurs, en empiétant sur les droits et les prérogatives de ceux-ci. en avaient amoindri considérablement le prestige ; lui voulut les annihiler tout-à-fait. lors de l'application de la nouvelle loi municipale éditée par le roi (décembre 1767). C'est du moins ce qui ressort de la requête suivante que M. Guillaume Auricoste. premier consul, ou mieux premier *échevin*, ainsi qu'on disait alors, adressa, avec pièces à l'appui, d'abord à M. de Laborde, et puis, celui-ci n'ayant pas donné signe de vie, au Procureur général du Parlement de Guienne :

A MONSEIGNEUR *(sic)* DE DUDON, PROCUREUR GÉNÉRAL
DU PARLEMENT DE GUIENNE.

Monseigneur,

Le premier échevin de la communauté de Cancon, en Agenais, a l'honneur de représenter à votre Grandeur que désirant se conformer de point en point à l'édit du Roy du mois de décembre mil sept cens soixante et sept concernant l'administration des villes et bourgs du royaume, il ne peut parvenir à son but à cause des raisons suivantes : Il y a quelque temps que cette communauté était gouvernée par des consuls qui exerçaient la police et avaient droit de chaperon ; mais, depuis plusieurs années, messieurs les officiers de justice se sont attribués tous les honorifiques (*sic*) par la négligence desdits consuls, de sorte que les échevins sont encore moins regardés que des valets de ville ; (quel désordre qu'il se passe !) ils ne sont jamais informés de rien ; souvent pour des bagatelles, les particuliers sont obligés de faire des enquêtes et des informations qui les ruinent entièrement, au lieu que, si les échevins avaient le droit de décider, ils se serviraient de voies beaucoup plus courtes et soulageraient infiniment le public ; s'il y a des processions, des assemblées, le juge, le lieutenant et le procureur d'office occupent les premières places, et les échevins ne viennent qu'après tous les membres de la justice ; ce sont en un mot les juges et les officiers qui décident de tout, même dans nos assemblées, sans rien communiquer aux échevins quoique présents : il y a cependant quelque apparence que notre bon roi a cru nous donner quelque pouvoir en nous honorant de cette charge. Voici encore une autre circonstance qui vous fera connaître notre peu de jurisdiction : Nous venons de nommer un second échevin pour remplacer celui qui vient de finir d'exercer, le juge déchira les billets du scrutin sans nous les communiquer et il dit qu'un tel avait la plus forte voix (sic) ; il devait au moins les mettre sur la table pour le faire voir à l'assemblée ; il l'a encore obligé de prêter serment devant lui : il est cependant dit dans les articles 18 et 19 de l'édit du Roy qu'après la première nomination les échevins prêteront serment devant le maire ou celui qui en exercera les fonctions ; il est encore dit dans les mêmes articles que quand il y aura des échevins, ils exerceront les fonctions de maire : il est donc évident que dès qu'il n'y a pas ici de maire, c'est devant le premier échevin que celui qui vient d'être nommé devait prêter serment et non pas devant le juge ; je lui ai fait voir lesdits articles pour s'y conformer, il n'en a été ni plus ni moins. Pour dire tout en peu de mots : Quand nous verrions commettre les crimes les plus énormes ; quand on fairait des meurtres en notre présence ; quand nous verrions les injustices les plus criantes, soit pour la vente des denrées, soit pour les poids et mesures ; quand on profanerait les dimanches et les fêtes — et ceci me fait trembler à cause des scandales multipliés qui se commettent ces jours-là dans notre petite ville ; — quand on profanerait, dis-je, ces jours-là, passant le temps des offices dans les cabarets et autres endroits de débauche ; quand on nous fairait les injures les plus atroces, nous n'avons pas le seul mot à dire. N'est-il pas fâcheux pour le public d'être ainsi gouverné, et pour des échevins qui ont l'honneur de représenter la personne du Roy, d'être si peu accrédités ? Il faut encore remarquer que c'est ici sur la grand'route, et qu'il y a des marchés tous les lundis et des foires plusieurs fois l'année, et que par conséquent il faut y maintenir le bon ordre. Depuis un an passé que je suis échevin, voyant tant de désordre et tant de désagréments, j'ai écrit plusieurs fois à M. de Laborde, notre seigneur, à Paris pour y remédier, sans avoir eu aucune réponse. Ne s'étant pas conformé à l'article six de l'édit du Roy, j'ai l'honneur de m'adresser à votre Grandeur, Monseigneur, pour que ce considéré il vous plaise, de vos grâces, nous accorder, et à nos successeurs, le droit de chaperon et d'exercer la police dans ladite ville et communauté de Cancon, ordonner que nous occuperons les premières places dans les processions et assemblées après le juge, que dans nos assemblées le juge ne décidera rien sans nous l'avoir communiqué et sans notre consentement, et que l'échevin, qui vient d'être nommé, prêtera serment devant le premier échevin, sans quoi je vous supplie de me permettre de procéder à une autre nomination pour le remplacer. En nous honorant de ces prérogatives, que nous n'avons perdues que depuis peu, le public sera satisfait, le bon ordre règnera, la gloire du Seigneur et le salut du peuple s'y trouveront, puisque nous fairons cesser tout scandale et mauvais exemple; notre état ne se trouvera plus si avili et si méprisable, et nous ne cesserons, Monseigneur, de faire des vœux au Ciel pour la prospérité et conservation de votre Grandeur.

De Cancon, ce 22 octobre 1769.

Le mémoire se trompait d'adresse, il fut refusé. Mieux renseigné, M. Auricoste le transmit cette fois à Monsieur de Bertin, ministre de la province, qui ne tarda pas à y faire la réponse qu'obtenaient alors la plupart des requêtes de ce genre : » Sa Majesté ne jugeait pas à propos d'accorder l'exercice de la police et le port du chaperon à messieurs les échevins, mais il entendait qu'à l'avenir, dans l'élection des officiers municipaux, l'ouverture des billets de vote se fît en leur présence et que ceux-ci fussent maîtres de les vérifier. » Ainsi, des anciennes libertés communales de Cancon il ne restait plus à ses officiers municipaux que le droit de *surveiller* l'élection de leurs successeurs ; lesquels succcesseurs ne pouvaient être pris. ô ironie, que sur une liste de notables approuvée par le seigneur et le roi, et n'étaient nommés qu'après avoir été agréés par l'autorité supérieure ! Du reste, des faits plus ou moins semblables s'étaient passés dans toutes les communautés de France depuis l'établissement du pouvoir royal absolu. Les droits, les libertés et les immunités que le peuple avait pu conquérir au moyen-âge au prix des plus grands sacrifices, souvent même par l'effusion de son sang, avaient disparu peu à peu, tandis que le clergé et la noblesse conservaient presque tous les leurs : une révolution devenait de plus en plus inévitable ; la misère du temps allait la précipiter.

Au commencement de l'année 1769, d'importantes réparations avaient été faites au clocher ; on devait y placer une nouvelle cloche. Les échevins écrivirent à M. de Laborde et lui proposèrent d'en être le parrain ; il daigna leur répondre de Paris le 21 janvier :

MESSIEURS,

J'ay reçu la lettre dont vous m'avez honoré le 5 de ce mois au sujet du baptême d'une cloche de Cancon. Je suis bien sensible à l'attention de la communauté de Cancon. J'écris à M. le Curé mes intentions afin que rien n'arrête cette opération (*sic*).

Je suis avec respect, Messieurs,

Votre très humble et très obéissant serviteur,

LABORDE.

Par contrat retenu par Mᵉ Mariol, notaire royal à Casseneuil, du 1ᵉʳ novembre 1772, Messire J.-J. de Laborde, seigneur des terres de Cancon et de Casseneuil, bailla à titre de ferme « aux sieurs Jean-Joseph Béchade-Labarthe et Jean Béchade-Labarthe, frères, pour neuf années et neuf récoltes complètes et révolues qui commenceront par 1775 et finiront par 1783 au 11 juin de l'année 1784, tous les cens et rentes, lods et ventes, domaines, près, terres, vignes, pêche, passages, droits de bac, greffes et autres revenus des dites terres. » Par autre contrat du 29 décembre 1782, retenu par Mᵉˢ Fray, notaires royaux à Monflanquin, le sieur J.-J. Béchade-Labarthe et son frère, fermiers des baronnies de Cancon et de Casseneuil, cédèrent leur entier bail « à sieur Joseph Courborieu, bourgeois et négociant, habitant du lieu des Sauchés, paroisse de Baugas » et le subrogèrent à leur lieu et place « pour la perception de la rente, lods et ventes, fruits des domaines, arrérages de toute espèce et autres droits seigneuriaux échus et à échoir pendant le cours de leur bail, et pour, par ledit sieur Courborieu, s'en faire payer comme il avisera. »

Des quelques années qui s'écoulèrent entre ces deux contrats et de celles qui suivirent jusqu'en 1789 nous avons recueilli quantité de doléances des tenanciers sur la persistance des mauvaises récoltes [1].

---

[1] En 1770, le 6 avril, la Garonne déborda prodigieusement et occasionna d'énormes désastres dans la plaine. A Cancon, les gelées des 11 et 21 mai compromirent toutes les récoltes, une grêle qui tomba en abondance le 12 septembre abîma les vignes et détruisit la vendange. La grêle produisit presque les mêmes effets sur toutes les récoltes en 1773 et en 1774. En 1777 les pluies d'été, par leur persistance, amenèrent la perte d'une grande partie des blés ; de même en 1783. En juin et juillet 1784 éclatèrent « des tempêtes de vent, de pluie et de grêle » qui anéantirent toutes les récoltes sur pied. Enfin, l'hiver de 1788 à 1789 fut des plus rudes ; les blés en partie et beaucoup de vignes, les figuiers et autres arbres fruitiers, les légumes, des chênes même, se gelèrent.

M. Dayrie, curé de Cancon, écrivait dans un rapport en date du 31 décembre 1774 : « Il y a beaucoup de pauvres dans les paroisses de Cancon et de Périllac parce qu'elles sont dans un pays dont le fonds est très mauvais et que malgré les travaux pénibles des paroissiens il produit très peu. » (*Archives de l'Évêché*, H. 104-120).

sur l'énormité des impôts et contributions, sur l'avidité des fermiers des rentes et des dîmes et sur leurs abus ; il serait trop fastidieux de les reproduire ici, constatons seulement que quelques-unes affectent un ton comminatoire qui est comme un présage de rébellion prochaine.

Le 5 octobre 1782, la communauté, dans le but de permettre aux produits agricoles et aux autres marchandises d'aller plus facilement jusqu'au Lot, fit proposer à la communauté de Casseneuil de s'unir à elle pour rendre praticable le chemin qui reliait cette dernière ville à Cancon, s'offrant à supporter le tiers des frais que cela nécessiterait. La municipalité de Casseneuil accepta avec empressement. Etaient : juge, M⁰ Guillaume Salbaing ; procureur d'office, M⁰ Jean Bistorte de Lassalle ; consuls, noble Jean de Cadot d'Argeneuil, écuyer, Jean Robert, Jean Queille ; jurats, Pierre Auzeral, autre Auzeral, Albré, Couderq, Jean Lassort, Antoine Queille, Lamouroux, Lafaurie, Bertrand, Maynot, Courborieu, Joube, Plaigniard, Dastic, Caussade-Benaud, Boutou, etc.

Le 1ᵉʳ février 1783, eut lieu la vente des terres et seigneuries de Cancon et de Casseneuil, situées en Agenais, etc.. « à haut et puissant seigneur Antoine-François, vicomte de Beaumont, chevalier des ordres royaux et militaires de St-Louis et de St-Lazare, seigneur de Labergement, de Caylus et autres lieux, capitaine des vaisseaux du Roy, demeurant à Paris, rue des Rosiers, quartier Saint-Germain-des Prés, paroisse de Saint-Sulpice, par Messire Jean-Joseph de Laborde, moyennant 520.000 livres », devant M⁰ Duclos, notaire à Paris, (*Registres du Centième denier* de Cancon, 22 mars 1783).

XXV.

Antoine-François de Beaumont (de 1783 à 1789). — La Révolution.

Antoine-François, vicomte de Beaumont [1], était de la noble et ancienne maison de ce nom, en Dauphiné, qui a donné naissance au fa-

---

[1] ARMES : *De gueules à la fasce d'argent chargée de trois fleurs de lys d'azur ;* SUPPORT, *deux Hercules ;* TIMBRE, *une couronne de vicomte.* DEVISE , *Impavidum ferient ruinæ.*

meux baron des Adrets et à Christophe de Beaumont, l'intolérant mais charitable archevêque de Paris, mort en 1781. Né à Casseneuil, le 3 mars 1733, il fut fait garde de la marine en 1751, enseigne de vaisseau en octobre 1755, lieutenant en 1764 et capitaine le 14 avril 1777. « Au combat d'Ouessant. le 11 septembre 1778, il accomplit un brillant fait d'armes. Commendant la *Junon*, frégate française de 32 canons, il captura après plusieurs heures de lutte héroïque, la frégate anglaise le *Fox*, commandée par lord Windsor, qui ne se rendit qu'après avoir perdu son dernier mât[1]. » Enfin. par ses talents il parvint au grade de chef d'escadre et fut fait commandeur des ordres de St-Louis et de St-Lazare.

Il fit hommage pour les baronnies de Cancon et de Casseneuil en octobre 1783, les donna à régir à M⁰ Pourpory, notaire à Casseneuil et ne parut que rarement dans ces terres. Il en était seigneur depuis cinq ans à peine lorsque éclata la Révolution. Ce fut pour lui comme un coup de foudre dans un ciel serein, car il s'occupait beaucoup de science, paraît-il, et vivait en dehors de la politique. Nous avons raconté ailleurs le soulèvement de ses tenanciers de Cancon, son retour subit à Casseneuil, les pourparlers qu'il entama avec le Comité révolutionnaire de notre ville composé de MM. Pierre Bruguière, avocat, Guillaume Salbaing, notaire et juge, Jean Plaigniard Jean Benaud, François de Cadot, chevalier d'Argeneuil. Jean Joube, Jean Benaud-Caussade, Jacques Lamartigne, notaire, Guillaume Pauquet, Pierre Cazard, Bernard de Blanchaud et Antoine Courborieu, négociant, ses démêlés avec MM. Auzeral et Chauvet, l'émeute qui suivit, la marche tumultueuse et désordonnée des révoltés en armes sur Casseneuil au nombre de 1200, les sacrifices d'intérêt et d'amour propre qu'il dut faire en cette circonstanee pour apaiser les esprits surexcités. Nous avons raconté encore les principaux incidents qui marquèrent à Cancon cette mémorable époque. les misères et les grandeurs de l'*Année de la Peur*, de l'*Année de la Taxe*, du gouvernement de la Convention et du Directoire, le fol engouement du peuple, mais surtout de la bourgeoisie, pour Bonaparte, les triomphes de l'Empire et son effondrement dans une catastrophe inévitable :

---

[1] JULES ANDRIEU : *Bibliographie générale de l'Agenais.*

l'Invasion [1]. Nous n'avons plus à en parler. Revenons à M. de Beaumont.

L'Assemblée Nationale l'avait dépouillé de ses privilèges dans la nuit du 4 août 1789; par décret du 19 juin 1790, elle abolit les titres de noblesse. Ce dernier coup lui fut extrêmement sensible : il ne pouvait se résigner à déchoir de son rang et à s'entendre appeler le *sieur Beaumont*, tout court. « Le n° 221 du *Journal Général de France* imprima (p. 907) une protestation de lui, dit M. Jules Andrieu dans son remarquable ouvrage, la *Bibliographie Générale de l'Agenais*. Datée de Casseneuil, 12 juillet 1790, elle est dirigée contre la suppression des titres de noblesse décrétée le 19 juin de la même année. En voici le début :

Je soussigné, n'ayant pu douter que les députés envoyés par la noblesse d'Agenais aux Etats libres et généraux du Royaume, tous ensemble ou au moins l'un d'eux, fidèles au serment qu'ils ont fait entre les mains de leurs commettants, de défendre leurs propriétés, n'eussent, comme le plus grand nombre des députés des autres Provinces, protesté contre le décret du 19 juin qui anéantit la plus précieuse de toutes, la noblesse héréditaire ; j'ai attendu jusqu'à ce jour, dans l'espoir de voir leurs noms à la suite de ceux qui ont déjà rempli ce devoir sacré ; mais ne les ayant aperçus dans aucun papier public, leur long silence me force à rompre le mien.

Je déclare donc que considérant la noblesse héréditaire comme la plus inviolable des propriétés, etc...

Cela se termine ainsi :

J'ai envoyé à l'Assemblée cette protestation ; mais certain qu'elle n'en reçoit pas, je la déposerai chez un officier public.

L'acte du vicomte de Beaumont eut un certain retentissement. Le directoire du département de Lot-et-Garonne en fit l'objet d'une de ses délibérations, le 20 juillet 1790. Sur un rapport ou plutôt une réquisition du procureur-syndic, il fut décidé que copie collationnée de la protestation serait adressée au directoire du district de Villeneuve, pour être présentée au vicomte et savoir si ce dernier avouait

---

[1] Voir *La Révolution à Cancon*, grand in-octavo de 78 pages, faisant suite à l'*Histoire de la ville et des seigneurs de Cancon*, imprimé en 1888.

ou s'il répudiait le dit acte. C'est Paganel, procureur-syndic de ce distric, qui fut chargé de la commission.

M. de Beaumont répondit par une vigoureuse déclaration qu'on trouve au nº 37, du 11 septembre 1790, du *Mercure Historique et Politique de Bruxelles*, et aussi, je crois, dans le *Journal patriotique du département de Lot-et-Garonne* :

« En me demandant de reconnaître un écrit inséré dans le *Journal Général de France*, portant protestation d'Antoine-François vicomte de Beaumont... contre le décret du 19 juin qui détruit la noblesse héréditaire, le département de Lot-et-Garonne ne m'a pas fait l'injure de croire que je pourrais désavouer ma signature.

« Je déclare donc que cette protestation est de moi,... que je la renouvelle devant le département qui m'interroge, et que je le prie de m'en donner acte, etc. »

A la suite de cette fière et courageuse réponse, le vicomte s'éloigna de Casseneuil et s'en fut vivre à Paris en pleine fournaise révolutionnaire. Au chef-lieu du district dont faisait alors partie le canton de Cancon, c'est-à-dire à Monflanquin, on crut qu'il avait émigré : ses biens furent mis sous séquestre et ils venaient d'être donnés à bail judiciaire, lorsque, sur le vu d'un certificat délivré par la municipalité de Paris, en date du 24 juillet 1792, au sieur Antoine-François Beaumont, chef de division des armées navales, etc, constatant que celui-ci résidait dans la capitale depuis plus de neuf mois sans interruption, le directoire du département ordonna la levée de l'interdit qui pesait sur eux ; mais, la municipalité de Cancon n'y consentit que sur assignation du sieur Jean Balse, huissier royal de Castelnau (8 septembre 1793) et encore pas pour longtemps, car s'étant assurée que le fils de l'ancien seigneur avait quitté la France elle fit procéder le 16 octobre suivant, à une nouvelle saisie. Toutefois, M. de Beaumont, pour conserver ses droits de propriété que perdait tout émigré, eut soin de faire tenir tous les trois mois aux pointilleux officiers municipaux de Cancon un certificat de résidence en France. Deux de ceux-ci, datés l'un du 28 janvier 1793 et l'autre du 9 avril de la même année, assurent que *le citoyen Beaumont, sans profession,* — c'était bien dur ! — homme de 60 ans, d'une taille de cinq pieds cinq pouces, figure ronde, sourcils et cheveux châtains, bouche moyenne, nez moyen, yeux bleus, menton saillant, habitait toujours à Paris, rue Guillaume *(sic)*, au plus fort de la Terreur.

Il ne revint à Cancon et à Casseneuil qu'après la tourmente, sous le Consulat, alors qu'un vote du Sénat (26 avril 1802) eut rappelé les émigrés et ordonné qu'on leur restituât ceux de leurs biens qui n'avaient pas été vendus. Ce jour-là ou peu après, il rentra en possession de son fils qui lui revint d'exil, et de toutes ses propriétés ; mais ses droits et revenus seigneuriaux, étaient perdus sans retour.

Après un séjour de peu de durée à Casseneuil, il se retira à Toulouse où il mourut en 1805, laissant la réputation d'un des plus habiles marins du xviii⁰ siécle. Il avait épousé le 2 août 1772, Amable-Elisabeth-Françoise de Caylus, de la célèbre famille de ce nom originaire du Rouergue. De cette union était né, entr'autres enfants, un fils qui, du nom de son grand'oncle et parrain, l'archevêque de Paris, fut appelé Cristophe.

M. Christophe de Beaumont avait émigré, avons-nous dit. Lors de sa rentrée en France, il fit une adhésion plus ou moins sincère au gouvernement impérial ; il fut même un moment sous-préfet de Villeneuve. Après la mort de son père, il mit en vente tous les biens que celui-ci possédait à Cancon. La commune acquit la halle. L'ancien domaine seigneurial fut morcelé et vendu peu à peu à divers particuliers, ainsi que les moulins. Le château — un amas de ruines d'où s'élevaient encore trois ou quatre tours démantelées — ne put trouver acquéreur ; si bien qu'en 1848, pour s'en débarrasser, les descendants de M. de Beaumont le donnèrent, par surcroît, à M. de Lagrange, leur régisseur, en récompense des services qu'ils en avaient reçu. Celui-ci offrit de le céder à la commune pour 600 francs et le conseil municipal d'alors eut l'insigne maladresse de refuser [1].

Il est à désirer que la commune revienne bientôt sur ce marché ; car sur le petit plateau où s'élevait jadis le château-fort de Cancon, il serait possible, aujourd'hui que les carriers l'ont débarrassé des matériaux qui l'encombraient et du rocher qui en stérilisait le terrain vide, d'y établir et planter à peu de frais un agréable jardin public où les promeneurs et les touristes trouveraient un égal con-

---

[1] Cela nous fait penser que vers la même époque, on retrouva dans les combles du Louvre un beau buste de Daunou dont la famille, nous l'avons dit, était originaire de Castelnau, près Cancon. L'administration des Beaux-Arts le fit offrir gracieusement à cette petite ville, mais la municipalité de Castelnau refusa, objectant les frais du transport !

tentement. Tandis que les uns y évoqueraient les grandeurs et les tristesses dont ce lieu fut le témoin, le souvenir des hauts et puissants seigneurs dont il fut la résidence, des manants qui y souffrirent et des hommes d'armes qui y moururent en le défendant ou en l'attaquant, que sais-je encore, les autres y feraient d'agréables promenades et y trouveraient des points de vue aussi étendus et aussi beaux que les plus renommés de la région.

Ici se termine l'histoire des seigneurs. Il nous resterait à continuer celle de la ville, mais nous en avons étudié dans LA RÉVOLUTION A CANCON (de 1789 à 1815) les deux événements les plus importants, c'est-à-dire l'affranchissement définitif des tenures et l'élévation de notre cité au rang de chef-lieu d'un des plus grands cantons du Lot-et-Garonne. Les faits qui s'y sont passés au cours de ce siècle sont d'ailleurs trop récents pour qu'il soit possible de les juger sainement. Plus tard, sans doute, quand, les partis politiques étant moins tranchés qu'ils ne le sont, les esprits se seront appaisés, nous pourrons reprendre cette étude et la conduire jusqu'à la fin, avec l'impartialité qui est dans nos intentions et dans notre caractère.

FIN.

APPENDICE

NOTES ÉTYMOLOGIQUES & ARCHÉOLOGIQUES

SUR LES

PRINCIPAUX LIEUX HABITÉS DES ENVIRONS DE CANCON

TIRÉES DE DOCUMENTS ÉPARS ET D'OBSERVATIONS PARTICULIÈRES

LES AGNELS (autrefois *as Lagnels*), hameau [1] de la commune de Cancon : habitation de la famille Lagnel au xv⁰ siècle.

AIGUEVIVE (*Aquavivis*, au xiii⁰ siècle), église, hameau et château de la commune de Saint-Pastour : Source d'eau vive. Ancienne demeure seigneuriale n'existant plus qu'en partie, ainsi appelée du nom d'une remarquable petite église qui s'y voit encore [2]. Briques à rebords ; sépultures antiques ; caches.

Certains auteurs ayant remarqué qu'un ancien château seigneurial, ou tout au moins une maison noble, se trouvait toujours dans le voisinage immédiat de nos églises de campagne, en ont conclu que l'édification du temple chrétien était due à la munificence et à la piété du seigneur voisin. Ceci n'est vrai que dans certain cas ; nous nous sommes assurés que souvent la création de la demeure seigneuriale était postérieure à l'origine de l'église. Du reste, dans la première partie de cet ouvrage, nous avons dit ce que nous pensions de ces origines, sans rien affirmer toutefois.

LA BANELLE, écart de la commune de Castelnau, situé, comme l'indique son nom patois, dans un petit pli de terrain, formé par la

---

[1] Nous appelons *écart* un domaine, une habitation quelconque à un seul feu, *hameau* une réunion de deux ou trois feux et *village* un lieu où se trouvent au moins quatre feux.

[2] Ce château était le centre d'un très petit arrière-fief de la juridiction de Saint-Pastour. Au xviii⁰ siècle il a appartenu à une famille de petite noblesse du nom de *Fleurans* qui portait : *Ecartelé aux 1 et 4 de gueules au lion d'argent (ou d'or), aux 2 et 3 d'azur à trois étoiles d'or posées deux et une.*

rencontre de deux collines très élevées. Sur le sommet de l'une de celles-ci, appelé le *Pechrond*, le sieur Jouanel a découvert un cimetière mérovingien : tombes construites à l'aide de plusieurs pierres de Condat taillées et disposées en forme d'auge, renfermant des ossements tombant en poussière.

LA BARQUE, A BROQUE, LA BROSSE, écarts dont les noms dérivés des mots de basse latinité *braca, broca ou brossa* indiquent des lieux abondants en halliers et en broussailles.

LE BARROU. Depuis la publication de la première partie de cet ouvrage, le sieur Brunet, au Barrou, a fait de nouvelles fouilles sur l'emplacement de la riche villa gallo-romaine que l'on croit avoir été le *Primuliacum* de Sulpice Sévère. Bien que ces recherches ne se soient étendues que sur une petite surface, elles ont néanmoins mis à jour de nombreux et curieux objets antiques. De crainte qu'ils ne soient dispersés et perdus pour nous, comme la plupart de ceux qui ont été découverts antérieurement au même endroit, nous en avons fait la nomenclature. Nous la reproduisons ci-après ; nos lecteurs y trouveront une preuve de plus de l'antiquité de Cancon.

Une foule de fragments de poterie dite samienne, en terre très fine, avec ornements soignés et élégants. Plusieurs portent l'empreinte plus ou moins nette du cachet du potier qui les a fabriquées. Nous avons lu sur une SOS, sur d'autres ESVATRI, PORCI, IVLII, MAI, etc. Une seule est marquée à la main, en écriture cursive de l'époque romaine, du mot *Benuzius*.

Un pot à vin (*capis*) de 21 centimètres de haut, offrant gravé à la pointe sur son galbe le mot *Perexit* (il a fait son office.) Ces sortes de vases étaient aussi communément employés pour les besoins du culte. Celui qui nous occupe a été trouvé au fond du puits de la villa, caché sous un gros quartier de roche à côté de la statuette d'un dieu lare tenant un petit baril entre les bras. On serait tenté de croire que ces deux objets ont été déposés au fond du puits, après une cérémonie religieuse quelconque, avec l'espoir chimérique que l'eau qu'on en tirerait serait plus abondante, plus agréable à boire et peut-être aurait le goût du vin.

Des débris de grandes amphores pour conserver le vin dans les caves; des poids de métier à tisser vertical marqués d'astérisques à huit ou dix pointes.

Le long col d'une ampoule lacrymale ; une bulle de collier côtelée, etc., le tout en verre bleu verdâtre.

Le cachet d'une bague, en pierre dure, sur lequel est admirablement gravé en creux un gladiateur armé d'une courte épée et combattant couvert d'un bouclier rond *(clipeus* ou *parma.)*

Deux anneaux ; un bouton émaillé en champ levé d'un astérisque tournant.

Deux petites broches *(fibulæ)* d'un fort joli dessin, représentant l'une un cheval gaulois et l'autre un lièvre ; les deux sont en cuivre doré et émaillé en champ levé d'un émail bleu foncé.

Un *stylus* en bronze de 10 centimètres de long environ.

Un racloir *(strigilis)* en bronze, ayant servi au nettoyage du corps à la sortie des bains de vapeur ou après les violents exercices de la palestre. Sa forme est simple et élégante, sa longueur de 30 centimètres environ. Il est marqué, en haut du manche, du nom parfaitement lisible de celui qui l'a fait ou possédé ; ce nom est : ASEROS.

Une petite cuillère ronde pour manger les coquillages ; le manche d'une spatule ; deux clochettes ; une clef de coffret, le tout en bronze.

La balle d'un niveau triangulaire *(libella)* ; une fusaïole ornementée, en plomb.

Deux clefs en fer, coudées à angle droit, munies de longues dents, genre *Laconica.* Introduit, du dehors, dans un trou de porte, cet instrument faisait mouvoir une sorte de targette intérieure.

Une branche d'un de ces grands ciseaux *(forfex)* destinés à tondre les bêtes à laine ; une serpe ; des clous de porte, le tout en fer.

Un minuscule sanglier en os, fort curieusement travaillé, teint en vert par suite du voisinage de quelques objets en bronze oxidé ; de petits gonds faits de la même substance et tournés avec soin.

Beaucoup de pièces de monnaies romaines et de la colonie de Nîmes, petit et moyen bronze, très frustes ; l'une d'elles est de Germanicus, fils adoptif de l'empereur Tibère, né en 15 avant Jésus-Christ ; plusieurs ont été partagées en deux pour servir de monnaie d'appoint.

Enfin quantité de débris de cuisine : fragments de cornes de cerf et de bœufs, de défenses de sanglier et de cochon, de coquillages, etc.

LA BAROUILLE, hameau de la commune de Moulinet ; c'était au au xiii⁰ siècle le centre d'un petit arrière-fief de Cancon dit la Berrolherie du nom de la famille *(Berrolh)* qui le possédait. Tuiles à rebords.

LE BASQUE ou LE BASCOU *(le Bascoul,* au xvi⁰ siècle), a été probablement habité par un bâtard, en roman *bascoul.*

BEAUREGARD, village, centre réel de la commune de Boudy ; il doit son nom à la noble famille originaire du château de Beauregard, près Soubiroux, qui y habitait. Tuiles à rebords et objets antiques à Fléchou.

BÉLAIR, BELLEVUE, BEAUSÉJOUR, etc. Le nom de ces écarts suffisamment explicite ne remonte pas au delà des deux ou trois derniers siècles.

BELOT ou **BELLOT**, château près l'église de Milhac ; nom de l'habitant aux xv° et xvi° siècles.

Jehan Dutrueil ou Dutreilh de Belot fait son testament le 24 juin 1529. Il laisse trois fils : 1° Martial ; 2° François, curé de Sénéselle et de Monibal ; 3° Jehan, curé de Saint-Paul-le-Haut.

Jehan du Treilh de Belot, conseiller au parlement de Bordeaux, fils de Martial, héritier des précédents, épouse le 29 août 1546, demoiselle Peyronne de Plamond. Le 27 décembre 1564 il marie sa fille Catherine avec noble Jehan de Raffin, écuyer, fils de messire Hermand de Raffin, chevalier, et de Marguerite de Valenx, seigneur et dame d'Hauterive et d'Aiguevive. *(Communiqué par M. Beaune, du château de Bistauzac.)*

BENTRELONG, écart de la commune de Cancon ; surnom du tenancier qui y habitait au xvii° siècle.

LES BERNADOUX, LES BIDOUS, LES BONALS, hameaux des communes de Cancon et de Baugas, habités au xvi° siècle par des familles ayant noms Bernat, Bidous et Bonal.

LA BORIE (commune de Boudy), **LA BORDE** (Cancon) : Désignations génériques de *domaine*, encore employés à Cancon. Chaque période de notre histoire à eu, dans la langue locale, un appellatif commun pour désigner un lieu d'exploitation rurale, une métairie, une ferme. A la période gallo-romaine remontent, semble-t-il, dans nos contrées les noms de *la Cayre* (Cancon) *la Cayre*, *le Cayrot*, *las Cayrades* (Baugas), *Carriot*, *la Carrade* (Castelnau), (de *cair* et de *quadratus*, amas, carré de pierre) et sans doute tous les noms en *magne* et en *ac* ; toujours est-il que parmi ces derniers il n'en est jamais aucun qui offre un radical tudesque. Au moyen-âge appartiennent les dénominations 1e· *la Salle, Salle* (Boudy), *le Parrou* (Castelnau), *Parroutou* (les Pailloles), *Parrouchoux* (Monbahus), *Parrinet* (Castelnau), *lès Parrinots* (de *pars*, petit manse, terrain de première valeur); de *le Manse, le Mayne*; *le Cours. de Courcelle. les*

Courtaux; de *Thouny* (Saint-Pastour et Castelnau), *Thounis* (Boudy), *Thoume* (Montaut et Saint-Eutrope), *Tourny* (*Lougratte*), *Thonens* (du normand *thun*, synonyme de *villa*); d'après certains auteurs ceux-ci seraient dérivés du mot celtique *tun*, *tum* ou *dun*, qui servait à désigner un village fortifié situé sur une hauteur : ils remonteraient alors à la plus haute antiquité. Les noms de *le Vicou* (Saint Pastour), *le Viq*, *le Biguet* (Saint-Eutrope), *Botis* (Moulinet), *Potis* (Saint-Pastour), *Totis* (Baugas), *le Totis* (Saint-Maurice), tous synonymes de village, hameau, sont de la même époque. Dans beaucoup de ces lieux on retrouve des tuiles à rebords, des caches et même des sépultures diverses antiques.

LA BOUTEILLÈRE, écart de la commune de Saint-Pastour. Ancienne fabrique de bouteilles ou mieux de barils, de l'allemand *buttle*, baril.

BOUYNE, écart de la commune de Moulinet ; du nom de la famille qui y habite depuis plusieurs siècles.

CANTALAUSETTE, CANTECOUCUT, CANTERANE, etc., écarts où abondent les alouettes, les coucous, les grenouilles, etc. Nous avons sous une autre forme : *Les Renardières*, *le Renard*, *le Colombier*, *Cabirol* (le chevreuil), *les Belettes*, etc.

CANTAREL (diminutif de *Cant*, angle, coin), écart de la commune de Castelnau, assis à la pointe d'un petit promontoire qui domine le vallon de la Mascarde. Tuiles à rebords. Plus haut, à une centaine de mètres de l'antique voie romaine, à *Jarlan*, se voient les ruines d'une habitation gallo-romaine consistant en quelques pans de murs construits en glaise et en pierres d'un très petit appareil, posées fort régulièrement. Ces murs dessinent en carré une salle de cinq à six mètres de côté dont le sol était recouvert d'un béton de briques concassées noyées dans un lait de chaux (*opus siguinum*) recouvert lui-même de grandes briques ayant la forme de celles qui servent aujourd'hui à construire les cloisons intérieures de nos habitations. Tout autour abondent les tuiles à rebords et les tuiles couvre-joints. A côté on a découvert un grand sépulcre creusé *en rond* dans le tuf au milieu duquel il y avait un squelette humain, sans plus. (Visité en compagnie de M. Em. Garraud et du propriétaire.)

CAP DE NOUGÉ (*Camp de Naugé* au xviiᵉ siècle), écart de la commune de Cancon, habité jadis par la famille Naugé.

CARBONADE, écart de la commune de Pailloles ; en patois ce mot désigne un champ où les céréales sont sujettes à la carie.

LE CARBONNIÉ (Pailloles), LA CHARBONNIÈRE (sous Cancon), LES CARBONNIÈRES (Saint-Maurice) ; lieu où les charbonniers se livraient à leur industrie. De même, au *Palayre* (Cancon) habitaient un écorcheur, au *Payroulié* (Cancon et les Pailloles) un chaudronnier, aux *Peyriès* (Moulinet) des maçons, au *Roudié* (Monbahus) un charron, aux *Faures* (Cancon et Castelnau) des forgerons, aux *Téouliès* (Baugas) des tuiliers.

CASTELNAU, chef-lieu d'une commune d'environ 840 habitants ; ancienne bastide fondée au xiiie siècle par le comte Alphonse de Poitiers. Son nom était en latin *Castrum novum*, en français *nouveau camp retranché, château neuf*, en patois *Castel nau* (prononcez *noou* ou *néou*) : cette dernière forme a prévalu. On y ajoute souvent la désignation *de Grattecambe* en souvenir d'un village ainsi nommé qui s'y voyait dans le haut moyen-âge. Silex taillés et polis ; tuiles à rebords ; plusieurs caches creusées dans le tuf.

CAUSSE, écart (commune de Moulinet) habitée aux xvie et xviie siècles par la famille Jacquet, quelquefois Jacquès, dite de Causse.

CASALATAT ou CASALATA (pluriel du bas-latin *Casalatum*, chaumière), village très ancien situé au bord d'un des plateaux de la Sède, au-dessus des Courtaux, dans la commune de Baugas.

CHAVIER, écart (commune de Cancon) ; nom de l'habitant au xvie siécle.

COMBEBORLIE, village (commune de Baugas). En patois *Coumboborlio* veut dire combe borgne, vallon n'ayant qu'une issue.

CONTILLOU, écart de la commune de Cancon, diminutif de Lecomte, nom de l'ancien habitant.

LA CROIX-BLANCHE (communes de Moulinet et de Boudy), CROUTBLANQUE (commune de Pailloles), LES TROIS-CROIX (commune de Monviel) ; ces écarts doivent leur nom aux bornes que l'on plaça au xviie siècle aux points de jonction de la baronnie de Cancon et des seigneuries voisines.

DEVISE (*La dibiso*), écart situé sur l'ancienne limite des seigneuries de Cancon et de Casseneuil, (aujourd'hui dans la commune de Pailloles), où la paissance était sans doute défendue.

DHEURE, moulin à vent en ruine et écart ayant appartenus au XVIᵉ siècle, à une famille de ce nom (commune de Baugas).

DURAND, quelquefois **ANDURAN**, écart de la commune de Baugas; nom de l'ancien habitant.

FADÈZE et **FATIGOU**, écarts de la commune de Castelnau situés en des lieux jadis fréquentés par les fées et les sorcières (en patois les fées se nomment *fados* et *facillièros* du latin *fatœ, fatuœ, fatidicœ*).

FERRANT, hameau de la commune de Cancon ; nom de l'ancien habitant.

FONBASTIDE, **FONDOUCE**, **FONFRÈGE**, **FONGRANDE**, **FONROUGE**, **FONTANELLE**, **FONTANASSE**, etc. Ces lieux doivent leur nom à la qualité et à l'abondance plus ou moins grande de la source d'eau vive qu'ils possèdent.

FRANCOULON, hameau ayant appartenu de toute ancienneté aux seigneurs de Roquegauthier ; peut-être même ceux-ci l'habitaient-ils dans le haut moyen-âge et ne l'ont-ils laissé que pour aller occuper le château qui se voit au-dessus. Sa position sur un mamelon isolé aux sources de la Séone, au milieu d'un terrain fertile, les silex taillés ou polis, les substructions gallo-romaines, les restes d'*opus signinum*, les débris de poteries antiques, les tuiles à rebords et couvre-joints qu'on y trouve nous permettent de le supposer.

GABACHOU, hameau de la commune de Cancon. Habité peut-être à l'origine par un tenancier venu du district de Monségur, près La Réole, centre du pays des *Gavaches* (colons Poitevins et Angoumois.)

GAFAROT, écart (commune de Pailloles) ; en patois on appelle *gafarot, aurifel* ou *regagnou*, la renoncule des champs dont la graine est armée de piquants.

LA GALOPPE, écart (commune de Cancon) ; habitation du tenancier Galoupet au XVIIᵉ siècle.

LES GEORGES, hameau (commune de Monviel); tuiles à rebords; pots de fabrication gauloise ou gallo-romaine (M. Gary, notaire à Monbahus, possède un de ceux-ci); substructions anciennes en pierre et ciment au lieu dit *la Capelle*.

LES GIBERTS, village (commune de Baugas); nom de la famille qui y habitait au XVIIᵉ siècle.

LA GRÉSE, écart (commune de Cancon) situé sur un terrain friable, sec, peu fertile, produisant des graminées à feuilles dures et piquantes.

JEANMARROUTY (commune de Cancon), **JEANBLANC, JEANDARDOT** (Baugas), **JEANMETGE** (Cancon) ; écarts habités jadis par Jean Marrouty, Blanc, Dardot et Metge.

LAPARRE, écart de la commune de Baugas ; nom de l'habitant au XVIᵉ siècle.

LAROQUE (commune de Baugas) ; ancienne maison noble (centre d'un petit arrière-fief dans la juridiction de Saint-Pastour), établie non loin de l'église de Baugas. Elle a appartenu au xvıᵉ siècle à une branche cadette des Boyssonnade de Roquegauthier (armes: *un buisson nageant sur l'eau*). Le siècle suivant elle passa par alliance aux Dubois de Lagrèse, sieurs de Sainte-Croix. Au moment de la Révolution elle était aux mains de la famille Nauville. On a trouvé dans les champs environnants des haches en pierre de la période néolithique et un beau couteau-hache en chloromélanite (cet outil m'a été donné par M. Bernou, de Baugas).

LASERRE, mieux **LA SERRE.** Les deux lignes de hauts coteaux, coupées de cols élevés, enserrant les deux larges vallées que Cancon commande.prirent dans le haut moyen-âge le nom de Serre, (du bas-latin *serra*, chaîne de montagnes). Deux lieux-dits, un village et un écart, situés sur la croupe même de ces hautes collines, l'un au nord et l'autre au sud de notre ville, ont retenu cette dénomination.

LENTIGNAC, hameau de la commune de Moulinet qui possède une petite église du xıᵉ siècle dont le chœur et le sanctuaire sont remarquables : on y voit un épais arc-triomphal en cintre brisé et une abside voutée en cul-de-four, qu'entourent un stylobate et cinq arcades adossées. L'ancienne forme de Lentignac est *Lentiniacum* qui a pour radical le *cognomen* latin *Lentinus*.

La découverte de vastes ossuaires entourant ou recouvrant un groupe de petits puits remplis de cendres, dits « silos funéraires » nous avait été signalée à Lamoutte, à Boudy, à Jeanmetge, à Sénéselle, à Aiguevive, à Saint-Paul-le-Vieux et sur d'autres points de la campagne de Cancon. Dans la première partie de cet ouvrage, nous en avons donné, d'après des témoins dignes de foi, une description sommaire que nous allons compléter aujourd'hui d'après nos propres observations.

Le sieur Bouty, au lieu de Goudeau, près Lentignac, voulant se faire construire une nouvelle demeure a fait choix d'un emplacement situé sur une éminence d'où l'œil découvre à la ronde une grande partie de la vallée de Moulinet. En procédant au fouilles que nécessite un semblable établissement, après avoir enlevé une couche de terre arable de 0,30 à 0,40 centimètres d'épaisseur, on a découvert, en notre présence, pratiqués avec soin dans un tuf grossier, plusieurs petits silos dont le diamètre était de 1 mètre à 1 mètre 80 centimètres, et dont la hauteur, très variable, paraissait avoir été diminuée par la culture. Ces silos étaient remplis jusqu'au bord de cendres mêlées d'un peu de terre, où se trouvaient, comme perdus, des débris de vases de toutes formes, plus ou moins calcinés ou neufs, des morceaux de tuiles à rebords, des menus fragments d'ossements d'animaux comestibles divers (bœuf, cochon, cerf, lièvre, etc.), et quelques objets en fer, restes probables de lames de couteau, voire des cailloux bruts. Autour et à quelques décimètres à peine de ces silos, de nombreuses fosses informes, de dimensions variables, contemporaines des précédentes, contenaient des squelettes d'hommes ensevelis dans toutes les positions et sans ordre, accroupis, couchés sur le flanc, étendus sur le dos une jambe repliée, etc., à côté d'ossements que nous croyons être de chevaux. Nous y avons recueilli un tête d'homme aux mâchoires projetées en avant, aux dents fortes et crochues que le sieur Bouty a bien voulu nous confier pour être déposée au musée d'Agen. Le tassement des terres ne l'a que légèrement déformée, mais en raison de sa vétusté sa friabilité est des plus grandes.

Après une inspection minutieuse des lieux et une étude approfondie des objets trouvés, grâce surtout aux dernières découvertes archéologiques et anthropologiques, il nous est permis de croire que le mode de sépulture que nous avions sous les yeux est celui qui a précédé immédiatement les inhumations chrétiennes dans nos contrés et doit être attribué au Gaulois idolâtres d'avant et d'après la conquête romaine et peut-être même des VIe et VIIe siècles de notre ère. Dans les silos, seraient les cendres des membres d'une même famille assez riche pour se payer des funérailles ou y ayant droit ; cendres contenant les débris des repas que l'on fesait et que l'on a conservé l'habitude de faire après les funérailles. Dans les fosses seraient ensevelis les esclaves, voire les chevaux du maître. Les silos ou cendriers étaient bouchés chacun à l'aide d'une pierre plate, ainsi qu'à Boudy, chez le sieur Lagrange, ancien charron.

Sur la nécropole, croyons-nous, devait s'élever un menhir ou un dolmen, un monument quelconque que le temps ou les décrets des conciles et le capitulaire rendu par Charlemagne en **789**, ont fait disparaître.

LOUPINAC, hameau et église sur les limites des communes de Moulinet et de Monbahus. L'ancienne église était romane; détruite de fond en comble par les protestants à la fin du xvıᵉ siècle, en même temps que l'abbaye de Gondon, elle fut reconstruite en **1639** dans le style gothique, telle qu'on la voit aujourd'hui. Son aspect est misérable.

MACABERT, écart de la commune de Cancon ainsi nommé au xvıⁱᵉ siècle par son premier habitant, Macabert, jardinier du seigneur de Cancon.

MALAISE (Cancon et Monviel), LA MALAISE, près Barbas, LA MALAISE (Monbahus), écarts situés en sol ingrat. Aux temps barbares le mot *aice* ou *aise* a signifié une étendue de pays plus ou moins grande : un *pagus*, une *vicaria*, un *ministerium,* etc. On en a fait le mot *aysine*, qui servait il n'y a pas longtemps encore à nos notaires pour désigner les aisances d'une ferme, c'est-à-dire le *couderc* ou *pâtus*, le *sol* ou aire, le *casal* ou jardin et les hangars et décharges.

MALARET, écart de la commune de Boudy qui a pris le nom de son ancien habitant ; sa situation, sur un petit mamelon, à proximité de l'église de Boudy, les briques à rebords qu'on y rencontre, la cache qu'on y a découverte, nous prouvent que ce lieu était habité à l'époque mérovingienne. Il est probable même que c'était une maison noble ou tout au moins la demeure du prêtre qui desservait l'église.

LE MALPAS, écart (commune de Cancon) ; passage jadis dangereux, dans les bois, entre les juridictions de Cancon et de Castillonnès.

MANDET, hameau (commune de Moulinet) ; nom de la famille qui l'habitait au xvᵉ siècle. Dans les champs qui en dépendent on trouve beaucoup de silex taillés ou polis. Le château de Valens se voyait au-dessus, à une altitude d'environ **128** mètres.

MANGANE : un hameau, une tuilerie et un affluent du Tolzat portent ce nom dans la commune de Moulinet. La famille Mangane habitait le hameau ; elle avait une maison à Cancon, dans la rue ainsi dénommée dès le xvıⁱᵉ siècle.

MARTIGAILLARD, écart (commune de Moulinet); demeure de Martin Gaillard au xvie siècle. Aux environs, nombreux silex taillés et haches polies.

MATIBOU, écart dans un bosquet de vieux chênes, au sommet d'un mamelon, sous le Défès. Son nom est un diminutif peut-être du mot patois *mato*, qui sert, dans les Cévennes plus particulièrement, à désigner un fourré, un fouillis d'arbres et d'arbustes sur une petite élévation du sol, soit que ce bosquet se trouve isolé, soit qu'il s'allonge et serve de limite entre deux propriétés. On y a ramassé une belle hache en silex poli : Un peu plus bas, à *Terrisse*, on rencontre des tuiles à rebords et autres antiquités.

MAZÉRAT, ancienne église paroissiale aujourd'hui délaissée, dans la commune de Pailloles ; du bas-latin *maceries*, mur clôturant un vignoble, enclos de vigne. Tuiles à rebords près de là, à *Couderc*. Au-dessus, sur une butte élevée, se voyait le château de *Malvézy* qui fut, au moyen-âge, la résidence d'un des co-seigneurs de Casseneuil ; avec les terres, cens et rentes en dépendant il servit, en 1577, à doter en partie Claire de Pellegrue, fille de François, seigneur baron de Casseneuil, lors de son mariage avec François de Montferrand.

LE MEYNOT, hameau de la commune de Cancon ; une famille de forgerons de ce nom y habitait encore au siècle dernier.

MILLAC, église et village (commune de Cancon). L'église n'a de remarquable qu'un chevet plat et un portail dont l'archivolte, très développée, est soutenue par deux consoles sous lesquelles on a sculpté, d'un côté la tête d'un chien de chasse, aux oreilles pendantes, et de l'autre, une tête d'homme, à figure de boule-dogue. Le village a été le centre d'un petit arrière-fief très ancien, englobé dans la seignerie de Cancon à une date que nous ne connaissons pas. Au xiiie siècle, dit-on, l'église appartenait aux Templiers.

MONBAHUS, chef-lieu d'une commune d'environ 1.500 habitants, dans le canton de Cancon, faisait partie autrefois de la baronnie de Lauzun (voir page 150). Son nom s'écrivait, encore au xiiie siècle, *Monbaus*, du latin *Mons*, haute colline isolée, montagne, et de l'ancien mot patois *baüs* (prononcez *baous* ; mais dans le dialecte du pays on disait *bahus* : ne dit-on pas encore *cuberto, cuffit,Cahuzac, bulit, tuquet*, au lieu de *couberto, couffit, Caouzac, boulit, touquet* ?) qui signifie une grande excavation naturelle du sol particulière aux terrains calcaires et aussi un grand escarpement, une pente abrupte.

En Rouergue, pays où notre vieille langue romane s'est le mieux
conservée, *baüs*, est employé encore dans ce sens, concurremment
avec les mots *obaüs, bals, embels et bareüs* (voir le *Dict. patois-
franç. du départ. de l'Aveyron*, par M. l'abbé Vaysssier, page 12).

MONPLAISIR, (commune de Cancon), MONSOUCI (Boudy) ; noms
de fantaisie qui ont été donnés à ces écarts durant les xvie et
xviie siècles.

MONVIEL, église paroissiale, village et château. Le village est le
chef-lieu de la plus petite commune du canton de Cancon. Son
église, récemment reconstruite, n'offre rien d'intéressant; elle renfer-
mait le tombeau des seigneurs de Monviel, dont le château est situé
sur une éminence, à 500 mètres de là.

Ce château, de petites proportions, haut monté sur de superbes et
solides terrasses qui en font le tour, a été bâti en entier au milieu du
xviie siècle, dans le style sévère de l'époque, sur un plan carré avec
deux ailes en retour, à l'aide de pierres de moyen appareil provenant
de la démolition d'un fort du xiiie siècle et d'un ancien château dont
il occupe la place. A l'intérieur, on remarque une salle revêtue de
boiseries, et un grand escalier en pierre dure muni d'une élégante
rampe en fer forgé. Une grande pièce d'eau entourant une île en
carré, encadrée elle-même d'une bordure de peupliers et d'ormes, le
tout d'un fort joli effet, se voit à ses pieds du côté du Tolzat. On
doit attribuer, croyons-nous, l'édification de cette belle demeure à
Jean-Louis de Vassal de la Tourrette [1], l'ami et le compagnon de débauche de Bernard de Nogaret, duc d'Epernon, gouverneur de
Guienne (1643 à 1651), le vaniteux amant de l'agenaise Manon Lartigue. Dans ces derniers temps, le propriétaire actuel, M. Clerc, en a
fait abattre l'aile gauche et le grand arc de pierre, encadrant un vaste

---

[1] Jean-Louis de Vassal de la Tourrette, écuyer, seigneur châtelain de
Monviel, capitaine au régiment de Guienne et gouverneur d'Aiguillon,
capitaine commandant dudit régiment en 1648, ne vivait plus le 4 décembre
1676. Il avait épousé, le 19 novembre 1658, Jeanne de Rouffignac du Ver-
dier, dont il eut cinq fils et quatre filles : *Jacques*, marquis de Monviel,
lieutenant-général des armées du roi ; *Charles-François*, tué au siège de
Barcelone ; *Gabriel*, lieutenant-colonel du régiment de la Vieille-Marine,
mort des blessures reçues au même siège, le 4 septembre 1714 ; *Jean-Baptiste*, chevalier, puis comte de Monviel, maréchal-de-camp, né en 1673,
mort en 1735 ; *Jean-Charles*, baron de Marsac, brigadier d'infanterie en
1721, (communiqué par M. de Bourrousse de Laffore).

portail, qui réunissait celle-ci à l'aile droite en avant d'une petite cour intérieure.

Les seigneurs de Monviel étaient hauts justiciers ; leur juridiction ne s'étendait pas au-delà des limites actuelles de la commune. Les souterrains qui existent encore sous le château, largement creusés dans le tuf, ont, sans doute, servi de refuge à des peuplades troglodytes ; on trouve tout autour des silex taillés et polis de toutes les périodes de l'âge de la pierre et, dans les environs, des restes de sépultures gauloises et du Moyen-Age.

LA MOUTTE, grande butte, que la tradition dit être un *tumulus*, situé à six ou sept cent mètres à l'ouest de Cancon. Après une inspection minutieuse du lieu, il est, pour nous, hors de doute que dans les temps barbares (du ve au xe siècle) il y a eu là une demeure seigneuriale, une *sala*, qui appartenait probablement au chef militaire de Cancon, et, qu'à côté, à peu près sur l'emplacement de la maison du sieur Delsol, il y avait une église, ou une chapelle, et un cimetière attenant. La butte ou *moutte*, a été élevée à l'aide de terres qui ont été prises au-dessus, en allant vers la route de Monbahus à Cancon : la forte dépression du sol qu'on y voit encore ne peut avoir d'autre cause que les atterrissements que cet exhaussement nécessita. Sous la Moutte, au bord du ruisseau dit de *Saint-Germain* (c'était peut-être le nom de l'église), il y avait une petite prise d'eau qui faisait tourner un moulin, et les prairies avoisinantes appartenaient en propre aux barons de Cancon : plusieurs titres des xviie et xviiie siècles en font foi. Pour les antiquités qui ont été trouvées en ces lieux et autres particularités, voir page 42.

NAUVILLE ou NEUVILLE, écart de la commune de Baugas ; la famille Nauville y habitait aux xviie et xviiie siècles.

NAZARETH, écart autrefois perdu dans les bois au fond d'un vallon de la paroisse de Périllac (commune de Cancon) ; il fut ainsi nommé, probablement, par un pèlerin de retour de la Terre-Sainte. C'était, dit-on une *léproserie*.

NICOT, écart de la commune de Baugas ; nom de l'habitant au xviie siècle. Au sommet de la colline qui le domine, point le plus culminant de la contrée (223 m. d'altitude), dans un petit bois, on voit un creux de forme ronde qui pourrait bien avoir été le cellier d'un *tugurium* ou hutte gauloise, ce serait alors une *mardelle*.

LES PAILLOLES, église et village, chef-lieu de commune (330 hab.

environ). C'était primitivement, comme son nom l'indique, un établissement forestier situé au milieu de grands bois où le *palhum* (droit de ramasser le gland et de mener paître les troupeaux) était perçu sur les nombreux bergers d'alentour ; cet établissement devint par la suite le centre d'un fief voisin de ceux de Cancon et de Casseneuil. En 1271, le jour de la Saint-Martin, son seigneur, Guillaume de Gauthier des Pailloles *(Guilhelmus Gauterii de Païolibus, miles)*, chevalier, prêta serment de fidélité au roi de France entre les mains de Guillaume de Cohardon, sénéchal de Carcassonne et de Béziers, en même temps que la plupart des autres seigneurs d'Agenais. (Acte conservé aux *Arch. Nat.* C. Q, n° 606). Au XIV° siècle il était advenu aux Valens, coseigneurs de Casseneuil ; à la Révolution il faisait toujours partie de cette dernière seigneurie.

PAGA et PAGELAIRE (*Passalaygue*, au XVII° siècle), sont deux écarts voisins de la commune de Moulinet qui doivent leur nom aux familles Paga et Passalaygue qui y habitaient jadis.

LES PÉTROUS (quelquefois *Les Pitrous*), hameau de la commune de Cancon, assis au pied d'une haute colline à la croupe aride et à peu près dénudée appelée le *Pitro* ou *Pitraut*, (en vieux patois, le chétif, le malingre) ; il est probable que le hameau, bien que situé dans un terrain des plus fertiles, doit son nom au mont qui l'avoisine.

PEYREBÈZE (Cancon), PEYREBOUNET (les Pailloles) ; écarts habités au XVII° siècle par Pierre Bèze et par Pierre Bonnet.

RABANEL, écart (Baugas), LES RAMOUNETS, hameau (Cancon) ; anciennes habitations de la famille Rabanel et de la famille Ramond, Ramounet en diminutif.

REDON, village de la commune de Baugas, sous Roquegauthier, assis dans un petit vallon de forme *arrondie* où se voyait aussi l'église de Monibal dont l'étymologie est, nous l'avons déjà dit, le « vallon du moine. » Briques à rebords ; substructions antiques.

RIGAL, hameau de la commune de Cancon ; nom de l'ancien habitant. M. Antoine Courborieu, le premier maire élu de Cancon, y faisait sa résidence.

ROQUEGAUTHIER, quelquefois ROQUE-GAUTHIER, petit château jadis fortifié, pittoresquement établi, de l'autre côté de la Sède, sur la pointe rocheuse d'un haut plateau (202 m. d'alt.) d'où il domine et survéille une riante vallée, entrecoupée de frais vallons, qui s'étend de Saint-Pastour aux Pailloles et de Soulodre aux rives du Lot, vers Casseneuil. Il doit très probablement son nom aux Gautier, anciens seigneurs des Pailloles (voir ce mot) : un Gautier, damoiseau, assista à l'acte d'accord qui survint entre Amanieu II de Madaillan , seigneur de Cancon , et Réginal IV de Pons , seigneur deBergerac et de Gensac , le 26 août 1303. Bien que ce château paraisse simplement avoir servi de poste d'observation à nos barons durant les guerres anglaises, il était,, au moment de la Révolution, le centre d'un minuscule arrière-fief de la baronnie de Cancon et, depuis un temps immémorial, disent les rôles des tailles, il avait des seigneurs particuliers dont le tombeau était dans l'église paroissiale de Monibal, aujourd'hui disparue [1].

ROUCHOU, écart de la commune de Moulinet, qui fut longtemps la résidence de la famille de Bony de Larnac — seigneurs de Saint-Paul et de Boudy (juridiction de Monflanquin) depuis les premières années du xviiie siècle seulement. — Les bâtiments qu'on y voit aujourd'hui étaient habités par un métayer ; la maison des maîtres, entourée de châtaigniers et d'ormes séculaires, était un peu plus haut : il n'en reste pas trace.

LES ROUDIÈRES. Prés de cet écart, dans la commune de Saint-Maurice, se voient encore de grands bois de chênes rouvres *(rovariæ*, d'où *roudières)*.

ROUFFIÉ, écart de la commune de Castelnau ; jadis lieu sauvage fréquenté par les fauves. Au moyen-âge on désignait les bêtes féroces en général sous le nom bas-latin *roffiæ*.

ROUQUIÉ, ROUSSANES (Baugas), ROUSSIGNOL (Cancon). Ces écarts étaient habités au xviie siècle par les familles de ces noms. La famille Roussanes était très ancienne.

ROUZET ou ROUZÉ, moulin à vent en ruine dans la commune de Castelnau ayant appartenu aux de *Rouzet* ou de *Rouget* alliés aux d'*Arvieu*, seigneurs de Boudy durant les xve et xvie siècles. Les d'Arvieu et les de Rouget étaient du Rouergue. Si ce n'est point par un effet du hasard que deux puinés de ces nobles maisons se sont éta-

---

[1] Nous avons déjà écrit sur ces seigneurs à partir du commencement du xvie siècle, une *Notice* historique et généalogique, (grand in-8e de 18 pages, imp. Ve Lamy, 1888.)

blis dans le Haut-Agenais, durant la guerre de Cent Ans, il se pourrait être que ce soient les Verdun ou les d'Armagnac qui les y avaient amenés.

SAINT-MAURICE, église paroissiale et village chef-lieu de commune (canton de Cancon). En creusant les fondations d'un nouveau clocher, en 1890, on y a découvert des caches creusées dans le tuf qui s'étendent sous l'église. Silex taillés ou polis, briques à rebords dans le village, à Lamoutte, au Grandcamp, au Totis, etc.

LES SAUCHÈS, quelquefois *Sauzès* (vieux mot roman qui vient de *Salices*, les saules), lieu marécageux où abondaient les saules. C'est aujourd'hui un écart de la commune de Baugas où habite, en été, la famille Lafaurie. Les prairies d'alentour sont encore très humides.

SAUVAGE (commune de Castelnau), SAUVAJOU (Monbahus), anciennes habitations de lépreux, dans les bois; de *Salvanjo* qui, d'après M. de Gourgues, signifiait léproserie.

TAPIE (commune de Cancon), LA TAPIE (Castelnau), écarts où se voyait autrefois un chartil, espèce de hangar isolé, bâti en torchis où l'on serrait les chars, les instruments aratoires et que l'on appelait *tapio* en patois.

TERREBLANQUE. Deux hameaux, situés en face l'un à droite et l'autre à gauche du Tolzat, portent ce nom. Les terres qui en dépendent sont très siliceuses et ont un aspect blanchâtre ; elles s'étendent sur les limites des communes de Cancon et de Moulinet, en un lieu où il y avait, au xvᵉ siècle, le village des *Miquels*, du nom de son principal habitant. Cache à voûte cintrée creusée dans le tuf sous un monticule que surmontent les bâtiments d'exploitation de la propriété de M. Prunet.

VASSAL, hameau de la commune de Baugas, portant le nom de la famille qui y habitait au xviiᵉ siècle.

LE VERRIER, LA VERRERIE, VERRIÈRES, écarts situés le premier dans la commune de Saint-Eutrope et les deux autres dans celle de Monbahus, où l'on menait les truies au verrat, d'après certains étymologistes, fabriques de verre suivant d'autres. Ces derniers nous semblent dans le vrai. Le fait est qu'à *La Verrerie* et à *La Tourburlade* (La Tour brûlée), au-dessus de Cabanes, on fabriquait autrefois de petits carreaux de vitre et des bouteilles. La contrée était très boisée, le sable n'y faisait pas défaut ; du reste noble Guilhem Grenier, « gentilhomme *veyrier* » y vivait en 1565.

LA VINCENTE. Près de cet écart (commune de Saint-Maurice) en allant vers le sud-est, aux abords d'une gorge profonde creusée au pied des hautes collines boisées qui séparent les sources du Tolzat de celles de la Douyne, on a découvert, en traçant un chemin et à quelques décimètres seulement sous le sol, un grand nombre de pots rangés à côté les uns des autres, sur un lit de cendres et de menus charbons. Cinq ou six de ces pots, de forme renflée, hauts de 24 à 30 centimètres, ont été extraits de terre sous nos yeux par le sieur Roire, aîné, aux Roudières. Leur grande vétusté jointe à l'extrême humidité du lieu, les fit se briser en voyant le jour ; nous n'avons pu en conserver que des fragments dont le grain plus ou moins grossier et peu résistant, et la fabrication néanmoins assez soignée (ils avaient presque tous une seule anse plate au col et un petit cordon taillé à facettes sur le galbe) nous les font attribuer aux premiers siècles de notre ère. Il est fort probable qu'ils faisaient partie d'une petite nécropole gauloise ou gallo-romaine de la période païenne et que le petit monticule qui se voit près de là, dans le champ même est un *tumulus*. Quoi qu'il en soit, ce coin de notre canton, de Montauriol à Monviel, a dû être très habité aux temps celtiques. On y a trouvé de nombreux silex taillés ou polis, des puits funéraires et deux *tumuli* : un à La Borie et l'autre près du ruisseau de l'Estapel.

Lucien MASSIP.

ERRATA

Page 24, ligne 18°, *gallo-romain* au lieu de *gallo-roman*.
— 24, — 24°, *gallo-romaine* au lieu de *gallo-romane*.
— 32, — 5°, *là* au lieu de *lieu*.
— 32, — 10°, *puisqu'il* au lieu de *puisqu'elle*.
— 33, — 11°, *une console de machicoulis* (xiv° *siècle*) au lieu de *un chapiteau de colonne gothique*.
— 42, — 9°, *ce fer qui...* au lieu de *le tranchant de ce fer qui...*
— 46, — 12°, *864* au lieu de *854*.
— 52, — 30°, *14 ares 33* au lieu de *10 ares 4325*.
— 52, — 32°, *72 escats* au lieu de *68 esctats et demi*.
— 58, — 18°, *un peu moins* au lieu de *un peu plus*.
— 61, — 29°, *1708* au lieu de *1713*.
— 77, — 6° du renvoi, *commendataire* au lieu de *commanditaire*.
— 80, — au renvoi, *Louis XVIII* au lieu de *Louis XIII*.
— 108, — 33°, *seigneur de Verteuil* au lieu de *seigneur de Sainte-Bazeille*.
— 110, — dernière, *Manuscrit du fonds Doat, vol. 208, fol. 224*.
— 115, — 23°, *pouvait* au lieu de *pouvant*.
— 127, — 21°. *sollicitude* au lieu de *sollitude*.
— 135, — 3°, *Pitié* au lieu de *Piété*,
— 184, — 16°, *1653* au lieu de *1665*.

TABLE DES MATIÈRES

TROISIÈME PARTIE.

PAGES.

FIN DE LA TABLE.

Agen, Imprimerie V° Lamy, rue Saint-Antoine, 43.

PUBLICATIONS DU MÊME AUTEUR :

NOTICE SUR LES SEIGNEURS DE ROQUEGAUTHIER
grand in-8°, 1888.

LA RÉVOLUTION A CANCON.
grand in-8°, 1889.